中国工程院院士
是国家设立的工程科学技术方面的最高学术称号,为终身荣誉。

管德传

中国工程院院士传记

师元光 等著

航空工业出版社

人民出版社

内 容 提 要

管德是我国著名飞机设计师、气动弹性专业的领军人物、中国工程院院士。

20世纪50年代，在徐舜寿带领下，管德开始专攻气动弹性专业，成功地完成我国第一架亚声速喷气式教练机——歼教1的颤振计算，并在以后的实践中创建了符合国情的飞机气动弹性计算分析方法，成为中国飞机气动弹性专业的奠基人和开拓者。

管德是新中国培养的航空科技专家和管理专家。在我国第一次自行设计的歼8飞机研制中，他在解决试飞中的超声速振动问题中起到了关键作用。歼8Ⅱ飞机研制中，管德担任现场总指挥，他成功地运用系统工程方法，使研制工作提前3个月实现首飞。20世纪80年代中，他调任中国民航局任副局长，为民航事业的发展做出了突出的贡献。

本书记述了管德的成长经历和为航空事业做出的贡献，可以使青年一代科技工作者更多地了解管德、学习管德。

图书在版编目（CIP）数据

管德传/师元光等著．--北京：航空工业出版社，2014.1（2019.1重印）

（中国工程院院士传记系列丛书）

ISBN 978-7-5165-0350-8

Ⅰ.①管… Ⅱ.①师… Ⅲ.①管德－传记 Ⅳ.①K826.16

中国版本图书馆CIP数据核字（2013）第294899号

中国工程院院士传记 管德传
Zhongguo Gongchengyuan Yuanshi Zhuanji　Guande Zhuan

航空工业出版社出版发行
（北京市朝阳区北苑2号院　100012）
发行部电话：010-84936597　010-84936343

三河市金轩印务有限公司印刷	全国各地新华书店经售
2014年1月第1版	2019年1月第2次印刷
开本：710×1000　1/16	印张：25.5　插页：12　字数：369千字
印数：3001—3500	定价：98.00元

中国工程院院士管德

高中时期的管德

大学时期的管德

1952年9月,刚参加工作时的管德

1964年8月,管德担任气动室副主任,被授予大尉军衔

1952年,在清华大学学习期间,参加"五反"工作组时合影
(后排右一为管德)

1979年歼8白天型设计定型资料审查管德与顾诵芬、钟敏昭、邱宗麟合影（左起：顾诵芬、钟敏昭、管德、邱宗麟）

歼8白天型

1983年，彭真（前右一）视察沈阳112厂（前左一为管德）

1984年6月，歼8Ⅱ放飞评审会。右为试飞指挥员王昂

歼8Ⅱ型飞机首飞指挥员王昂、歼8Ⅱ型飞机现场总指挥管德、歼8Ⅱ型飞机总设计师顾诵芬和歼8Ⅱ型飞机总指挥何文治分别签字同意歼8Ⅱ型飞机首飞

歼八Ⅱ型飞机首飞成功后，温俊峰（左一）、顾诵芬（左二）、王昂（左四）、管德（左五）与试飞员曲学仁（左三）在歼8Ⅱ型飞机首飞后留影

歼8Ⅱ

1987年与何文治（左一）在美国考察MD82

1989年10月6日,中国民航开通广州—吉隆坡国际航线
(中间手持花束者为管德)

1990年,管德(中)陪同乔石(左)、习仲勋(右一)参观民航展览

1990年,在管德领导下举办的民航展览,李瑞环(右一)等中央领导参观了该展览

1990年4月7日,亚洲一号发射成功,4月8日,应邀参加庆祝酒会,恰逢管德与王露瀛(左二)结婚纪念日,管德伉俪与长城公司总经理等合影

2008年10月顾诵芬院士与管德院士在沈飞公司观看飞行表演

2011年10月沈阳飞机设计研究所5位院士聚首在沈阳

夫人王露瀛1951年刚参加工作时的照片

1957年4月8日,管德与王露瀛结婚。结婚照

1959年,管德、王露瀛在北京草厂胡同家的院中合影

1968年全家合影

两个女儿的儿时合影

春节,在家中包饺子

1993年10月，管德、王露瀛与女儿在颐和园

2005年，在绍兴王露瀛老家与家人合影

合家欢

中国工程院院士传记系列丛书

领导小组
  顾 问：宋 健 徐匡迪
  组 长：周 济
  副组长：谢克昌 黄书元 辛广伟
  成 员：白玉良 董庆九 任 超 沈水荣 于 青
       高中琪 阮宝君 王元晶 杨 丽 高战军

编审委员会
  主 任：谢克昌 黄书元
  副主任：于 青 高中琪 董庆九
  成 员：葛能全 王元晶 陈鹏鸣 侯俊智 王 萍
       吴晓东 黎青山 侯 春

编撰出版办公室
  主 任：侯俊智 吴晓东
  成 员：侯 春 贺 畅 徐 晖 邵永忠 陈佳冉
       汪 逸 吴广庆 常军乾 郭永新 李 贞
       王晓俊 范桂梅 左家和 王爱红 唐海英
       张 健 张文韬 李冬梅 于泽华

总 序

20世纪是中华民族千载难逢的伟大时代。千百万先烈前贤用鲜血和生命争得了百年巨变、民族复兴，推翻了帝制，肇始了共和，击败了外侮，建立了新中国，独立于世界，赢得了尊严，不再受辱。改革开放，经济腾飞，科教兴国，生产力大发展，告别了饥寒，实现了小康。工业化雷鸣电掣，现代化指日可待。巨潮洪流，不容阻抑。

忆百年前之清末，从慈禧太后到满朝文武开始感到科学技术的重要，办"洋务"，派留学，改教育。但时机瞬逝，清廷被辛亥革命推翻。五四运动，民情激昂，吁求"德、赛"升堂，民主治国，科教兴邦。接踵而来的，是18年内战、8年抗日和3年解放战争。恃科学救国的青年学子，负笈留学或寒窗苦读，多数未遇机会，辜负了碧血丹心。

1928年6月9日，蔡元培主持建立了中国近代第一个国立科研机构——中央研究院，设理化实业研究所、地质研究所、社会科学研究所和观象台4个研究机构，标志着国家建制科研机构的诞生。20年后，1948年3月26日遴选出81位院士（理工53位，人文28位），几乎都是20世纪初留学海外、卓有成就的科学家。

中国科技事业的大发展是在新中国成立以后。1949年11月1日成立了中国科学院，郭沫若任院长。1950—1960年有2500多名留学海外的科学家、工程师回到祖国，成为大规模发展中国科技事业的第一批领导骨干。国家按计划向苏联、东欧各国派遣1.8万名各类科技人员留学，全都按期回国，成为建立科研和现代工业的骨干力量。高等学校从新中国成立初期的200所增加到600多所,年招生增至28万人。到21世纪初,大学有2263所,年招生600多万人,科技人力总资源量超过5000万人,具有大学本科以上学历的科技人才达1600万人,已接近最发达国家水平。

新中国成立60多年来,从一穷二白成长为科技大国。年产钢铁从1949年的15万吨增加到2011年的粗钢6.8亿吨、钢材8.8亿吨,几乎是8个最发达国家(G8)总年产量的2倍,20世纪50年代钢铁超英赶美的梦想终于成真。水泥年产20亿吨,超过全世界其他国家总产量。中国已是粮、棉、肉、蛋、水产、化肥等世界第一生产大国,保障了13亿人口的食品和穿衣安全。制造业、土木、水利、电力、交通、运输、电子通信、超级计算机等领域正迅速逼近世界前沿。"两弹一星"、高峡平湖、南水北调、高公高铁、航空航天等伟大工程的成功实施,无可争议地表明了中国科技事业的进步。

党的十一届三中全会以后,改革开放,全国工作转向以经济建设为中心。加速实现工业化是当务之急。大规模社会性基础设施建设、大科学工程、国防工程等是工业化社会的命脉,是数十年、上百年才能完成的任务。中国科学院张光斗、王大珩、师昌绪、张维、侯祥麟、罗沛霖等学部委员(院士)认为,为了顺利完成中华民族这项历史性任务,必须提高工程科学的地位,加速培养更多的工程科技人才。中国科学院原设的技术科学部已不能满足工程科学发展的时代需要。他们于1992年致书党中央、国务院,建议建立"中国工程科学技术院",选举那些在工程科学中做出重大创造性成就和贡献、热爱祖国、学风正派的科学家和工程师为院士,授予终身荣誉,赋予科研和建设任务,指导学科发展,培养人才,对国家重大工程科学问题提出咨询建议。中央接受了他们的建议,于1993年决定建立中国工程院,聘请30名中国科学院院士和遴选66名院士共96名为中国工程院首批院士。1994年6月3日,召开了中国工程院成立大会,选举朱光亚院士为首任院长。中国工程院成立后,全体院士紧密团结全国工程科技界共同奋斗,在各条战线上都发挥了重要作用,做出了新的贡献。

中国的现代科技事业比欧美落后了200年,虽然在20世纪有了巨大进步,但与发达国家相比,还有较大差距。祖国的工业化、现代化建设,任重道远,还需要数代人的持续奋斗才能完成。况且,世界在进步,科学无止境,社会无终态。欲把中国建设成科技强国,屹立于世界,必须持续培养造就数代以千万计的优秀科学家和工程师,服膺接力,担当使命,开拓创新,更立新功。

中国工程院决定组织出版《中国工程院院士传记系列丛书》,以记录他们对祖国和社会的丰功伟绩,传承他们治学为人的高尚品德、开拓创新的科学精神。他们是科技战线的功臣、民族振兴的脊梁。我们相信,这套传记的出版,能为史书增添新章,成为史乘中宝贵的科学财富,俾后人传承前贤筚路蓝缕的创业勇气、魄力和为国家、人民舍身奋斗的奉献精神。这就是中国前进的路。

《中国工程院院士传记 管德传》

编 委 会

顾　　问：顾诵芬
主　　任：褚晓文
副 主 任：杨凤田　孙卫航
成　　员：李　明　李　天　姚永全　师元光　贾小平

编 写 组

组　　长：杨凤田
副组长：孙卫航
成　　员：师元光　姚永全　张杰敏　姜凤兰　贾小平

序 一

顾诵芬

在管德同志80华诞,也是他从事航空事业60周年之际,中航工业科技委和601所为他编写了这本传记,这是很有意义的事。

管德同志一向谦虚,半个多世纪以来,他在自己所从事的学术专业领域静下心来默默耕耘,不求名、不求利,从不张扬,所以他的事迹很少有人知道。但他为我国航空科研和飞机设计事业做出的贡献和取得的业绩,应该为我们的青年一代科学工作者所了解,他为航空事业的奉献精神以及他的为人和品德,非常值得每一个人学习,也是我们当前建设创新型国家所必需的。

我同管德同志共事了30年,交往了60年,在与编写组同志交谈的过程中,我回忆了与管德同志交往的经历和情谊。编写组邀我为传记作序,自忖笔拙,怕写不好,但为了让年轻同志更多一些了解管德——这位新中国自己培养造就的科学技术专家的成长历程,所以还是勉力而为,写就此序。

我同管德同志共事始于1956年冬,当时正是党中央号召向科学进军,航空工业也要从仿制走向自行设计的时期。1956年8月,按照上级决定,在沈阳112厂成立以徐舜寿同志为首的飞机设计室。当时,在北京二机部四局(航空工业局)机关的很多科技人员闻讯后,都急切希望到沈阳来参加飞机设计工作。当时的管德已是局党组关键部门的一名科级干部，按现在某些人的观念，这应该是一个很值得留恋的职位，可是他放弃了官运仕途，来到沈阳从头做起。

管德刚进入飞机设计室时，徐舜寿同志对他是否能干得长还有些怀疑。徐舜寿与管德约法三章，要他做好"六分业务、四分秘书工作"的思想准备。管德一来，徐舜寿没有让他从事飞机总体设计或气动方面的工作，而是安排他画飞机外形模线，即用二次曲线将飞机布置好的固定点连起来。求解二次曲线的各项系数是非常繁杂的，当时没有电子计算机，只能靠手摇计算机，一算就是一整天，甚至于晚上还要加班。大约用了一个月的时间，才将歼教1飞机的外形基本确定。此时，徐舜寿已经在考虑歼教1这种亚声速飞机必须考虑的颤振问题。我当时担任设计室气动组组长，徐舜寿的意见是把管德调到气动组，专攻气动弹性。

那时国内大专院校都还没有设置气动弹性专业课程，更没有做过实际工程工作的人，所以飞机设计室建立气动弹性专业只能靠自己努力。徐舜寿拿出两本刚出版的英文气动弹性专著，要管德和他一起看，每周六下午同他一起讨论。以后凡有国内外气动弹性专家来沈阳，他都要让管德去见。他们不仅做计算，同时也注重试验。当时飞机设计室别的试验手段还没有，却买了地面共振试验用的传感器。通过徐舜寿和管德近两年时间的努力，最终保证了歼教1飞机的颤振安全。

1958年后，管德同志又转向超声速歼击机气动弹性问题的研究，他不仅带领团队进行繁琐的数值计算，同时也开始了高低速风洞试验研究。

管德非常注重专业知识的积累，密切关注着国际气动弹性专业前沿技术的发展。他有一个破笔记本，大概是从1959年困难时期开始用的，笔记本活页纸都是灰色的再生纸。那时候沈阳能看到的技术资料很少，他每次经过北京，总要去科技情报所和国防科技情报所查找资料,然后分门别类把文献目录摘抄在笔记本上。他自己曾说过,那个本子上收集了20世纪50年代到80年代的气动弹性领域的文献目录,他感到获益匪浅。我最后一次看到他那个破本是在80年代,已有一寸多厚了。从民航局退休后,他还经常到628所借文献、看期刊,特别是美国航空航天学会的 *AIAA Journal*(美国航空航天学会学报)。

他的刻苦钻研使他领导的飞机气动弹性设计研究工作总能跟上技术发展的前沿。20世纪80年代初,他为歼8Ⅱ建立了检查气动伺服弹性稳定性的阻抗试验设备;90年代,他开始应用芯片传感器研究颤振的主动抑制;21世纪初,他又开展了变体飞行器的研究。

在他担任112厂总工程师期间,尽管工作繁杂,日理万机,但他还是尽量安排好工作,争取到3个月的时间去西德宇航院学习和研究国外颤振研究领域的新方法。

在离开沈阳后,他始终与总装气动协作办公室保持联系,在当时航空工业系统内没有人牵头的情况下,主动承担了多个颤振研究课题。

1985年,他担任了北航兼职教授。一直到他担任民航局副局长后,即使工作再忙,他每周一定要抽一个晚上,给北航气动弹性专业研究生讲课。

总之,他对飞机气动弹性专业真正做到了锲而不舍、孜孜以求。正是由于有了丰厚的知识和经验的积淀,才使得管德在解决新飞行器气动弹性问题方面做出突出贡献。

在歼8飞机设计中,他基于对歼7机翼颤振特性的"摸透",果断决策歼8机翼刚度无须成比例增加,最终使机翼重量没有成倍增加,保证了歼8飞机得到优异的高空高速性能。

1971年,歼8飞机试飞中,在排除了马赫数0.86抖振、准备超声速时,发生了马赫数为1.24的横侧剧烈振动,一时间大家有些茫然失措。关键时刻，管德冷静思考，凭着丰富的气动弹性知识，提出该现象是方向舵嗡鸣所致。果真如他所料，按照他的建议，马赫数为1.24时的振动问题很快得到初步解决，歼8飞机得以顺利进行试飞。歼8飞机设计定型前的大表速颤振试飞也是他亲自参与完成的，所以他在新机气动弹性设计和试验方面走了一个全过程。以后国内其他重点飞机型号的气动弹性关键性难题的解决，也都有他的参与和贡献。

他在飞机气动弹性专业方面不仅是学术研究，更重要的是应用于解决工程设计、试验的实际问题。在航空工业某型空空导弹的最终定型中，他为研制单位解决了气动伺服弹性问题。他还曾担任航天系统某型导弹研制的咨询顾问。他在20世纪80年代开发了我国自己的气动弹性分析软件，获得了国家科技进步奖。

气动弹性专业在整个飞机设计工作中虽是很小的一部分，但起着非常关键的作用。然而对型号研制成功后的奖励中，往往由于获奖人数有限，所以名单中常常看不到从事气动弹性专业的同志的名字。管德甘当无名英雄，对此毫无怨言，始终如一地对技术精益求精，为我国新飞机发展做出了重大贡献，这是尤其值得我们学习的地方。

管德同志不仅自己对气动弹性专业知识深入钻研，而且非常重视教书育人，为祖国飞机气动弹性专业带出了一支人才队伍。如601所气动弹性组的技术人员是他在工作实践中传帮带出来的；沈飞公司副总经理鹿道发，在他的直接指导下，解决了歼教6带副油箱的颤振问题。他指导的研究生中，唐长红同志已被选为中国工程院院士。

管德同志天资聪颖，思路敏锐、有条理，不仅在气动弹性专业方面术业专精，而且在型号研制的管理方面也成绩卓著。1982年，他被任命为112厂总工程师时，我为他捏把汗，很担心他长期在研究所工作，对大型企业管理缺乏经验。可是他去后不久，很快就把

112厂研制歼8Ⅱ飞机的积极性充分调动起来。他还改善了技术人员的住房条件；建立了主管工程师办公室；在工厂绘图机不能满足要求的情况下，采用将在沈阳算出的模线数据送北京625所绘成模线带回沈阳的办法，大大缩短了歼8Ⅱ生产准备时间。对歼8Ⅱ研制关键的大锻件，他多次亲自去北京催办，晚上从沈阳走，第二天白天在部机关办事，第三天早上直接回到沈阳工厂后立即召开生产会。他以精湛的管理艺术和忘我的拼搏精神，带领厂所联合歼8Ⅱ飞机研制团队，比计划提前3个月实现了首飞。

20世纪80年代，他服从中央组织部的决定，去民航局担任副局长。当时民航系统接连发生飞行事故，他去后参与了整顿工作，很快就从源头遏制了事故多发趋势。

管德是一位具有崇高信仰和坚定原则的优秀共产党员。在"四清"和"文化大革命"中，他受到很大冲击，但他坦然以对。被"解放"后不久，他又被派去带知青到农村插队，他都能尽心尽责，处置很好。

他生活一贯简朴，从不向组织提出任何特殊要求。在担任112厂总工程师以后，他还住在601所宿舍，每天一早骑车约半个小时去工厂上班，当时工厂已安排汽车接送，但他没有享受这个待遇。

1984年，管德刚就任三机部科技局局长时，机关行政部门没有安排住房，他还是住在位于小经厂的112厂驻京办事处。有时下班晚了，食堂已关门，他经常就买两个月饼充饥。他几十年如一日，就这样无怨无悔地努力工作着。

他还能针对群众的具体问题开展思想工作，调动大家的积极性。

我任112厂飞机设计室气动组组长期间，不善于做思想政治工作，组里的同志有不少意见。他来到气动组并担任党小组长后，帮助我协调各方面矛盾，很快就使设计室的精神面貌发生了变化。在我担任601所总师期间，也存在很多人际关系问题，当时他任副所长，问题只要到他手里，很快就会得到妥善处理。应该说，歼8、歼8Ⅱ的研制成功，他都起到了决定作用。

管德不仅具有很强的领导能力，而且非常关心同志、爱护群众。

20世纪60年代初是生活最困难的时期。设计室主任徐舜寿生病住院，叶正大带领设计室大部分同志去112厂参加质量整顿，帮助重新发歼6飞机的生产图样。党支部要他负责管理40~50名设计室留守人员。当时去参加发图的同志的生活和工作条件都很好，而留在设计室的同志则生活条件很差，办公室窗户玻璃破碎了都得不到修理，大家每天就在阴冷潮湿的办公室中工作。还有一个最大的问题是粮食供应量低，副食、蔬菜几乎没有供应，大家都吃不饱。在这种情况下，管德同志挺身而出，与工厂领导和有关部门交涉，修缮办公室门窗。缺少窗户玻璃，就用层板钉上。为解决大家吃饭问题，哈军工的同志捐赠了一些粮票，管德除认真、仔细地将这些粮票在同志们中进行调剂分配外，还组织大家培育小球藻等代食品……总之，尽管条件十分困难，在管德的领导下，留守设计人员不仅生活安定，而且还开展了一些研究工作。

管德同志一贯淡泊名利。

1992年底，中国科学院遴选学部委员时，他被民航局推荐为学部委员候选人。此事他从未向我提及，所以我事先一点也不知道，一直到召开评议会时，学部要我介绍他的情况，我才看到中国民航局报送的推荐材料。其中主要谈到了管德在民航局改革发展中的贡献，科技方面谈的不多。我在介绍中主要讲了他在气动弹性专业学术和工程应用方面取得的成就。在以后的学部大会上，有人提问，既然在学术方面这样有成就，为什么要去民航局任副局长？这个问题影响很大，因为学部委员们对社会上存在的学术上略有建树就放弃科研而去当"官""学而优则仕"的现象非常厌恶。面对如此发问，当然不是我能回答得了的。应该就是由于这一原因，管德没有能够当选，但他坦然处之，毫不介意。

管德的态度与今天某些人为谋取院士地位，不仅在所在单位到处游说，而且本人也四下找关系、托人情的做法形成了鲜明对比。

1994年，组建中国工程院时，民航局推荐管德为筹备组专家。在遴选首批院士时，他细致深入、实事求是、坚持原则、不徇私情，为保证工程院首批院士遴选工作的顺利进行发挥了重要作用。筹备组成员并非都能成为院士，在这次评选中，管德没有任何争议地被大家一致通过，当选为中国工程院的首批院士。

作为一名技术专家，他敢于讲真话，敢于坚持原则，决不随风倒。

20世纪70年代末，在讨论是否仿制米格－23飞机时，他敢于向副总理一级的领导人陈述不同意见。90年代，在政府高层研究确定干线飞机型别时，他根据民航发展实际情况，直言不讳，当面向主管该项工作的国务委员提出了不同意见。

管德是新中国自己培养的飞机气动弹性专家，在他身上有很多地方值得我们学习。在与他共事的40年中，我深感得到了他的有力帮助，在此表示感谢。

祝管德同志健康长寿，合府安康，继续为国家的航空事业做出新贡献！

2012年6月

(顾诵芬：中国科学院、中国工程院院士，中航工业科技委副主任)

序 二

褚晓文

中航工业沈阳飞机设计研究所已成立51年。多年来，风雨兼程，"航空报国、强军富民"的崇高理念，在研究所一脉相承；"敬业诚信、创新超越"的高尚精神，在研究所薪火相传。以5位院士为代表的一大批航空科技英才，见证着"战斗机研究设计的基地、航空英才的摇篮"的巍巍盛名，诠释着航空报国、创新发展的不懈追求。

管德院士是航空科技精英中的一位杰出代表，是我国著名的飞机气动弹性专家，同时也是一位杰出的系统工程管理专家。他毕业于清华大学，在我国航空领域已经辛勤耕耘了半个世纪，在沈阳飞机设计研究所奋斗了23载，曾担任副总设计师、副所长。他先后任沈阳飞机工业公司总工程师，航空工业部科学技术局局长、航空工业部总工程师、航空工业部科学技术委员会主任，中国航空研究院院长，中国民用航空局副局长兼党委副书记。曾任全国政协第八、第九届委员，中国工程院筹备委员会委员。1994年成为中国工程院院士。从1986年至今兼任北京航空航天大学教授、博士生导师，同时兼任南京航空航天大学教授。

他曾经主持建立了我国第一套可用于超声速飞机设计的气动弹性计算和试验方法。他主持的《高速歼击机的气动弹性分析》《航空结构分析系统》，分别荣获1978年全国科学大会奖和国家科技进步奖二等奖。他在歼8飞机的研制中做出了重大贡献，荣获国家科技进步奖特等奖。管院士在担任我国航空和民航的重要领导职务后，仍未中断气动弹性领域的研究工作，撰写出版了《非定常气动力计算》《飞机气动弹性力学手册》等重要专著。

如今，80高龄的管德院士还在航空战线上继续前行。"现在，我这个气动弹性还有新的题目，我在带研究生搞，以前没人搞过，有难度。"他如是说。

读罢管院士传记，我们可以看到他心系航空，献身于祖国航空事业的奉献精神，为我国科技和国防的现代化建功立业；看到他勇于创新、严谨求实的科学精神，力推航空工程新学科建设；看到他在工程研制过程中最早使用系统工程理论、科学的管理方法取得的巨大成就；看到他既是管理方面的英才，又是飞机设计气动弹性专业顶尖级的专家。

管德院士亲自写下了许多有价值的东西，今天和以后的人都会去读。他还在以顽强的生命力和昂扬的斗志做着一件又一件有着深刻意义的事情，今天的人们在写，以后的人们还将会继续书写！

2012年5月

（褚晓文：中航工业沈阳飞机设计研究所党委书记）

目　录

引子 …………………………………………………………… (001)

第一章　家世与童年 …………………………………………… (007)
　　父亲 …………………………………………………………… (009)
　　母亲 …………………………………………………………… (016)
　　大宅院 ………………………………………………………… (020)
　　在家上小学、初中 …………………………………………… (023)
　　弟弟妹妹 ……………………………………………………… (026)

第二章　高中时期 ……………………………………………… (029)
　　北京第五中学 ………………………………………………… (031)
　　初涉政治 ……………………………………………………… (034)

第三章　清华大学 ……………………………………………… (037)
　　解放以后的第一批大学生 …………………………………… (039)
　　参加开国大典 ………………………………………………… (040)
　　政治运动 ……………………………………………………… (043)
　　入团、入党 …………………………………………………… (046)
　　大学毕业 ……………………………………………………… (049)

第四章　航空工业局 …………………………………………… (053)
　　分配到局机关 ………………………………………………… (055)
　　四局的单身宿舍 ……………………………………………… (058)

指令检查室 …………………………………………… (060)
成立飞机设计室 …………………………………… (066)

第五章　飞机设计室 …………………………………… (071)
徐舜寿主任 …………………………………………… (073)
设计室的大学生 …………………………………… (076)
歼教1外形数据计算 ……………………………… (081)
歼教1的颤振分析 ………………………………… (085)
黄志千 ………………………………………………… (091)
气动组的党小组长 ………………………………… (095)
无名英雄 ……………………………………………… (099)
"坐小桌子"的专家 ………………………………… (100)
政治"颤振"中的无奈 …………………………… (102)
"东风"113 …………………………………………… (106)
出色的组织才能 …………………………………… (110)

第六章　六院一所 …………………………………… (113)
航空研究院与一所 ………………………………… (115)
一所的技术尖子 …………………………………… (117)
颤振分析程序与试验方法研究 ………………… (118)
摸透米格-21 ………………………………………… (127)
国防科委第十六专业组 ………………………… (129)

第七章　歼8飞机 …………………………………… (131)
单发还是双发 ……………………………………… (133)
"文化大革命"之初 ……………………………… (134)
该坚持的还是坚持 ………………………………… (140)
歼8首飞 ……………………………………………… (144)
是磨难也是历练 …………………………………… (145)
水平尾翼 ……………………………………………… (153)

冯钟越 ……………………………………… (155)
　　心系歼 8 试飞 …………………………… (158)
　　"这个人很厉害" ………………………… (160)
　　贡献与成果 ……………………………… (162)
　　S05 架事故 ……………………………… (170)
　　赴西德技术合作 ………………………… (173)
　　穿着简朴像个老工人 …………………… (177)

第八章　在磨砺中前行 ……………………… (183)
　　气动弹性专业的开拓者 ………………… (185)
　　总体、气动力室主任 …………………… (187)
　　《航空结构动力分析系统（HAJIF－Ⅱ型）》 … (189)
　　创造性的工作 …………………………… (192)
　　歼 13 飞机 ……………………………… (195)
　　"7210" 专业组 ………………………… (197)

第九章　歼 8Ⅱ ……………………………… (203)
　　歼 8 大改提上日程 ……………………… (205)
　　歼 8Ⅱ立项 ……………………………… (208)
　　相当于研制一架新机 …………………… (210)
　　现场总指挥 ……………………………… (213)
　　"唐管二顾" ……………………………… (218)
　　歼 8Ⅱ首飞 ……………………………… (226)
　　重点项目的工程验证 …………………… (232)

第十章　航空工业部 ………………………… (235)
　　科技局长 ………………………………… (237)
　　严格的要求 ……………………………… (239)
　　"自留地" 里结硕果 …………………… (242)
　　"向中央组织部门推荐一位优秀人才" … (248)

第十一章　中国民用航空局 (253)
　　服从组织决定 (255)
　　上任伊始 (256)
　　"华航事件" (258)
　　民航的改革与发展 (264)
　　重视飞行员的培养 (268)
　　空中交通管理 (273)
　　全国政协委员 (276)

第十二章　干线客机 (279)
　　"沉默之海" (281)
　　MD82 (285)
　　敢讲真话 (292)
　　"屁股决定脑袋" (299)
　　MD90 (306)

第十三章　温馨的家 (313)
　　王露瀛 (315)
　　结婚 (320)
　　品味幸福 (324)
　　"这是一只小小的船" (327)
　　"扼住命运的咽喉" (331)

第十四章　教书育人 (337)
　　爱惜人才 (339)
　　兼职教授 (345)
　　博士导师 (352)
　　在学生的心目中 (354)

第十五章　在事业的峰峦上 (361)
　　院士 (363)

"解决此问题要找管德" ……………………………………（364）
"我是气动弹性专业的工程师" ……………………………（367）
尾声：立德、立功、立言 …………………………………（373）
编后语 ……………………………………………………………（381）

引 子

2007年11月27日,当前中国互联网综合服务的主要提供商之一的腾讯网邀请了一位中国工程院院士、著名气动弹性专家做客院士访谈栏目,主持人郭桐兴一如前几十期节目一样,对嘉宾表示欢迎并向网友做了介绍。

坐在主持人一侧的嘉宾年过古稀,带着一副宽大的深色边框眼镜,精神矍铄、面容慈祥,微笑中透出自信、坚毅。面对主持人的提问,他侃侃而谈。

节目进行中,院士嘉宾的话引起了主持人的一个联想:

> 您说这个我们想起来了,我们坐飞机的时候看着那个飞机(的机翼)是翘起来的,而且翅膀各个部分都有变化。

这可能是所有乘坐过大型客机的有心人都会注意到的现象。

随着社会的发展和生活水平的提高,乘坐飞机出行的人越来越多,在享受着现代航空科学技术带给人们极大的便捷舒适的同时,也有不少乘客对飞机的安全表示担忧。在民航论坛上,有一位网友的帖子与主持人的观察结果相似:

> 2007年5月3日乘坐××公司的波音737-800飞机由长沙飞昆明旅游。在整个过程中我一直很害怕,一个是飞机看起

来比较旧,另外整个飞行过程中气流颠簸比较厉害,可能碰到10次气流了吧,飞机总是在摇摇晃晃。这些倒是正常的,关键怕的是我正好坐在机翼旁边,我发现飞机整个机翼(飞机左右两个大翅膀)居然在上下左右晃动(主要是上下振动),有点像鸟儿飞的样子(当然只是轻微晃动),我一直怕飞机翅膀会在飞行中突然掉落!大家不要误会,大机翼上有个可以活动的部位可以控制气流的上下活动是正常的,关键是整个机翼都在晃动,我问了其他一些人说大飞机的整个机翼应该是不会动的。我现在就是想问,这个现象正常吗?是不是因为飞机陈旧造成机翼不稳还是本来就是这样设计的?还是其他什么原因?如果是飞机本身的问题,希望××公司立即检查修理,不然让翅膀在飞行过程中掉了就不得了呢!

主帖一出,跟帖近百,众说纷纭,莫衷一是,其中不乏具有航空和飞机设计知识的网友,但也许要说清楚这样的问题太过专业,因此解释显得过于简单,而调侃打趣者居多。

腾讯网院士访谈栏目的主持人要比这位网友幸运得多,他的面前坐着的是一位院士级的空气动力学专家。也许是考虑到网络受众年龄层次、知识层次和对航空科技知识了解程度的不同,他用尽可能浅近、直白的语言解释着复杂的航空科学理论和术语:

……你趴在窗户那儿看着,它不会老老实实在那儿待着,它还会抖,它抖得厉害了,等于是汽车的弹簧软,这样飞机里坐的人就感觉比较舒服了。通过调整翅膀的角度可以提高乘客的舒适度。但是话又说回来了,这个机翼也不能无限制地软,软得厉害了,它就断裂了,强度不够了。所以又要保证它能够承受这么大的力,然后它的变形量又要给得还可以,让坐在飞机里面的人比较舒适。飞机设计的时候要想这个事，先有一定的强度，又要有适度的变形，碰到湍流以后，它能够起一个弹簧的作用，让乘客比较舒服。

还有一个办法可以让乘客舒服，就是在机翼上搁一个可以偏转的舵面，通过传感器，感受气流的运动，然后它通过舵机产生相反的信号，让那个舵面运动以后，这个舵面控制它，一个往上，一个往下。这样的话，等于是你虽然很乱，但是机翼感受不到。

……这样座舱里的客人感觉比较舒服，机翼也没有那么大的变形了。这种东西在现在比较新的课题里面，有的已经在用了，就是为了改善这个环节，这叫湍流响应的主动控制。主动控制湍流响应，机翼变形也小一些，旅客也感觉比较舒服些。

要完全理解他的讲述，首先要了解人类利用任何材料制造出的任何一种结构，都不可能是绝对刚性的，也就是在外力作用下，任何材料和结构都不可能保持几何形状绝对不变形。飞机也不例外，在飞行中，飞机的机体——机身，尤其是机翼，在空气动力作用下必然会发生弹性变形，也就是前面这位网友看到的机翼随气流出现的振动。这种弹性变形使飞机的气动外形有所变化，影响到空气动力随之改变，从而又导致进一步的弹性变形，由此形成了结构变形与空气动力交互作用的现象。在航空技术中，将这一学科称为气动弹性力学（注）。

在1903年12月17日，美国的维尔伯·莱特和奥维尔·莱特兄弟制造的世界上第一架载人动力飞机——"飞行者1号"在美国北卡罗来纳州的基蒂霍克飞上了蓝天。"从固定翼飞机问世的第一天起，就遇到了气动弹性的问题。"（管德《非定常气动

计算》）

20 世纪初，美国科学家 S. P. 兰利（Langley）制造了安装活塞发动机的飞机，但在 1903 年的两次试飞均遭失败。第一次世界大战初期，英国的汉德利 - 佩奇（Handley-Page）轰炸机又因机身扭转刚度不够，发生了尾翼颤振。

"为了分析这些问题，开始了第一批的飞机气动弹性研究。G. 布鲁尔（G. Brewer）在 1913 年发表了关于兰利飞机机翼扭转发散的研究报告。F. W. 兰彻斯特（F. W. Lanchester），L. 贝尔斯托（L. Bairstow）和 A. 费奇（A. Fage）在 1916 年发表了关于汉德利 - 佩奇轰炸机尾翼颤振的研究报告。

"20 年代，单翼机问世。对于扭转发散和颤振的研究，也取得了新的进展。"（管德《非定常气动力计算》）

50 年代，新中国为发展航空工业开始自主设计飞机，1956 年组建了中国航空工业历史上第一个专业的飞机设计机构——沈阳飞机设计室。1961 年，按照中央决定，国防部第六研究院（简称六院）成立，沈阳飞机设计室与空军第一研究所、哈尔滨军事工程学院（简称哈军工）的飞机设计研究机构合并组建了六院一所——现在的沈阳飞机设计研究所（代号 601 所）。

由中国飞机设计的一代宗师徐舜寿领衔的飞机设计室自行设计的第一架喷气式教练机是歼教 1 飞机。徐舜寿以其对航空科技发展的敏锐观察，确定了将气动弹性问题作为设计接近或超过声速飞机必须研究的关键技术之一。

沈阳飞机设计室和以后的 601 所是一个人才荟萃的集体，除了主任徐舜寿、副主任黄志千之外，还有陆孝彭等在美国、英国著名飞机公司从事过飞机设计的中国第一代飞机设计师以及叶正大等曾在莫斯科航空学院学习飞机设计制造的赴苏留学生。徐舜寿在倚重这样一批当时中国一流的飞机设计专业人才的同时，还非常重视年轻一代中的技术骨干。为解决颤振问题、培养气动弹性力学方面的技术尖子,他从平均年龄22岁的技术人员中,选择了清华大学毕业生管德。

半个多世纪以后,2007年的这一天,管德以中国工程院院士、著名气动弹性专家的身份接受了腾讯网邀请,坐在了院士访谈主持人郭桐兴旁边的嘉宾位置上。

管德院士

注释:

气动弹性力学(Aeroelasticity)。研究空气动力与航空器结构变形相互作用及其对飞行及结构强度影响的交叉学科。飞机结构在空气动力作用下会产生变形,这种变形反过来又使空气动力随之改变,从而导致进一步的变形;这样就构成了气体、固体耦合的气动弹性现象。气动弹性不仅对飞机的载荷分布、操纵性、稳定性有显著的影响,而且会产生一系列静态和动态失稳问题,严重时会使结构破坏,造成飞行事故。因此,飞机设计必须考虑气动弹性问题,在飞机强度规范及适航条例中对此都有专门的条款及规定。在气动加热严重的情况下,个别部件还需要考虑热气动弹性问题。(《中国航空百科辞典》)

第一章
家世与童年

父 亲

管德的父亲姓尹,名凤鸣(1890—1964),享年74岁。

坊间流传的一份《民国职官年表》中,将尹凤鸣写为合肥人,网上流传的资料也有写为河南开封人,这都不准确,尹凤鸣的祖籍为江西。

尹凤鸣属清末留日武备生。

1894—1895年的甲午战争,中国败于日本,中国的知识分子看到了日本向西方学习,经过明治维新后,国富兵强,因而主张效法日本。与此同时,清政府实行清末新政。为培养新政人才,吸取日本新政经验,也大力提倡、鼓励官费、自费并举赴日留学的政策。1905—1906年,中国人留学日本达到高潮。由于清政府废除科举制度和日本在日俄战争中获胜等因素影响,留日学生人数猛增到8000多人。

中国学生留学日本学习武备始于1898年。凡到日本学习陆军的中国留学生,须先入有军官摇篮之称的成城学校。该校创办于1900年,1903年改名东京振武学堂。中国学生进该校接受预备教育的时间为16个月,之后分配到陆军连队(团),以"士官候补生"的身份接受一年的正式教育,然后进入陆军士官学校接受一年的后期教育,修毕士官课程,再入连队任"见习士官"半年,最后取得士官资格,以"少尉资格录用"。

尹凤鸣为日本陆军士官学校(注1)第八期(1909年12月—1911年5月)毕业生。从日本回国后,尹凤鸣在保定陆军军官学校(简称保定军校)任教官。1925年3月13日,在从日本士官学

校毕业14年以后，他被中华民国北京政府授予陆军少将。（资料见辛亥革命网站）

保定军校是中国近代军事教育史上成立最早、规模最大、学制最正规的军事学府，创建于清光绪二十八年（公元1902年），停办于民国十二年（公元1923年）。是在以袁世凯为首的北洋军事政治集团引进东西方先进军事技术和军事教育体制、编练新军的基础上创办的。1912—1923年期间，保定军校共办9期，毕业生有6300余人，其中不少人后来成为黄埔军校教官。在北洋政府、国民党及中国共产党阵营都有保定军校毕业学生。短短11年的9期毕业生中培养了后来成长为少将以上的将军达1700余名，其中不乏曾经在中国近代史上叱咤风云的人物。管德记得父亲生前对他讲过，在保定军校当教官时，白崇禧、唐生智等都是他的学生。

由于"校内失和、战乱频仍、经费不足和军阀对军校施加消极影响"等具体原因，保定军校停办了。在那以后，尹凤鸣转入东北军张作霖麾下。他之所以到东北，显然与同为日本陆军士官学校第八期毕业的杨宇霆（步科）（注2）、于珍（步科）有关。当时这些人都为张作霖重用。杨宇霆历任奉军参谋长、东北陆军训练总监、东三省兵工厂总办、奉军第三和第四军团司令、江苏军务督办、安国军参谋总长；于珍历任奉天陆军补习学堂监督、陆军第二十九师参谋长、黑龙江督军署参谋长、奉军第八军副军长、东北陆军第十师师长、第十军军长等职。尹凤鸣去后，在东北军司令部任军务处处长，这应该是一个相当重要的职务。

据记载，1925年3月13日，尹凤鸣被任为北洋政府陆军部参事。

1928年2月，蒋介石主持国民党二届四中全会，全面改变了孙中山的革命政策，被选举为中央政治委员会主席和军事委员会主席。1928年6月4日，张作霖在沈阳皇姑屯东站三洞桥被日本关东军炸死。同年10月，蒋介石任国民政府主席兼陆海空军总司令，改组国民政府，实行"以党治国"的训政。同年 12 月 29 日，张学良宣布东北正式"易帜"，将原北京政府的红、黄、蓝、白、黑五色旗改为南京国民政府的青天白日旗，宣布拥护国民政府。南京国民政府任命张学良为东北边防司令长官。1929 年 1 月 10 日，杨宇霆与黑龙江省省长常荫槐在帅府会客厅东大厅（老虎厅）被张学良事先安排好的警务处长高纪毅、副官谭海等枪杀。

管德曾经说到这一历史公案：

> 张学良杀杨、常等人，并没有先宣布什么罪状。
>
> 杨宇霆这些张作霖时期的"老臣"，历来看不起张学良，这应该是他们被杀的原因。
>
> ——管德访谈（2012 年 5 月）

除了以上管德所说的原因和其他一些复杂的政治因素外，杨宇霆的脾气秉性和处事风格应该也是一个很重要的因素。1925 年 9 月中旬，杨宇霆作为江苏军务督办进入南京，尹凤鸣是作为他的军务处处长随行。有一部《张宗昌全传》（苏全有著）中写到一个情节："陈调元（时任江苏帮办兼江苏第四师师长）向张作霖献媚，愿把他的军队编入东北军，由南京来电请领编入东北军的番号。杨宇霆气量狭小，竟用张作霖名义复电批驳陈的要求，使陈扫兴。陈调元又来电请领军用乘车证，军务处拟好复电准予发给，称呼陈为'帮办'，杨宇霆用笔把'帮办'两字勾去，改称'师长'。军务处处长尹凤鸣说：'陈是帮办。'杨宇霆说：'你不必管，什么帮办。'这又使陈不快。"

这一段历史，尹凤鸣曾经在 1963 年 7 月 28 日写过一篇文章，题目是《杨宇霆督苏失败之经过及其前因后果》，其中讲到杨宇霆在赴任前，对当时的各方面情形分析考虑之后，"做出自力应付之策"。其中有一条是"作为对于陈调元等的小集团釜底抽薪之计，调镇威军总司令部军务处长尹凤鸣随同赴苏,将任以江苏省四路要塞总司令,整顿要塞各机构,扩充炮位火力,俾能切实控制由宁至沪的长江水面,一旦有事,可以限制中央海军的活动,以确保南北两岸的交通,并于各路要塞各增附步兵一个团,以防中央海军陆战队登陆扰动。"

在金陵兵工厂(原名金陵机器制造局,1929年6月改为金陵兵工厂。原址现为中国航天科工集团所属的南京晨光集团有限责任公司)的史料中记载:"1925年9月尹凤鸣为总办。1926年4月李斐然为总办。"可见杨宇霆一到江苏即安排尹凤鸣担任了金陵兵工厂的总办。

在尹凤鸣的这篇文章中,也有"杨素来骄傲自负,也不肯示弱于人"等字句,说明他虽然听命于杨宇霆,但也不是没有自己的见解。后来杨宇霆从江苏撤回,经过徐州时,将尹凤鸣留在徐州"办理撤退未了之事"。

尹凤鸣属于奉系元老杨宇霆一派,杨宇霆被杀以后,他被调往北京,在陆军被服厂担任督办。

管德回忆:

> 蒋介石曾将父亲请到南京,想给派个什么差事,他不干,去了南京后很快就回来了。我记得他对母亲说过,南京官场里钩心斗角,人际关系复杂,太过龌龊,所以他不想在南京待下去。
>
> 回到北京后,蒋介石还给他安排了一个什么职位,具体做什么我不知道,只记得为上任还特意做了一套中山装,但他只在就职那天去了一次,就再也不去了。开始还给他保留有一份薪水,说可以不来上班但每个月去拿钱。时间不长,人家还是把他免了,从那时起,他就跟军政两界脱离了关系,彻底从官场退出了。

那一年，父亲40岁，以后家庭生活来源主要靠房租。父亲曾说过，他在担任陆军被服厂督办时攒了一些钱，用来买了一些房子，就在北新桥一带。一直到他去世，都依靠出租房产维持生计。

——管德访谈（2011年10月）

曾经有着显赫经历的尹凤鸣，出人意料地做出了一个决定，退出军界和官场，开始过着寓公的生活。没有留下任何解释，也没有对家人做出任何说明。

然而尽管淡出军界，他在军界的余威尚存。管德记得很清楚：

……解放前夕，国民党要跑的那一年，国民党兵在北京乱占房子，见我们家房子大，就要进来住，在门口吵吵嚷嚷，父亲听见了出去对他们说："你去找你们的白长官去！"这些兵一听他这样说，直管他叫太老师，再也不敢来了。

我父亲就是这么过的，解放后算他为房产主，没给定他反动军官。也是因为他后来很长一段时间与军界、政界都没有干系。

——管德访谈（2011年10月）

新中国成立以后，中国共产党建立的新政权给尹凤鸣带来了希望，沉默近20年的尹凤鸣接受了共产党政府的统一战线政策，他开始参加一些会议、活动，并积极地发表自己的意见。由此可见，他与国民党军政两界脱离关系并非遁入空门，而是出于对龌龊的官场表示厌恶。

建国之初，社会各界的思想都非常活跃，当时的社会名流、知识分子中的一部分人接受了西方民主思想，在参加社会活动中总会发表一些跟执政党主张不大一致的意见。尹凤鸣并没有像有些人那样桀骜不驯，他不唱赞歌，只是对政府的举措发表一些意见，这应该是冀求社会完美的理念所致。这样的言行和风格显然不合时宜，也影响到了新政权对他的安置。按照资历和影响，原本可能有安排其参与更高层次资政工作的考虑，而最终仅让他担任了区一级的政协委员。

做寓公、靠房租为生，租房者的经济状况直接影响房东的收入。

管德回忆：

> 主要就吃房租，解放以前老百姓穷，给不起房租，我们也毫无办法，就受穷。解放以后，政府会管，房租钱月月都照给，家里收入就很多，那几年境况最好。后来就公私合营了，只拿定息。但那时候我们兄妹几个经济都独立了，两位老人也没多少花销，所以家境也还可以。
>
> ——管德访谈（2011年10月）

尹凤鸣于1964年因病去世。因患阑尾炎，家中为父亲请来一位熟悉的大夫。这位医生违反"急性腹痛在没有确诊时不能吃止痛片，更不能打止痛针，同时严格禁食，以免掩盖重要的症状和加重病情"的常识，只是简单问了问病情就说："腹部疼痛就打一针止疼针吧！"一针下去，虽然止住疼痛，但等再次疼痛发作送到医院时，原本通过手术可以治愈的阑尾炎，已转为弥漫性腹膜炎，最终没有能抢救过来。

管德对此感到惋惜：

> 父亲的身体本来是很好的，由于这样一次误诊，只活到74岁。
>
> ——管德访谈（2011年10月）

注释：

1. 日本士官学校的前身是创建于1868年的京都兵学校，1869年迁往大阪，称为大阪兵学寮。1871年迁往东京，称为东京兵学寮。1873年海军兵学寮成立后，改称为陆军兵学寮。1874年，根据《陆军士官学校条例》正式建立陆军士官学校，是日本陆军培养初级军官的学校。

从1898年开始，日本接收清政府派出的留日士官生，第一期毕业于1901年11月。在辛亥革命100周年纪念活动中，有一份资料介绍："近代中国军事人才的最主要来源可以分为4个部分，即留日士官生，保定军校生，黄埔军校生，此外还有一些地方讲武堂毕业生。其中以留日士官生发端最早，时间也较长，从1898年第一批留日士官生赴日到1937年全面抗战爆发，前后计有29期、1600余人。虽然留日士官生的总体数量不及保定和黄埔学生，但是其历史作用却不容忽视。作为一个最早接受近代军事教育的群体，留日士官生在清末至民国初年的中国军队近代化过程中起了主要的作用，使中国军队不仅从装备上，而且从编制、训练、体制和思想上从中世纪走向了近代。

不论是著名的保定军校还是更加著名的黄埔军校，在其创建者中，我们都不难看到留日士官生的影子，而那些地方讲武堂的创办更离不开士官生的参与。虽然留日生的主要活动时间是清末到民初，但是直到抗战乃至三年内战的战场上，我们仍能看到他们的身影。"（百度文库《日本陆军士官学校》）

2. 杨宇霆，字邻葛，系北洋军阀执政时期奉系军阀首领之一。奉天法库（今辽宁省法库县）蛇山沟村人。日本陆军士官学校第八期步科毕业。历任奉军参谋长、东北陆军训练总监、东三省兵工厂总办、奉军第三和第四军团司令、江苏军务督办、安国军参谋总长。1928年6月4日，张作霖在皇姑屯车站遭日本人暗算身亡。12月29日东北"易帜"，杨宇霆坚决反对，因此与张学良酿成新的矛盾。日本人也趁机利用正友本党和混迹东北的中国流氓处处诽谤杨宇霆，离间张杨关系。1929年1月10日晚，同黑龙江省省长常荫槐被张学良事先安排好的警务处长高纪毅、副官谭海等枪杀在帅府会客厅东大厅（老虎厅）。

母　　亲

1932年农历6月9日（阳历7月12日），管德出生于北京。他的生身母亲叫管尹璿。管德记得，母亲的名字是父亲起的。

为什么父亲姓尹，而管德姓管呢？管德在一次谈话中讲道：

> 因为我的祖父姓管，但去世得早，祖母带着我父亲还有我的姑姑改嫁到尹家，所以父亲改姓尹。但父亲矢志要为管家续上家谱，所以他娶了两房妻子。一位为尹家接代，一位为管家传宗。
>
> ——管德访谈（2011年10月）

在国民党统治时期，由国民党中央政治会议通过的法律及其具体条文中也曾提及婚姻自由、男女平等、一夫一妻、废除封建婚姻制度等立法原则，但《民法·亲属编》并未明确写入这些原则，在其具体条文中又有不少规定和做法有违以上原则。因此在新中国建立之前，一夫多妻制是确实存在的，而这成全了尹凤鸣为管、尹两家传宗接代的夙愿。

在一些记述曾为保定军校校长蒋百里（亦名蒋方震）（注）的史话里曾讲道："这天，蒋百里的母亲和他的堂哥蒋方夔到了保定，原来，学校教官尹凤鸣（字晓岗）也是日本士官学校毕业，蒋百里很器重他，把自己的侄女许配给了他，老太太是来送亲的。"

还有史料这样记载："在蒋方震养病的第三星期，蒋太夫人带着她的侄孙女到保定送亲。原来，军校教官尹凤鸣（字晓岗）也是日本士官学校毕业生，蒋方震很器重他，就自作主张把侄女许配了他，蒋方震的堂兄蒋方夔陪送着太夫人由南方来到北方，她却不知道她的儿子有自杀殉职的这件事。"

蒋百里是民国时期的名人，与蔡锷都是日本陆军士官学校第三期的毕业生。1912年12月15日，蒋百里以少将军衔接任保定军官学校第二任校长。因他锐意改革，大刀阔斧地整顿校务，遭到北京陆军部总长段祺瑞、军学司司长魏宗瀚（保定陆军预备大学堂毕业生，陆军中将）的阻挠和破坏，使他的报国之心受到极大伤害。1913年6月18日早晨6时多，蒋百里在尚武堂后厦的讲台上给军校的近两千名师生训话时开枪自杀明志，所幸未伤及要害。

上面摘引史话中所述，即蒋百里自戕后养伤期间与尹凤鸣有关的故事。

尹凤鸣与蒋百里侄女这一房妻子生的孩子姓尹，管德有一位尹姓大姐已经90多岁，至今健在。

管德的生母没有更多地受过教育，但却是一位典型的贤妻良母。他的父亲脾气暴躁，经常会因为一点小事大发雷霆，所以管德的记忆中，他和弟弟、妹妹小时候都很怕父亲，几乎不敢与父亲说话。直到上大学以后，他才和父亲有了一些交流。管德记得，父亲对孩子们发脾气的时候，母亲绝不干预。在他的记忆中，母亲是

20世纪60年代全家照（二排中为尹凤鸣，后排右二为管德）

一个很贤惠的普通妇女，从没有与父亲争吵过。父亲暴怒之下拍桌子、摔板凳，母亲从来不回嘴，就只是静静地在一旁听着、看着。

作为一个曾经有过远大抱负的军人，面对纷纭世事，有心报国而无从效力，不甘蛰伏却寂寥独处，尹凤鸣内心深处的压抑、苦闷可想而知，为家中小事大发雷霆，实际上是一种积郁的宣泄，对此，作为妻子的管尹璕应该有更深刻的理解。

管德母亲识字不多，不能教他们兄妹读书识字，只是悉心照顾孩子们的生活，让他们吃饱穿暖。

尹凤鸣的两房妻子一直分住东、西院，尹家住西院，管家住东院，胡同很窄，两院同走一个大门，一大家人相处在一起，其乐融融。以后尹姓大姐结婚，去了杭州。1966年初，大姐把她的生身母亲接到了杭州。

解放后，《中华人民共和国婚姻法》（1950年）颁布，明确要废除旧的婚姻制度，实行新民主主义的婚姻制度，保障男女婚姻自由、一夫一妻、男女权利平等，保护妇女和子女的合法利益，但尹凤鸣还是与两房妻子保持着婚姻关系，政府也没有干预，一直到他去世。

管德的母亲管尹璿1991年病逝,享年82岁。管德回忆:

> 我觉得母亲的病可能是肠子里面长瘤了,症状是肠梗阻。家里找了一个比较有名的中医给她看,还有点见好。那时候她卧床不起,我们兄妹几人轮流服侍她。有一天轮到我的小弟弟陪她,给她吃了一点方便面,一下吃坏了,就再也不通了。那个大夫来的时候说:"我要骂你们,我告诉你们不能给硬的食物吃,要给她最软最软的东西,你们可倒好,给他吃最硬的东西。"
>
> 我分析母亲不治的原因是肠子里面长瘤,不是吃坏的。
>
> ——管德访谈(2011年10月)

注释:

蒋百里,原名蒋方震,字百里。中国近代著名军事理论家、军事教育家。1905年毕业于日本士官学校步科第三期。在日本军校期间,蒋百里、蔡锷、张孝准被称为"中国三杰"。1906年留学德国。武昌起义后,任浙江都督府总参议。1912年任保定陆军军官学校校长。

1913年6月18日早晨6时,天刚灰亮,保定军校校长蒋百里就召集全校两千余名师生紧急训话。他身着黄呢军服,腰挂长柄佩刀,足蹬锃亮马靴,站在尚武堂石阶上一脸沉痛:"初到本校,我曾宣誓,我要你们做的事,你们必须办到;你们希望我做的事,我也必须办到。你们办不到,我要责罚你们;我办不到,我也要责罚我自己。现在看来,我未能尽责……你们要鼓起勇气担当中国未来的大任!"随后,蒋百里掏出手枪,瞄准自己胸部偏左的地方猛开一枪。但奇迹般生还，并与养病期间看护他的日本女子佐藤屋登相好，后来佐藤屋登成为蒋百里的第二任妻子，改名蒋左梅。

1917年任黎元洪总统府顾问。1923年同胡适组织新月社。1925年任吴佩孚部总参谋长。1933年赴日考察，认为中日大战不可避免，拟定多种国防计划，呼吁国民政府备战。1935年任军事委员会高等顾问。1936年赴欧美考察，回国后倡议发展空军。1937年9月，他以蒋介石特使身份出访意大利、德国等国，回国后发表《日本人》及《抗战基本观念》，断定日本必败，中国必胜。1938年8月代理陆军大学校长。1938年11月4日，蒋百里病逝于广西宜山。

蒋百里的三女儿蒋英，是著名钢琴家和歌唱家，毕业于柏林国立音乐学院，音域宽广优美，是德律风根公司的10年唱片签约歌手。1955年随丈夫钱学森回到祖国，在中央音乐学院工作。

大 宅 院

管德的童年是在北京北新桥原王大人胡同（因明朝太监王承恩宅邸得名，现为北新桥三条）的一所宅院里度过的。

这所宅院是尹凤鸣购置的家产。管德还记得：

> 父亲对我讲过，在陆军被服厂任职的时候，他动了点脑子，经过套裁，一块布能多裁出好几套衣服。当时没什么公私之分，多裁出就算是他的，他的钱主要是在那个时期赚的。他当军官的时候赚的钱应该也不少，但他很不在意积攒，以后就没有了。买这些房子的钱全是在陆军被服厂任督办时赚

的钱。

——管德访谈（2011年10月）

这是一所颇具规模的大宅院。

1937年7月7日夜，日本侵略军在北平西南郊永定河上的卢沟桥，向中国守军发动进攻，史称"卢沟桥事变"，也称"七七事变"。1937年7月28日，国民革命军第二十九军各部在北平郊外各战场上奋勇拼杀，伤亡惨重，被迫于当晚23时下令向保定方向突围。7月29日，北平沦陷。

管德回忆：

> 在我5岁的时候，日本人占领了北京，日满铁看中了这个院子，买了去。说是买，但肯定给的钱很少，因为从北新桥搬出后，父亲又找了一个地方，就在鼓楼东大街的草厂胡同，用日满铁给的这些钱在那儿建了一所比原先那个院落小得多的房子，结果最后连油漆的钱都不够了。草厂胡同的房子我们住了30年，盖房子的木料一直都是原木色的，一直到"文化大革命"，这些房产被没收，新住户进去以后，才将门窗、木柱等油漆了。所以我分析日满铁是讹了我们家，没有按应得价值给钱，那个时候我父亲也不能惹他们。

——管德访谈（2011年10月）

这里讲到的日满铁是对日本南满铁道株式会社的简称。这是1906年日本天皇下诏书成立的一个殖民机构，总部设在大连，表面上是一个铁路经营公司，但涉足于政治、军事、情报等领域，为日本侵华提供了多方面的支持，也因此拥有极为显赫的权势。在偌大的北京城，能被日满铁看中，说明尹凤鸣购置的宅院不同一般。而挟占领者之威，没有无偿霸占，尽管利用强势"讹"了房价，非公平交易，但毕竟还是出了一笔钱，这也足以说明尹凤鸣影响之大。

管德还记得，在北平沦陷以后，母亲怕日本人发现家中保存的父亲在军队时的物品，把多套军装都烧掉了，还有一些铁的牌子，可能是肩章、奖牌、胸徽之类的，一并销毁了。

自1932年也就是管德出生的那一年始，尹凤鸣即彻底脱离军界，此后从不参与国民党军政方面的事，也绝不与日本人打交道。侵华日军的高级将领中有不少毕业于陆军士官学校，时任日军华北方面军司令官的寺内寿一就是其中之一。他于1899年11月21日毕业于陆军士官学校的第十一期步兵科（注）。但在日本人占领北京的8年中，尹凤鸣深居简出，从未与日本人来往，也从不议论时政。

管德回忆：

父亲每天就是养花，院子里养了很多花。在这一点上，他与吴佩孚不同。

1932年10月，吴佩孚离开成都，定居于北京的什锦花园，受到张学良的优待，以种花、养鸟、著作、研究佛学安度晚年。1935年，日本侵略者搞"华北自治"，请他上台当傀儡，他坚决拒绝。1938年6月，伪"华北临时政府"与伪南京"维新政府"合并，请他出来当官，他也不答应。吴佩孚在北京常发感慨，曾通电声讨溥仪充当伪满傀儡，拒绝日伪拉他下水。

1939年12月4日，因吃饺子被骨屑伤了牙龈，看病的时候，日本牙医受日本特务土肥原指使，一刀就把他给切死了。

父亲就只是侍弄花草，他什么也不说，照理说他和有权有势的当政者关系都很近，但他不联系，也不评论，对政治就是躲开不管。

我还记得，有一天我们的一个亲戚来我们家，教几个小孩唱吴佩孚写的反对日本人的歌，父亲听见以后马上制止说："你们别唱了。"

他就是不招惹这些是非。

——管德访谈（2011年10月）

注释：

1874年，根据《陆军士官学校条例》正式建立陆军士官学校后，该校招生对象、专业设置和学制几经改革。1875年，第一期学员入学，招生对象为初中毕业生，学制3年，下设步、骑、炮、工4个专业，至1887年共招收11期，培养军官1285名。1889年，该校进行教学改革，实行士官候补生制度，招生对象改为高中毕业生，截至1945年共招收61期。从清政府派出留日武备生赴日进该校学习到1937年全面抗战爆发，前后计有29期，其排序另列，不按该校届期系列。

在家上小学、初中

北京自1937年沦陷，被日本侵略者统治了8年。而这一段时间，正是管德和他的妹妹、弟弟从启蒙到读完初中的年龄。

管德的启蒙老师是父亲。开始是认方块字，一个铁盒子里放着父亲在白纸上亲笔写成的卡片，50个字一包。管德记得父亲的要求是每天要念会三四个字，一直认到4000个字算结束。教他认识4000字以后，父亲认为自己当兵出身，教数理化包括古文等专业知识感到有些力不从心。于是聘请家庭教师,让孩子们在家里读书。家庭教师一共有5位,分别教国文、英语、历史与地理以及数理化,还有一位书法教师,教孩子们写毛笔字。

父亲没有对孩子们解释过为什么不让他们像别人家的孩子一样,到外面的学校读书,但聪明的孩子们随着年龄增长慢慢地明白了,父亲是不愿意他们上日本人管辖下的学校。

在家念书,5位老师负责教3个学生——管德和已到启蒙年龄的一个妹妹、一个弟弟。兄妹3人学习程度不一,上课的时间有时会错开。每天来一位老师,讲授一门功课。在这种几乎是一对一的讲课方式下,几个孩子不能不认真学习。在家中上学没有什么考试,有时老师会问一些问题,学生要答得出。

管德的书法很好,是从小打下的基础。那时书法老师每天布置的作业是写9个大楷、3行小楷。老师不来也必须写,写好交给老师批阅,写得好就用红笔画圈。

管德到现在还记得,教古文的老师姓童,是晚清的贡生。按照清朝定制,各省学政在乡试录取名单外可增列落榜优秀考生的名单,推荐进入国子监读书肄业,称为副榜贡生,简称副贡。也就是考举人没有考取,但还算是比较优秀的,作为人才选拔出来贡献给朝廷,所以那时候也叫拔贡。这位童先生就是举人没有考取,但被选为副榜贡生的。

管德回忆:

> 这位童先生讲书比较有意思,完全凭自己的感觉。念《孟子》的时候没有什么特殊,就是一句一句读、一句一句讲。但读《古文观止》就不一样,他专挑自己欣赏的文章教。他认为好的文章,就在书上用朱砂笔拼命画圈,一讲起来摇头晃脑,连声赞叹,一副自我陶醉的样子。
>
> 历史、地理老师讲得就比较平淡。英语老师就是叫我们背

单词、句子。我们学的都不是很用功。

教英语的老师跟教史地的老师两个人是夫妻。有一天教史地的老师突发奇想，叫我背几个英语单词给他听，我一个也没背出来，他回去就告诉老婆说："他的英语单词可全忘了。"第二天英语老师来了就批评我："你怎么全都背不出来？"

那时学英语就是要背，英语老师很厉害，来了就是要背单词，一天教不了几个新词汇。上课用的有一本书，好像是从东安市场的旧书摊上买的，就念这本书。念书倒没什么，就是背单词比较厉害，背不出来不行。

——管德访谈（2011年10月）

虽然管德这样讲自己小时候接受的英语教育，但在家里的这几年学习还是为他打下了良好的基础。

1991年，他受邀在由德国航空航天学会组织，法国航空航天学会、英国皇家航空学会和美国航空航天学会联合举办的国际气动弹性力学和结构动力学论坛上发表他的《不同的颤振主动抑制控制律的分析和风洞试验》技术报告，邀请函中有一个说明，其中写道："English will be the official language at the forum. There will be no simultaneous translation during the sessions."意为：英语为论坛的官方语言，会议期间将不会有同声翻译。管德只身参加论坛，不仅在会上用英语演讲，还有大量参会代表、专家之间的交流讨论，足见其英语水平之高。从管德以后的学校教育情况看，他的英语口语能力与小时候的英语学习应该不无关系。

在父亲安排的这几门课中，管德比较喜欢古文，因为在几位老师中，他很喜欢讲古文的老师。他记得这位童先生抽烟抽得很厉害。当时较高档的香烟是筒装的，也叫听装，一筒50支。开始家里准备的是满满一筒，童先生一来，一筒烟还不够抽。后来就去掉一半，让他有烟抽就行了。

以后，这位童先生在日本人那里找了份差事，辞去了在管德家做家庭教师的工作。管德听到父亲说："别看他在日本人那儿找了份差事，但高兴不了多久，最多半年，日本就该不行了。"

父亲表面上每天就只是侍弄花草，其实对时局变化是非常关注的。父亲的判断是这位童先生最多干半年，日本人就该垮台了。果不其然，半年不到，日本人投降了。

这所特殊的家庭学校一直办到1945年，那一年8月15日的正午，日本裕仁天皇通过广播发表《终战诏书》，宣布无条件投降。9月2日，日本外相重光葵在美国军舰密苏里号上正式签署投降书。中国人民艰苦卓绝的抗日战争以侵略者的彻底失败告终。9月9日，侵华日军总司令冈村宁次在南京向中华民国政府陆军总司令何应钦呈交投降书。至此，第二次世界大战正式结束。

管德也在家里完成了从小学到初中的学业。

弟 弟 妹 妹

管德有一个妹妹、三个弟弟。

在迁至鼓楼东大街的草厂胡同以后，新宅子的邻居是开钱庄的，家中很富有。管德记得，邻居家院里种着一棵枣树，长得枝叶茂盛。每到大枣成熟季节，结满红枣的树枝会延伸过院墙，他和弟弟就会用长长的竹竿打枣吃。管德说："小弟更淘气，隔墙往人家院子里扔小砖头，有一次把人家窗玻璃都砸破了。"

尽管换了一个院落，还是有很大的空地由着管德和弟弟、妹妹淘气。

管德回忆：

> 我们小的时候，父母都不太管，就让我们到处乱跑。我们住的院子很大，房子旁边有一块大空地，中间还堆了一个土山，我们经常跑到土山上往院墙外面看。那个土山跟墙差不多高，院落大，贼进来都不知道。那时候我们几个孩子玩的游戏没有共同的。我喜欢的是在院子里放风筝，线很长，放得很高很高。
>
> ——管德访谈（2011年10月）

与管德一起在家读书的大妹妹名叫管馨，以后也考进清华大学，毕业后留校任教，但后来改做行政工作，担任了水利系的人事科长。她的丈夫刘宣仁为清华大学的教授。

大弟弟管宁没有考高中，原因并非学习成绩问题，而是解放初期讲思想进步，要赶快参加工作、报效祖国，所以大弟弟不上高中而要去上中专，考取了当时很出名的一个工业学校，毕业后与妻子一起进入中国林业科学院。

二弟弟管诚在报考大学时第一志愿是中国科技大学。那是我国为实施"两弹一星"战略而创建的一所新型理工类大学，源于钱学森提议的"星际宇航学院"，1958年9月创建于北京，首任校长由郭沫若兼任。那时正值对考生政治条件要求十分苛刻的年代，而这所学校的政治审查又是严上加严。尽管姐姐管馨曾经在招生办看到了弟弟的高考成绩完全符合中国科技大学的招收分数，但中国科技大学还是将管诚拒之门外。管诚的第二志愿是清华大学，对于清华大学这样的名校，显然不会录取将自己排在第二位的学生。结果，一位高考成绩十分优秀的学生，被分派到了北京师范学院。毕业后，管诚曾在和平里中学任教。

管宁、管诚现在都已移居加拿大温哥华。

管德最小的弟弟管靖考大学的时候，对政治条件又不那么苛求了，所以他很顺利地考入北京大学，以后读到研究生毕业。

由于年事已高，目前兄弟之间过往不是十分密切，只能是逢年过节聚会一次。

管德尹姓的大姐目前居住在杭州，年过九旬。她生有7个孩子。大姐夫很早去世，但外甥和外甥女非常孝敬母亲，每天有人轮流在大姐身边服侍。

第二章
高中时期

北京第五中学

1945年，日本投降，管德可以出去上学了。教历史、地理的老师在北京五中任教，向管德建议说，你就考五中的高中吧。

北京五中始建于1928年5月，原址方家胡同，1945年9月1日抗日战争胜利后，迁至细管胡同13号，也就是现在的校址，该处原为侵华日军城北国民小学。管德觉得高中的入学考试很容易，他被五中录取时，初中部有学生306人，高中部160人。

进入高中以后，一个班约40余名学生，多数同学是循规蹈矩的。而管德显然缺乏正规小学、初中课堂学习培养的习惯。在学校，他把更多的时间用于与一些在老师眼中调皮捣蛋的同学一起玩耍、嬉戏。

他回忆：

高中时期的管德

> 高中时期我印象最深的就是和自己接触多的这些同学考试时都会作弊、打小抄。那要会抄，事先要做好备抄的东西，考场上偷偷地抄，得有技巧，要知道怎么抄才不会被监考老师发现。
>
> 我不会，老师在教室里转来转去，一旦发现有学生作弊就赶出考场。我不知道什么时候可以抄，所以第一年考试成绩很不好，不是甲是乙。那个时候不是百分制，也不是五分制，考试成绩分甲、乙、丙三等。我得乙，回家后父亲当然不干，会

对我发脾气。

后来我发现用功、背书并不那么困难，背书比抄书省事，考试作弊老有同学挨抓，而背书对自己来说更容易，心里也踏实；所以从高中二年级开始，我就开始努力学习了，自己的功课一下子就跃居全班第一了。

——管德访谈（2011年10月）

聪明的管德虽然考试成绩全班第一，但课余时间还总是与原先的那些玩伴在一起。从管德的回忆中可以看到，他调皮得确实有点出格：

那时中学有立体几何，大家都知道大学入学考试不考这门课，所以就不愿意学。虽然不愿意学，但不去上课不行，要点名。我们这几个同学上立体几何的时候，按时进教室，老师点名以后，就都翻窗户跑到阳台上了。

我们教室窗外是阳台，摆着一排椅子，我们就在外面坐着聊大天。看我们这样，老师只能装看不见，因为他知道这门课大学入学考试不考，所以学生自然也就不愿意学。

——管德访谈（2011年10月）

同声相应，同气相求。高中时期一个班里的同学经常会分伙结伴，管德也不例外。一些自认为是好好念书的同学结成一伙，与管德要好的同学成为另一伙。但管德学习成绩好，考试分数总是全班第一，管德的小伙伴经常会比其他同学更有自豪感——全班学习最好的是我们一伙儿的，你们再怎么样也不行。

在高中阶段，管德印象最深的一件事是父亲不让他中午回家吃饭，要他在学校吃。

细管胡同与草厂胡同相距不远，按现在的公交线路，除去步行到车站的距离，也就是一站路。因为都是就近读书的学生，所以学校并没有让学生在校吃午饭的安排，没有同学带饭，学校也就不用为学生热饭创造条件。

管德回忆：

> 在哪儿吃呢？就在街上的小饭铺里吃。
>
> 开始是在北新桥南边，学校离那家饭店近，是一家比较像样的饭馆，吃得太好了，但很贵，一次就把钱全吃没了。后来才知道附近还有一些饭铺，我还记得是在过了北新桥十字路口路东，卖炸酱面什么的，从这里我懂得了吃北京斤饼、斤面，上高中三年就全吃的是这个，不回家吃。那时候不兴带饭，学校没地方给你热。
>
> 这是我父亲的主意，其实我何尝不想回去吃？学校离我们住在鼓楼草厂胡同的家不算远，中午那么长时间，完全可以回家吃午饭，但父亲就是不让，必须在外面吃。
>
> 餐费钱是母亲给，给多少钱，父亲不管，他就是认为这样对我比较有好处，说中午何必来回跑。
>
> 那个时候我们家不是很富裕。
>
> ——管德访谈（2011年10月）

管德的父亲尹凤鸣1890年出生，1909年即入日本陆军士官学校，时年19岁。按照规定，凡中国学生，须先进入日本的振武学堂学习，毕业后获得日本士官候补生的资格，再到日本军队见习一年，合格的才能进入士官学校正式学习，所以父亲赴日学习的年龄至少还要向前推两年以上，也就是17岁左右，这正是管德上高中的年龄。父亲应该是考虑到管德初中以前一直在家中念书，而男孩子应早日走向社会，不应过多依赖家庭，为培养他独立生活的能力才做出这样的决定。

初 涉 政 治

1938年4月，国民党临时全国代表大会通过了一项决议——设立"三民主义青年团"（简称三青团），蒋介石任团长，陈诚任书记长。中央团部下设支团部、区团部、分团部、区队、分队等组织。在抗日战争转入相持阶段后，国民党逐渐奉行限共、防共、反共的政策，三青团的许多组织在特务分子控制下，成为国民党反共的工具。为加快扩大组织，在学校、机关、团体，到处出现了"集体入团""举手入团"等现象。

抗战胜利的五中，在校生集体加入了三青团，但管德没有参加。他回忆：

> 这事就说不清了。在大学政治审查的时候，组织上讲，你们五中所有的学生都参加了三青团，你肯定也是。我说，他们参加三青团的时候我还没去，到我去的时候他们都入完了，就剩下我一个人没入。以后查了好长时间，因为他们所有的印象就是我们这一班全都是三青团。
>
> 我们班的同学都是初中升上去的，我是从外面考进去的，是后来去的。所以这个事查了好长时间，找证人，一般证人的印象都是我们一个班全都加入了三青团，后来不知道找到什么人取证，证词和我说的一样："他来得晚，我们都入完了他才来的，所以就他没有参加三青团"。
>
> ——管德访谈（2011年10月）

在以后的"文化大革命"期间，此事又被重提，管德再一次接受审查并被限制不能回家。好在这本不是问题，最后总算搞清楚了。

走出家门时间不长的管德，在高中学习时期开始接触到政治。在高中临毕业的时候，又一件更显政治严肃性的事件牵扯到他。

> 还有一件出格的事。有几个同学办了一个壁报，我记得其中有一个学生姓倪，不是我们这一伙儿里的。他就对我说，我们办一个壁报，你写一篇稿子吧，我就写了。文章中我倒没说什么错话。后来学校方面说那个壁报反对共产党，这就是大问题了，甚至于影响到涉及此事的同学不能毕业了。开始很严重，是反对共产党的性质。
>
> 这个被叫做"新潮事件"，因为壁报叫"新潮"，他们几个同学还搞了个"新潮社"。那时北京刚解放，学校的秩序还没完全正规起来，他们几个同学就自发组织这么一个结社。当时在学校里面这是影响比较大的一个事件。
>
> 后来我就没什么事了，组织社团的同学也没事了，那些老师也没兴趣了。但开始时闹得很厉害，我看那个架势是要给开除处分的。
>
> ——管德访谈（2011年10月）

经历过抗日战争、国内战争和风起云涌的民主运动，当时相当多的高中学生在政治上、思想上已经很成熟，有的学生开始需要自主表达政治诉求，所以会自发结社，成立组织。与这些同学相比，管德的思想比较单纯，对于当时学校里的政治活动，他只有一些模糊的记忆：

> 我上学的时候还没有解放，原来学校的训育主任是很好的

一个老头，以后来了一个国民党特务，把他换掉了。那些特务活动就多起来了，都是偷偷摸摸的，而且对进步学生管得也比较多了，我们都知道新来的训育主任是特务。到北京解放的时候就看不到他了。

我记得还有一次（那时已经解放了），一帮学生敲锣打鼓，围着操场走，是为了反对什么搞的带有游行示威性质的活动。

——管德访谈（2011年10月）

1949年1月31日，平津战役胜利结束，中国人民解放军进驻北平城，北平宣告和平解放。

就在这一年，管德高中毕业了。

第三章 清华大学

解放以后的第一批大学生

1949年,管德考入清华大学,是解放以后清华大学招收的第一批大学生。

管德少年时代便喜欢航空,上中学时经常涉猎航空类书籍,收集了几大本飞机图片,包括当时几乎世界上所有的机种、机型。他回忆:

> 我们家有一个习惯,每到过年,就要给每一个孩子买一个灯笼,我总是要一个飞机灯笼,就是喜欢飞机,想学航空!
> ——管德访谈(2011年10月)

1949年,各大学仍维持了原有的自主招生体制,由学校自己组织入学考试。管德报考了两个学校,一个是北洋大学,一个是清华大学。那时,他已经明确了对学习航空的兴趣,所以报的都是航空系。在当时北方的大学中,只有这两所大学有航空系。

北洋大学是中国近代第一所大学。1895年10月2日,光绪御批由盛宣怀出任学堂首任督办,创建了北洋大学堂(初名为天津北洋西学学堂),以后曾用名包括北洋西学学堂,北洋大学堂,北洋大学,国立北洋大学,国立北洋工学院。1951年9月,北洋大学正式更名为天津大学。

清华大学前身为清华学堂,始建于1911年,曾是由美国退还的部分庚子赔款建立的留美预备学校。1912年,清华学堂更名为清华学校。1925年设立大学部,开始招收四年制大学生。1928年更名为国立清华大学,在全中国的解放进程中,清华大学是第一个被解放和接管的"国立大学"。

管德记得,赴考的时候,一心想着去看看清华大学航空系,留给他的印象是当时的清华大学老航空馆非常小。物理系的科学馆、土木馆、水利馆都是三层楼,而航空馆就是一栋小二层楼。

为了这次高考,管德认真地做了准备。他回忆:

大学时期的管德

我把所能找到的全国所有大学不管哪一年招生考试的题目——很厚的一本书,所有的题我全都做了。所以考得不错,北洋大学考了第一名,清华大学考了第二名。当然后来还是选择了清华大学。

我们那一届共招收23人,分两个专业,我在飞机专业,还有一个是发动机专业。

——管德访谈(2011年10月)

参加开国大典

1949年10月1日,进校不久的管德参加了开国大典。在清华大学校史研究文章中有这样的记述:

为了参加10月1日在天安门前举行的开国大典,清华大学师生好几天前就着手准备。9月27日全校大会上,钱伟长向大家提出了要求，包括如何绑扎五角星灯笼，穿什么样的衣服（男生为深色上衣、浅色裤子）等。为了走好方阵，同学们还在体育馆前操场进行了演练。

10月1日，清华大学同全国人民一道，沉浸在欢庆新中国成立的无比喜悦之中。凌晨3时左右，一列20多节敞篷车厢的火车载着2000多名师生，浩浩荡荡地从清华园出发，前往天安门广场参加开国大典。下车后，马约翰等领队走在前面，接着是军乐队，然后是各院系的队伍。队伍横排两侧每人手提一盏五角星红灯笼。队伍来到东单广场集合，听候大会指挥调动。午餐每人自带干粮：馒头和咸菜。午后清华大学队伍被带到天安门广场，大家席地而坐。

下午2时，中央人民政府委员会第一次会议在北京召开，中央人民政府委员会主席、副主席、委员全体出席并宣布就职，宣告中华人民共和国中央人民政府成立。下午3时，首都30万人聚集在天安门广场，隆重举行开国大典。当毛泽东主席宣布："中央人民政府成立了！"全场欢声雷动。

阅兵式、分列式后，群众游行开始。在国庆游行队伍中，清华大学走在最后压阵。清华大学队伍一路高呼"中华人民共和国万岁！""中国共产党万岁！""毛主席万岁！"等口号。毛泽东听到后，非常高兴，马上以高亢、洪亮的湖南口音回呼："清华大学的同志们万岁！"压阵的清华大学游行队伍保证了整个群众游行始终热情激昂，队尾整齐划一，为开国大典画上了一个圆满的句号。当清华大学师生们回到学校，吃了晚饭回到宿舍时，已经是10月2日凌晨2时多了。（金富军《迎接新中国的曙光——纪念清华园解放60周年》）

程不时是比管德高一级的校友，他在自己的回忆录中讲道：

新中国成立了。留在清华大学的全体师生队伍参加了开国大典。大典后有盛大的提灯游行，各机关团体学校都制作了大灯笼。清华大学航空系的师生讨论：我们做一盏什么样的灯笼？

最后统一的意见是：我们学航空的，要造一架从未有过的飞机灯！这代表我们的专业，更是我们的热切志愿！航空系从各班抽出人员作为代表参加了这具灯的制作。这架纸飞机的结构也不是按一般灯笼制作的，在某种程度上体现了飞机的实际结构。

开国大典之夜，长长的游行队伍点亮了各种灯笼，蜿蜒通过天安门前，流向北京广大的市区，形成一条长长的火龙。我们航空系制作的这架由一辆推车载着的尺寸很大的纸飞机在天安门的灯海中大放异彩。通过检阅台时，受到天安门上国家领导人的鼓掌喝彩。我们体会这不仅是对这盏灯的创意和工艺的赞扬，也是对莘莘学子热情洋溢的意愿的肯定。在北京市内通过各条主要街道游行时，无处不受到万众热烈的掌声。当众人看到"清华大学航空系"的大横幅后面，就是一架在高处行进的栩栩如生的巨大的飞机时，有人对游行队伍高喊"希望你们以后设计出真的飞机来！"我走在队伍中，听到这话不禁喉头梗塞，热泪盈眶。（程不时《天高歌长——我的飞机设计师生涯》）

时间已经过去半个多世纪，管德回忆参加这一盛典的情况时讲道：

1949年10月1日，我作为清华大学航空系的学生参加了开国大典。

10月1日凌晨，我们从清华大学火车站坐火车到西直门站，然后走到天安门广场。清华大学航空系的学生推着一个载有纸制飞机模型的车，我举着"清华六队"的牌子，大约上午10时到了天安门广场。那时天安门东西的长安左门、长安右门还在，广场没有现在这么大。

我们到了广场后，排在了后面。不多久，天降大雨，我们都淋湿了，一直待到开国大典以后，前面的队伍动了，我们才跟随过去。经过长安右门转角处时，我们听到毛主席以高亢、洪亮的湖南口音回呼："清华大学的同志们万岁！"等口号。

我们仍然步行到西直门火车站，乘火车到清华园站，再走回学校。回到学校，在食堂喝了许多粥后才回宿舍。

——管德回忆录

政 治 运 动

1949年以后，中国社会的一个重要特点就是频繁的政治运动。

1950年3月，中共中央先后发出了《关于剿灭土匪建立革命新秩序的指示》和《关于镇压反革命活动的指示》，由此开始了全国范围轰轰烈烈的镇压反革命运动。抗美援朝、土地改革、镇压反革命是刚解放的三项重大事件。与此同时，在大学里，还开展了知识分子思想改造的运动。

当时的管德是刚进入大学的青年学生，在这些运动中，自然都是作为一般群众参加的。大学第一学期，学习的是基础课，普通物理、微积分等课程学得还比较系统。进入第二学期以后，知识分子思想改造之类的政治活动逐步展开，就需要有较多的课余时间用来参加运动了。

1950年10月，抗美援朝开始，政治活动占用的时间就多起来了。先是下乡、下厂宣传，就不上课了。管德现在还记得自己是被分配到南口机车车辆厂去做宣传的，还去过北京西南的一个农村，学校有的同学准备了节目，去了以后就演节目，管德说："我参加了一个活报剧的演出，扮演了一个狗腿子——二狗子。"他还记得，也就是因为自己有这样一次经历，在他结婚的时候，好朋友顾诵芬送给他的礼物是两个造型为小狗的玩具。

接着，1951年12月1日，中共中央做出《关于实行精兵简政，增产节约，反对贪污、反对浪费和反对官僚主义的决定》。8日，中共中央又发出《关于反贪污斗争必须大张旗鼓地去进行的指示》，全国规模的"三反"运动开始了。

随着"三反"运动的深入，揭发出党政军民内部的贪污分子的违法行为，大多数是和社会上资产阶级不法分子互相进行勾结的。为了击退资产阶级的猖狂进攻，1952年1月26日，毛主席为中共中央起草了《关于在城市中限期展开大规模的坚决彻底的"五反"斗争的指示》，要求在全国一切城市，首先在大城市和中等城市中，依靠工人阶级、团结守法的资产阶级及其他市民，向着违法的资产阶级开展一个大规模的"五反"斗争，以配合党政军民内部的"三反"斗争。2月上旬，"五反"运动首先在各大城市开始，并且很快形成高潮。

"三反"运动指在国家机关、部队和国营企事业单位开展的反贪污、反浪费、反官僚主义的斗争。"五反"运动是指在资本主义工商业者中开展的反行贿、反偷税漏税、反盗骗国家财产、反偷工减料、反盗窃国家经济情报的运动。

在"三反""五反"运动中，开始安排给管德的任务是看管"老虎"。

"老虎"是当时对贪污犯的称呼，没有定性的嫌疑犯也被叫做"老虎"。在运动中揭发出来的"老虎"被安排住在学生宿舍，每天要送去受审，管德就被安排每天送"老虎"接受审查。

清华大学校园里有朱自清《荷塘月色》中写到的著名的荷花池，还有一条据说是乾隆让工程师们从万泉庄引来活水而建成的小河，在芳草绿树的校园中蜿蜒流过，河面不宽，有一处石桥。

管德现在还记得：

> 有一天，我送一个"老虎"走到这个桥上，他趁我不注意就跳到河里去了。那河水很浅，跳下去以后水才没到膝盖处。他不肯上来，对我说："你说吧，我是不是'老虎'？你要说我不是'老虎'，我就上去。你要说我是'老虎'，我就不上去了。"
>
> 他这个突然的举动，弄得我哭笑不得。我怎么能说他是不是"老虎"？但我一个人没办法把他弄上来，最后只能请旁边的人帮忙，把他拉了上来。
>
> ——管德访谈（2011年10月）

政治运动中，教学活动基本停止，学生、教师都把时间用在了参加运动上。管德和一些同学被派去参加调查两家营造厂的工作组。

当时被称为营造厂的相当于现在所说的建筑工程公司，以包工包料的方式承接各项工程。有几家营造厂在运动中被揭发出的问题比较大，政府部门组织工作组进驻。管德回忆：

> 第一个工作组的组长是一个县级干部，我现在还记得他的名字叫武明月。第二个组的组长官大，是地级干部，叫侯朴，他经常可以到曲园饭店吃饭。
>
> 我在这两个工作组里，分配我的工作是算账，就是算营造厂的老板到底有多少非法利润。怎么才能算出这笔账呢？我的做法很简单，营造厂有账，我就看他的账，比如说买了1000块砖花了多少钱，我就打电话问物价局，询问砖多少钱一块，从物价局得到每块砖的价钱，比如说一块砖一角钱，那我一算，1000块砖应该多少钱，高出我计算的那一部分就算非法

利润。其实这个做法并不符合实际，因为买东西跟物价局定价完全是两码事。但我就很简单，所以这样一来二去，每个营造厂都算出一大笔账来，因为他要赚钱，肯定卖得贵。

当时工作组的做法就是不让"老虎"睡觉，我们这帮工作组的人也不睡觉，非得晚上干活，我那时也就20岁不到，几天下来，困得实在是没有办法，倒地上就睡着了。那天正好公安局来抓那个营造厂老板，要当场宣读逮捕令，但地上睡一个人太不像样子，于是就叫我，怎么也叫不醒。最后他们只好把我提溜起来弄到另外一个屋去了，就这样折腾我也没醒。那时冯钟越和我在一个工作组。我睡到第二天早上才醒，冯钟越跟我开玩笑，你还睡呢？老板都跑了。

——管德访谈（2011年10月）

入团、入党

清华大学很早就建立了中国共产党的组织。1926年，清华大学第一个共产党党支部成立，领导进步师生开展革命运动。抗日战争全面爆发后，清华大学南迁。在南迁同学与在北方同学中间，发展出北系、南系两个党组织系统。抗战胜利后，清华大学返回北平。根据党'隐蔽精干，长期埋伏，积蓄力量，以待时机'的地下工作方针，南系、北系仍保持独立。

抗战胜利以后，清华大学继承西南联大"一二·一"运动的革命传统，从抗暴运动开始，一浪接着一浪的学生运动，加上丰富多彩的社团活动，唤醒了越来越多的同学走上革命道路，参加了伟大的反蒋第二条战线的斗争。

到清华大学解放时，参加过地下党的学生有428人，参加过地下党外围秘密组织的学生有700多人。(《党的旗帜高高飘扬——中国共产党清华大学基层组织的奋斗历程》)

北平解放前夕，北平地下组织的南系、北系合并，但学校一级仍分别成立党总支。随着革命的节节胜利，党员和党组织从内到外，一步一步走向公开。党员把群众当做'阳光'，党公开就是从地下转到地面，接收阳光的普照。航空系教师中的党员数量最多，有何东昌、樊恭烋（xiao）、屠守锷、何庆之、董寿莘等。

在管德跨进清华大学大门前两个月，"1949年6月28日，根据中共北平市委的指示，清华大学地下党以隆重而朴素的形式向全校正式公开，在二校门张榜公布了党员名单，受到了广大师生的热烈欢迎。当时清华大学共有地下党员189人，只公开了187人（教师30名、学生148名、职工9名），另有2人因工作需要未予公开。"（金富军《迎接新中国的曙光——纪念清华园解放60周年》）

在此之前，1949年3月20日，新民主主义青年团清华大学总支部已经成立，清华大学地下党建立的各类青年组织的成员，都转为新民主主义青年团团员。当时全校同学大约有1900人，而在中国新民主主义青年团成立大会上，宣誓的团员就有526名。

正是因为有了这样庞大的一支队伍，在迎接解放军开进北平入城仪式的准备过程中，清华大学成立的迎接解放人民服务委员会（下设宣传部、联络部、生活部、总务部、秘书处等）能够在全校同学中编成5个大队，每个大队有六七个中队，每个中队有3个小队。参加工作的同学有1821人。

1951年清华大学党员人数达到300人，总支改成了党委。

这是一个具有浓郁政治气氛的校园环境，在新中国阳光沐浴下，清华园处处生机勃勃。管德与清华大学的广大师生一起，以积极的姿态、饱满的热情投入到新中国的建设事业和各种政治运动中去。

时任清华大学党总支书记的何东昌曾经回忆：

> 对清华大学党组织而言，1952年是一个分水岭。1952年以前，主要是在学生运动的"赤色群众"中建党。
> ——何东昌《解放初清华党组织工作回顾》

1951年的5月4日，管德经叶锡林、高镇宁介绍加入了中国新民主主义青年团（共产主义青年团的前身）。这是一个值得纪念的日子，由于著名的"五四"运动，1945年陕甘宁边区救国会将5月4日定为青年节，其含义是"爱国，进步，民主，科学"。新中国成立以后的1949年12月，中央人民政府政务院正式宣布以5月4日为中国青年节。

管德进入大学不久就参加了青年团，以后又积极参加了各项政治运动，其政治表现显然早已经被党组织列为学生中的"赤色群众"了。组织已经在培养考察管德，但他并没有觉察，只觉得入党仿佛是很简单的。

管德回忆：

> 我是在清华大学读书的时候入党的，那时候学生中入党的人比较多，是成批发展的，入党手续也比较简单，就是自己讲一遍对党的认识和向组织提出加入的请求。不像后来入党还有很严格的政审、外调、问这问那。我印象中，组织上一句话都没问过我，就是靠你自己讲明白是怎么回事。
> ——管德访谈（2011年10月）

1952年6月26日，由吴锡衡、吕慧敏介绍，参加青年团刚一年多的管德加入了中国共产党。一年后的1953年6月26日，他已经被分配至重工业部航空工业局，在那里他如期转正。

大学毕业

"三反""五反"运动的时间不算很长，1952年3月5日，中共中央规定了对违法资本主义工商户处理的基本原则：过去从宽，今后从严；多数从宽，少数从严；坦白从宽，抗拒从严；工业从宽，商业从严；普通商业从宽，投机商业从严。3月11日，中央人民政府政务院公布了中央节约检查委员会《关于处理贪污、浪费及克服官僚主义错误的若干规定》和北京市人民政府《在"五反"运动中关于工商户分类处理的标准和办法》两个文件。根据文件的规定，各级政府进行了定案处理工作，并纠正了在"三反""五反"运动高潮中发生的斗争扩大化和"逼供信"的偏差。1952年10月，"三反""五反"运动结束。

在运动基本完成了预定任务后，管德和派出参加运动工作组的同学回到了学校，这时他们面临的是提前毕业。

1952年，在清华大学学习期间参加"五反"工作组时合影（前排左二为管德）

1952年底,新中国完成了国民经济恢复时期的任务,第一个五年计划即将开始,国家建设急需专业人才。为适应国家发展要求,高等院校里一大批学生提前毕业。管德这一届大学生在学校不到三年就面临毕业分配了。按照大学的课程安排,四年级以后的专业课没有学。

管德回忆:

> 出来工作以后,学校专门给我们补了一次专业课。我在航空工业局工作的时候,我们这批学生都回去补过课。因为大学基本上没好好上。
>
> 我记得很清楚,空气动力学本来是三门课——理论空气动力学、实验空气动力学、飞行力学(当时叫飞机空气动力学),当时就变成一门课,所有的课程都是这样,就是压缩,因为没时间学但又要学。
>
> ——管德访谈(2011年10月)

1952年,管德从清华大学毕业,适逢又一次高等院系调整。

为使高等教育更好地为国防和经济建设服务,1951年3月7日,教育部召开了全国航空院系会议,决定将西北工学院、北洋大学、厦门大学、清华大学四校的航空系合并,在清华大学成立航空学院。1951年5月厦门大学、西北工学院、北洋大学三校的航空系,并入清华大学航空系,改设独立的清华大学航空学院。1952年第二次院系调整,仿照苏联模式,清华大学航空学院与四川大学航空系、北京工业学院航空系合并为北京航空学院(简称北航)。

管德毕业时清华大学航空学院已经合并入北京航空学院,但毕业文凭还是清华大学颁发的,因为那时的北京航空学院只是纸面上的一个决定，处于筹建初期，连校址都没有最后确定。1952年10月25日，北京航空学院成立大会是在市内皇城根北京工业学院礼堂（中法大学旧址）举行的。直至1953年6月1日，北航才在元代土城外柏彦庄举行了奠基仪式。

第四章

航空工业局

分配到局机关

1951年10月1日,当时的政务院公布了《关于改革学制的决定》,其中明确规定"高等学校毕业生之工作由政府分配"。这是新政权实行计划经济的一个重要举措。为实施这一决定,各用人单位都派出了接收人员进入到各大学,刚成立不久的航空工业局派到清华大学的接收人员是张祥隆。

管德还记得:

> 那时候虽然已经知道是国家统一分配,但我的同学吴锡衡好打听,就像是毕业生的代表一样,一天到晚围着航空工业局来校接收毕业生的人转,那位同志是航空工业局人事科的,叫张祥隆。吴锡衡向他打听,问哪个工厂是搞喷气式飞机的?张祥隆对他有些烦了,就说是哈尔滨搞,于是吴锡衡就把包括我在内的他认为关系比较好的几个同学都给弄到哈尔滨去了,目标是到哈尔滨制造喷气式飞机。我们的档案都已经由中央组织部从学校转出去了。
>
> 后来我才知道是由于江同的原因,改变了我的分配去向。
>
> ——管德访谈(2011年10月)

江同,苏州市人,1927年出生。1946年加入中国共产党。1947年考入清华大学经济系。北京一解放,他就受党组织指派参加解放军四野南下工作团,以后到中南军区领导机关工作。1952年8月,他转业到航空工业局,是局办公室秘书,实际上也就是时任航空工业局第一副局长王西萍的秘书，还兼任调查研究科副科长。

1951年，中央决定成立航空工业局，当时属于重工业部，由重工业部代部长何长工兼航空工业局局长。1952年8月7日，第二机械工业部（简称二机部）成立，航空工业局划归二机部领导，代号为二机部第四局（简称四局）。二机部的部长赵尔陆兼四局的局长，赵尔陆部长需要四局给他安排一位秘书，这项任务交由江同去办，也许是由于有在清华大学学习的经历，所以他在当年分配到航空工业局的大学生档案中选中了管德。

1952年9月，刚参加工作时的管德

> 他到我们学生档案里翻，看到我的情况，说我字写的还可以，就把我从派往哈尔滨的名单里抽出来，所以我就没去哈尔滨。
>
> ——管德访谈（2011年10月）

管德被留在了局机关，原先准备给赵尔陆当秘书。但很快，1953年4月13日，航空工业局局长职务由副局长王西萍代行。1955年3月17日，中共中央任命王西萍（注）为航空工业局局长。

赵尔陆部长不兼航空工业局的局长了，秘书当然也用不着了，管德被安排在江同负责的调查研究科。

注释：

王西萍，1914年12月出生于山东乐陵。1936年8月他弃学从军,到西安参加张学良将军创建的学兵队并秘密加入中国共产党。抗日战争时期,历任中共东北军工作委员会委员、军官支部书记,中共东北军五十一军党的工作委员会书记,中原局友军工作部秘书,驻鄂西北代表。在东北军工作期间,参加了"西安事变"。解放战争期间,历任中共旅大地区党委书记兼秘书长、宣传部长,旅大区党委财经委员会委员,关东行署农业厅厅长。1949年春,他随第四野战军南下,任武汉警备区政治部秘书长,中南军区保卫部副部长、部长。

新中国成立以后的1952年8月7日,中央人民政府决定成立二机部,任命赵尔陆为部长兼航空工业局局长。调王西萍任航空工业局第一副局长,主持工作。1953年1月,航空工业局成立分党组,王西萍任分党组书记。1955年3月,中共中央正式任命王西萍任航空工业局局长,同时他还是二机部部党组成员、部长助理。

王西萍为奠定航空工业的基础做了大量的工作。在部党组和赵尔陆部长领导下,他认真贯彻中共中央、国务院、中央军委关于航空工业建设的一系列方针政策,团结局分党组一班人,艰苦努力,提前完成了航空工业第一个五年计划,实现了由修理走向制造并开始向自行设计过渡,为航空工业的早期建设做出了重要贡献。

遗憾的是1960年国防工业系统召开的三级干部会议上,王西萍受到错误的批判和处理,随之以"国民党特务嫌疑"蒙冤被隔离审查两年多。1963年王西萍调交通部工作,历任公路总局局长、公路运输局局长、水运工业局局长、交通部副部长、部党组成员。是中共第七次全国代表大会代表、第八次全国代表大会列席代表,第六、第七届全国政协委员。1978年中共中央组织部行文给予彻底平反。

四局的单身宿舍

航空工业局成立之初的办公地址定在沈阳。1952 年 4 月，局机关迁至北京，先是在西城区福绥境 38 号，后来经周恩来、李富春等领导同志批准，将德胜门内的重工业学校原址（原摄政王府）移交航空工业局使用。

管德分到局机关是在 1952 年 9 月，那时局机关已经到了北京，他到单位报到后，被暂时安排在机关办公楼里住，与他同室的就有当时任四局生产处技术科副科长的徐舜寿。

徐舜寿（1917—1968），浙江省吴兴县南浔镇（现湖州市南浔区）人。1933—1937 年就读于清华大学机械系航空工程组，毕业后被分配到杭州飞机制造厂任检验员，以后考进中央大学航空机械特别研究生班，学习两年，后在成都航空研究院等单位任职。1944 年作为中国空军实习生赴美留学。1946 年在四川南川空军第二飞机制造厂从事气动力研究。1949 年初越过封锁线投奔解放区，5 月到沈阳，被分配到东北航校机务处工作；9 月，奉命调到华东航空处工程研究室任飞机组副组长；12 月 12 日，加入中国共产党。1951 年 7 月，调入航空工业局生产处技术科，先后任工程师、副科长。

与徐舜寿初识，并没有给管德留下太多的回忆，因为俩人在局机关的不同部门工作。徐舜寿所在的生产处技术科是一个业务部门，工作繁忙。在四局技术科设计组工作过的原航空工业部质量司副司长李在田回忆：

> 徐舜寿是老一辈的专家，在国外学习过，又有实际的设计工作经验，我们当时都是刚走出校门不久的青年人，都非常敬佩他们这样的技术领导……
>
> 我们那时都是单身，每个星期天的上午，都能看到他在办公室里伏案工作，看资料，处理一些滞留的文件，非常勤奋。
>
> ——引自《中国飞机设计的一代宗师徐舜寿》

而管德则是在局办公室所属的部门，每天的工作几乎都是围着局领导转。虽然两个人同住一室，相互之间交流也不是很多。

这段时间不长，很快管德的父亲就给他找了一间距离机关很近的房子，管德邀请了一位同事与他同住。租房子就得交房租，但也许是由于机关没有相关规定的原因，这笔费用不予报销。血气方刚的管德认为这显然不合理，于是找到了机关行政处去理论。他还记得，当时旁边有人告诉他说，不要闹，这位是处长。管德正在气头上，随口就是一句——处长是什么东西！事情闹大了，这位还在预备期的年轻党员以后差一点没能按期转正。

后来局机关有了统一的单身宿舍，由原来重工业学校的机械加工实习厂房改造而成。高大宽阔的厂房被用一种很薄的建筑材料分割成一间间小屋，每间住七八个人，为降低屋顶高度，也用简易材料搭在上面。住进的人多，隔音效果又差，遇到有的房间说话、笑闹的声音太响时，就会有人敲打隔墙抗议。

当时的管德是局机关比较活跃的青年人，由于工作的关系，他在机关里接触面宽、层次高。后来与他在工作中结下深厚情谊的顾诵芬对他有较深的印象：

> 管德是在学校时就入了党，当时（指1956年组建飞机设计室的时候）是党组（四局分党组）秘书，实际上已经是"官"了，是四局调查研究室的主任、科长一级的干部。管德

脑子清楚，写文章也快，四局的局长王西萍很欣赏他。

——顾诵芬《我的飞机设计生涯》

指令检查室

四局办公室下设的一个机构，原来叫"调查研究科"。在共产党的历史上，一直都非常重视调查研究，所以这应该是一个具有革命传统的名称。对此，苏联顾问提出了异议，说"苏联没有这样的机构"。

时任局长王西萍回忆道：

我到四局后，极力主张搞一个调研室，编制40人。最初，苏联专家反对，说是苏联没有这样的机构。同时，建立这个机构需要从分配来的大学生中物色人选，所以有的局领导和处长们也都反对。后来还是赵部长搞了折中，批准成立一个调研科，不建立室，编制由原先打算的40人减半为20人。局党组都同意了这一意见。就这样，1952年秋调研科成立了，由沈洋、江同、卞之新负责。首先创办了一个内部刊物《通报》，由管德主编，刊头是油江同志写的。

——《航空工业史料·20辑》

20岁刚出头的管德被定为该刊物的主编，说明他的能力得到了领导认可。

管德讲到这个刊物时说："局机关办的这个刊物，原来拟就的名字是《航空工业通讯》，上报赵尔陆部长，得到的指示是：你们一共只有3个飞机工厂，3个发动机厂，还够不上叫航空工业，别用《航空工业通讯》了。四局按照部长的指示，把刊物名字改成《通报》。"

领导将编辑这个刊物的任务交给了管德，一月一期。在以后的几年中，从组稿、改稿、编辑、校对到跑印刷厂，这份刊物的全部工作由管德总管。

王西萍回忆，这个刊物办到1955年，由于精简机构，部里不同意四局搞综合性刊物而停刊，改为《技术通报》，调研科也根据苏联专家的意见更名为指令检查室。顾名思义，就是负责检查局里发布的指示命令在下级单位执行、贯彻情况。

对这个刊物，老局长王西萍感情很深，评价也很高。他回忆：

> 在开始办《通报》的一年，每期刊登哪些内容，文章怎样编排，几乎都是我们和这些青年人一起商量确定的。……作为局机关指导工作的一项工具，《通报》宣传党的方针政策，传达部、局领导意图，交流工作经验，开展工作研究，起到很好的作用，是一个有历史意义的刊物。
>
> ——《航空工业史料·20辑》

办这个刊物，局领导的本意是要基层单位投稿，反映基层动态，但办起来以后，基层单位基本上没人投稿，于是每一期的稿件几乎都由机关的人撰写。

管德回忆：

> 机关要发文件，但发文件只有一份，要是能在我编印的这个刊物上刊出，就有上千份，谁都可以看到。所以本意是要基层写稿反映下面的情况，结果反而是机关的同志积极性高，稿

子全是公文。

——管德访谈（2011年10月）

王西萍还回忆："除了办刊物外，这个科主要是围绕中心任务下厂调查研究。有好几次我就像学生在课堂听课一样，听取这些青年人下厂归来给我们讲课（进行专题汇报）。调研科不仅是一个调研写作班子，还是一个很好的调查研究、总结经验、培养人才的园地。当时有人把它称之为机关的'翰林院'，虽然比喻不太恰当，但新分配来的大学生，到这里先锻炼一个时期，的确不论到哪里都能起积极作用。"

1953年从山东工学院毕业分配到四局的蔡美生一报到就被分到了局办公室的调查研究科，她曾在一篇文章中回忆：

> 调研科除了科长以外，都是刚毕业的大学生，很有朝气……
>
> 调研科是个没有具体数字指标任务的机构，主要工作是了解基层情况，经分析研究后向领导反映，再通过各种方式，包括调研科负责编辑出版的机关刊物《通报》上发表文章，将领导机关的意图传达下去，得以贯彻。简单地说就是起承上启下的作用。

——蔡美生《我的片段回忆和思念》

蔡美生，1931年出生于天津市，1950年考入山东工学院。与管德一样，为支援国家第一个五年计划建设，工学院的学生也提前毕业分配了。她清楚地记得他们这些年轻人刚到机关不久，办公室主任朱节就带领他们到沈阳飞机制造公司（即112厂）、111厂、320厂、331厂、120厂、122厂去了解情况，这是当时航空工业仅有的6个飞机、发动机制造厂。她记得，通过这次调研，他们对航空工业的基本概况有了初步了解，受益匪浅。以后的工作中，他们也曾多次随领导和老同志下基层调研。蔡美生印象最深的是到株洲331厂，那一次由油江副局长带队，管德也是调研科安排的随行人员之一。在一次接受访谈时，她讲到了他们在调研中受到的教育，讲到了老领导油江对年轻人的关爱，也讲到了"小伙伴"们在一起的嬉闹：

> 那个时候管德和我们应该说既是同事也是小伙伴。
>
> 我们到331厂去，我国第一台国产发动机（M11）正在试制，油部长（油江副局长）在那儿蹲点，管德和我都是调研科安排去那蹲点了解情况的。
>
> 发动机试车的时候，声音很响，开始我们不习惯，晚上被吵得睡不着觉。厂里的老工人对我讲，他们刚开始也不适应，但想到这是国家的重要任务，慢慢也就习惯了。我听了很受感动。
>
> 我记得非常清楚，到吃饭的时候，油部长常过来问我们，有肉吃吗？（湖南人吃腊肉，炒什么菜都放两片腊肉。）我对油部长说，你别操心了，我们都有肉吃。
>
> 我们几个还有王昕同志（后为部质量司司长）玩笑开得很厉害，管德的鬼点子特多。有一次他们把屋门拉开一个小缝儿，上面放一个盒子，里面装着小孩玩的玻璃弹球，谁进来一推门，一盒子玻璃球就扣下来，全打在头上。我们就这么玩的。
>
> ——蔡美生访谈（2012年4月）

进入四局后的第一年，组织上对管德的工作给予了充分肯定，在一份干部鉴定表中，本单位的意见是："……2. 组织能力有所提高，已能组织编辑出版日常工作并建立了较好的工作秩序；3. 思想敏捷，领会问题较快。编辑工作比较熟练，基本上能达到文字通顺，叙述简练。"与之同时，也指出了他还存在的不足之处："……4. 工作中钻研不够，有些满足现状，未能更好地发挥潜力，提高《通报》质量，同时业务学习也抓得不紧；5. 政治思想工作做得差，对组织内同志关心不够。"

在这份干部鉴定表的单位负责人一栏，签名的是江同和卞之新，首长一栏签名的是朱节。

朱节是一位老革命，在新的中央人民政府建立之前，他是最早进入北京参加接管工作的人员之一，航空工业局组建时，即担任办公室主任。

两年以后的1954年，干部鉴定表中对他的成绩是这样描述的：工作认真负责，钻研业务，积极想办法，工作中提高较快，具有一定的组织能力与思想水平，担任《通报》编辑组组长职务有成绩。这一次，他的不足是：个人英雄主义还较严重，组织观念特别是群众观念较差。工作作风上还不善于照顾全面，有些粗枝大叶，不够细致。

这一年单位负责人已经换为沈洋，首长一栏仍为朱节签字。

按照当时的规定，干部每年都需要进行一次总结鉴定，从档案中保存的这两份干部鉴定表中可以看出，两年中管德的工作作风、思想水平都有很大进步，从"工作钻研不够"到"工作认真负责，钻研业务"；从"未能更好地发挥潜力"到"工作中提高较快"、"担任《通报》编辑组组长职务有成绩"。但在不足的方面上升到了个人英雄主义的高度，显然组织对他有了更高的期望和要求。

组织的鉴定意见是有群众基础的，"个人英雄主义"并不仅仅是管德一个人的问题，他所在的调研科被人们称为"个人英雄主义科"。蔡美生回忆：

我们调研科的外号是什么？叫个人英雄主义科，我们的外号是这么起的,每个人都像个人英雄主义者,其实并不是争我们个人的权利和利益,只是谁都想把事干好,都是年轻人嘛!

——蔡美生访谈(2012年4月)

在这个"个人英雄主义"的群体中,蔡美生对管德的印象很好。

我们那个调查研究科是四局一个很特殊的机构。为什么这么说呢?新毕业的大学生由领导点名放在调研科,给我们有特权,部里面的各级领导干部开会我们有权力参加,为什么呢?就是为了让你们明白领导想什么,明白了以后自己回去琢磨,然后你就下去蹲点,把领导的意图贯彻下去,再把下面的情况摸上来。这就是我们调研科一个很重要的任务,所以有特权,什么会都能参加,包括企事业单位领导干部会,多高级的会议,我们这些人都能去参加,给了我们这个特权。

这个科里的机关刊物叫《通报》,一月一期。

我对管德的印象,第一,他是个干将。他人很聪明,敢接任务,但不是蛮干,能把任务干好。我们那个科里清华大学毕业来的好几个,管德、朱大(朱元喆)、朱二(朱永祺),后来到139厂了,朱大调到航空系统外搞电去了。还有洪亚新,是搞发动机的,都是清华大学来的,都是很能干的人,但相比之下,我觉得管德是干将。

他主意多,别看他坐在那写东西的时候一句话都不说,他脑子在转。

第二个,他是笔杆子。他是《通报》的主编,写《通报》的稿子都是拿毛笔写的。很能干,很能写,字又好。

所以在这个环境里培养起来的大

1954年,在四局工作期间

学生中，管德是很冒尖的一个。

——蔡美生访谈（2012年4月）

在记住了管德嬉闹玩笑细节的同时，蔡美生还注意到了管德的一个特点——"别看他坐在那写东西的时候一句话都不说，他脑子在转。"在宗教和印度的瑜伽术中将这种专注和深入思索的状态称之为冥想（Meditation），并认为这是一种通过获得深度的宁静而增强自我知识的良好状态。

管德不仅活泼好动，而且善于思考，耐得住寂寞，从管德一生所从事的专业和他所取得的学术成就来看，他的这一性格禀赋是事业成功很重要的内因。

成立飞机设计室

1956年1月，遵照中央关于向科学进军的号召，王西萍局长就如何发展中国航空科学研究的问题，向局总顾问切尔尼柯夫征询了意见。之后，航空工业局制定《航空科学研究工作十二年规划》，计划分3个阶段建设17个航空科研及产品设计机构，要求迎头赶上，真正建立起中国自己完整独立的航空工业。这一年的5月15日，王西萍局长署名向中共中央、毛泽东主席呈送《关于航空工业发展现状与今后的任务》的报告，总结了航空工业执行"一五"计划的成绩和经验，提出了存在矛盾和解决的途径，建议加速自行设计和科研建设。

王西萍回忆："'一五'期间，由于党中央和各级地方党组织的积极支持，航空工业在前进道路上到处给开绿灯。就备受重视这点来说，航空工业可以说是处在一个顶峰时期，很多同志对那段历史到现在还很怀念，并称它是航空工业的'黄金时代'。在那段时间里，航空工业除了进一步完成空军的修理与配件任务、积极培养航空建设人才和新建项目外，还完成了两种飞机的研制任务。"

航空工业在"一五"计划期间取得的成就极大地鼓舞着航空工业战线的干部职工，对于独立自主发展航空工业、提高中国的飞机设计能力、建立独立的设计机构、自行设计整机，航空工业上下一致，形成了共识。徐舜寿、黄志千等向上级提出了建立中国自己独立的设计机构的建议。

> 当时的外部条件很有利，在四局工作的苏联专家也认为中国在完成歼5（米格–17Φ）的仿制以后，应该发展自己的设计能力。按徐舜寿的思路，飞机设计室应建在北京。但苏联专家建议，可利用112厂设计科的基础，先组织学习米格–17Φ的资料，然后对米格–17Φ的一些部件进行改进设计，将来再自行设计新飞机。
>
> ——引自《中国飞机设计的一代宗师徐舜寿》

1956年8月，四局王西萍局长向112厂、410厂发布了《关于成立飞机、发动机设计室的命令》（简称《命令》），决定从1956年8月15日起，在112厂、410厂分别成立飞机、发动机设计室。《命令》决定任命徐舜寿为飞机设计室主任设计师，叶正大、黄志千为副主任设计师。

设计室的成立，在航空工业系统产生了极大的影响，当时在航空系统有志于飞机设计事业的技术人员纷纷提出要参加到新中国第一个飞机设计的队伍中。与徐舜寿、黄志千一起到沈阳创建飞机设计室的顾诵芬回忆：

在四局工作的管德、叶锡琳、陈钟禄、高锡康、李永明等一批毕业于各大学航空工程专业的大学生都坐不住了。

……管德脑子清楚，写文章也快，四局的局长王西萍很欣赏他。当时北航办了函授班，对1951年毕业的大学生再教育，管德已经参加了这个函授班，而且还准备考研究生。管德后来给我说过，王西萍对他讲，考研究生都是社会上失学青年干的事，你干这个干什么？

……

当时徐舜寿号召力很强，所以他们都想来设计室，希望在自己所学的技术专业道路上能做更多的工作，不愿在局机关里继续做管理工作。在向上级提出申请并获得支持和批准以后，他们都来到了飞机设计室。

——顾诵芬《我的飞机设计生涯》

王西萍局长欣赏管德，局机关也很需要年轻干部，所以管德提出要到沈阳飞机设计室的时候，王西萍当然不会同意。但年轻有年轻的优势，管德回忆：

一听说徐舜寿、黄志千他们到沈阳办飞机设计室，我就到王西萍局长那里磨，他们这些局长、副局长都挺喜欢我，所以我闹腾闹腾他们不怎么责怪我，年轻嘛！

最后局领导还是同意了，我就到了沈阳。

——管德访谈（2011年10月）

王西萍局长对此不无遗憾，他回忆道："1956年，当科研设计工作拉开序幕之后，这个科里的一些骨干，如管德、叶锡琳、朱永祺、洪亚新、朱元哲等都先后被放走，到更需要他们的地方去了。"

随着年龄的增长，管德的性格益发鲜明，他认准要做的事情，一定要做到，而他认为是不应该做的坚决不做。在选择大学的专业时，他违背了父亲的旨意；在选择自己的职业时，他说服局领导接受了自己的想法。

管德的人生道路在这里发生了一次重要的转折，这是他的自觉选择，也是他主动努力的结果。

第五章
飞机设计室

徐舜寿主任

沈阳飞机设计室于 1956 年的 10 月开始筹建，国庆节后，最早到达 112 厂的是黄志千、顾诵芬、程不时 3 个人，之后不久，徐舜寿也到了沈阳。

> 到沈阳以后，徐舜寿和黄志千、叶正大立即动手，开始人员调配和机构设置工作，很快向四局提出了飞机设计室各专业设置和人员配备的规划方案。
> 叶正大是 112 厂设计科的主任设计员。按照苏联的管理体制，设计科有科长，还有主任设计师。在国内，由于我们资格浅，所以不称主任设计师，而任命叶正大为主任设计员。下面分专业组，机翼、尾翼一个组，机身一个组……有组长，还有主管设计员，职务分工各有侧重。图样上，按照审批权限，需要组长、主管设计员或科长、主任设计员两个人签字才生效。
> ——顾诵芬《我的飞机设计生涯》

叶正大，出生于 1927 年，是北伐著名将领、曾任新四军军长叶挺将军的长子，广东惠阳人。1947 年，在父亲叶挺因飞机失事牺牲后，他被组织安排到东北民主联军俄文学校学习。1948 年，他与李鹏、邹家华以及弟弟叶正明等 21 人被送至苏联留学。他和弟弟选择了学习航空。1955 年，叶正大在苏联莫斯科航空学院飞机制造系毕业，同年回国，担任了 112 厂主任设计员。

他们这支队伍在仿制米格-17中发挥了很大作用，8月中下旬，米格-17仿制任务胜利结束，开了庆祝会。这次组建飞机设计室，叶正大把工厂设计科里的30多名主管设计员都带到了设计室，成为飞机设计室设计力量的基础。

当然，这么一点人是远远不够的，徐舜寿、黄志千到了以后，决定从刚毕业的南京航空学院（简称南航）、沈阳航空工业学校（简称沈航）学生中调一部分来，徐昌裕同意了这样做。更重要的是，从各工厂设计科抽调技术骨干——科长、主管设计员。徐舜寿特别看重从国外回来、有飞机设计经验的老专家，希望他们能来带一带这支年轻的队伍。

如北京南苑飞机修理厂的陆孝彭，他是中央大学毕业的，曾经在美国密苏里州圣路易斯市麦克唐纳飞机工厂实习，参加过舰载喷气式战斗机的结构设计。以后又被派到英国格洛斯特飞机公司继续实习飞机设计。解放初期，他与徐舜寿在华东军区航空工程研究室一起工作过。

还有高永寿，他也在英国待过，当时是320厂的总工艺师，仿制雅克-18时，他是主管工程师。后来他到南航当了教师。

汪方典，是有驾驶B-25飞机经验的飞行员，工程方面的经历也很不错，有技术、有经验。当时他在南京511厂，就只有一个工程师头衔。遗憾的是他没有能被调进飞机设计室，因为政治审查通不过。解放战争时期，他曾经驾驶B-25执行过轰炸解放区的任务，所以保卫部门坚决不同意接收。后来他到吴老（吴大观）手下的发动机设计室去了，但没有工作几个月就被调出，又回南航教书去了。他在管发动机时，我还和他协调过技术问题。他人很精明。

徐舜寿想请的老专家很难请到，最后只落实了陆孝彭，他自己也非常愿意从事飞机设计事业。还有一些老专家，不是徐舜寿点名要的，可能是四局配的，其中一位是沈尔康，是从民航来的。

设计室的成立，在航空工业系统产生了极大的影响，当时在航空工业系统有志于飞机设计事业的技术人员纷纷提出要参加到新中国第一个飞机设计的队伍中。

——顾诵芬《我的飞机设计生涯》

在顾诵芬等到达沈阳后不到两个月，管德就来到了沈阳，成为飞机设计室的一员。在局机关，管德虽然与徐舜寿认识，但不是很熟悉，他记得自己还曾经惹恼过徐舜寿一次。

那时候我负责编《通报》，我的习惯是人家来了稿子，我就给修理修理，我的文风就是这样，这一修改，就把别人的文章变成我的文章了。有一次徐主任也写了一篇文章，投给这个刊物，我给他全都改了，这就让徐主任很生气，他找到当时是四局副局长的徐昌裕说，这刊物怎么能这么办？就这一个人在那写？

后来徐昌裕把我叫去，说你也不能这样，谁的稿子都改成你的那个样式。我接受批评，按照徐主任的原稿登出了。

这是我第一次跟徐主任打交道。我们没有直接冲突，就是徐主任到徐昌裕那里告了我一状。

——管德访谈（2011年10月）

这件事情反映出了徐舜寿和管德两个人的性格中有着共同的特点——认真、坦诚。管德把徐舜寿写的稿子"全都改了"，这是管德作为编辑的一贯风格，出自于认真。在此之前，别人没有提过意见，但徐舜寿不能容忍，向徐昌裕提了，同样出自于认真。管德比徐舜寿小15岁，在前辈和领导面前，他坦诚地接受了批评，改正了自己原来的做法。在组建飞机设计室时，徐舜寿接收了管德，并在以后的工作中委以重任，也是坦诚使然。

认真是事业心的基石，坦诚以责任感为内涵。正因为有着共同的对事业的热爱和对成功的追求，在以后近10年的共同努力中，徐舜寿不断为管德指明方向、铺路搭桥，管德则在以后更长的时间里沿着这个方向登上了事业的高峰。

设计室的大学生

顾诵芬回忆："设计室创建之初，就是这样一个状况，以112厂设计科为基础，大量的是沈航、南航的毕业生。南航一届是1955年毕业的，二届是1957年毕业的。还有就是一批20世纪50年代初期北航、清华大学、华东航空学院（西北工业大学前身）等学校的毕业生，组成了一支平均年龄仅22岁的设计队伍。"

在这个年轻的设计团队中，顾诵芬26岁，管德24岁，冯钟越25岁，顾诵芬上海交通大学（简称上海交大）同班同学、后来成为132厂总工程师、中国工程院院士的屠基达29岁。年纪相近，经历相似，都是名牌大学毕业，有着很高的学历，更重要的是都热爱航空、向往着从事飞机设计。到了沈阳，进入了当时中国唯一的飞机设计研究机构，年轻的飞机设计师们兴奋的心情溢于言表。屠基达回忆当年听到自己被调入设计室时，感慨万端，认为自己"生逢其时"：

我原来在122厂任设计科长，1956年11月，接到通知，调我去沈阳飞机设计室。正值四局徐昌裕副局长来哈尔滨检查工作，他找我去汇报……我听了以后，很是兴奋，从修理到仿制，再跨到自行设计，几年工夫，连跨三大步，我真是生逢其时呀！

——屠基达《淡墨集——飞机设计师屠基达自述》

这些青年人并不知道，在选拔他们这些尖子去搞科研的过程中，局领导做了多少工作。王西萍局长回忆："当时对于建立这些研究所，有一个主导思想，就是充分利用生产走在前面的条件，下决心从局机关和各生产厂调集拔尖的技术骨干去搞科研。这些尖子，往往是局机关工作和生产厂的宝贝，有时为了抽一个人，争得面红耳赤。反正只要适合搞科研的，是肉也得割。因而，科研机构确实汇集了一批技术骨干。如局机关的徐舜寿、黄志千、吴大观、昝凌、荣科、顾诵芬、管德、程不时、范棠、刘多朴以及厂子里的叶正大、虞光裕、高镇宁、何文治、陆孝彭、屠基达等陆续被抽调到了科研部门。甚至把局分党组秘书高锡康也输送出去了。"令老领导欣慰的是"他们当中不少人后来对发展我国的航空工业做出了很大贡献"。

与管德几乎同时到112厂飞机设计室报到的冯家斌，1935年出生于辽宁旅顺，1956年3月毕业于沈航，被分配至北京211厂模线间任设计员。从东北分配到首都北京，他非常高兴，但很快领导就又通知他调回沈阳。当向他说明了这次回到沈阳是去飞机设计室时，他愉快地服从了组织决定。

冯家斌乐观、诙谐，在室里是一位活跃分子。一次访谈中，他回忆起当年与管德在一起时的情景：

管德也好打闹。

我记得有一次在设计室里，他跟叶正明闹着玩。那时候我们正在写大字报，他们俩就拿毛笔，你给他脸上画胡子，他给你画黑眼圈，俩人在办公室里跑来跑去。

我说，你们俩简直就像小孩子一样。那时候我们都年轻，每天无忧无虑，确实快乐得像孩子一样。

——冯家斌访谈（2012年3月）

叶正明原名叶福麟，别名李明，祖籍广东惠阳。他比管德大一岁，1931年4月13日出生于澳门。在兄弟之中，叶正明是跟随父亲叶挺时间最长的一个。1942年12月中旬，叶挺被转移至湖北恩施关押期间，叶正明来到了父亲身边，受父亲进步思想和革命精神的影响，从小就树立起了献身中国革命和建设的决心。

对于青年时代的生活，顾诵芬保留着一份温馨而充满情趣的记忆，在听到冯家斌回忆管德与叶正明之间的打闹时，他做了一点说明：

那时我们下班后，晚上还都到办公室里来学习，冯家斌说的就是下班后在办公室里写大字报。那时管德已经结婚了，不住单身宿舍，条件比较好一些，但是他还是愿意到办公室来。所以会有在办公室开玩笑、打闹的事。

叶正明是一个很聪明的人，也很要强，经常会与管德辩论、争执不下，所以他们有时候就开玩笑，互相用墨笔给对方脸上、身上乱画，把白衬衣上面洒得全是墨水。

——顾诵芬谈话（2012年5月）

当年冯家斌与顾诵芬同住一间宿舍，他在谈到顾诵芬时还讲到了他们看过电影《好兵帅克》以后，大家一起回味电影里有趣镜头和情节时的情景：

顾诵芬在业余时间没有什么特殊的爱好，有时也看看电影，对有趣的电影他念念不忘。记得当时在看完苏联电影《好兵帅克》以后，他对电影中的某些情节特别感兴趣，在宿舍里津津乐道地讲给大家听，自己也乐得前仰后合，开心极了。……他性格随和、和蔼可亲。在生活上、感情上总是跟大家融合在一起。大家在一起随随便便，有说有笑。

——引自《飞机设计大师顾诵芬》

《好兵帅克》是被誉为"捷克散文之父"的著名作家雅洛斯拉夫·哈谢克（Jaroslav Hasek，1883—1923）所著的一部名扬世界的长篇小说。这部讽刺文学名著被誉为捷克历史上最伟大的文学作品之一，该作品被普遍认为与《堂吉诃德》齐名。小说的主人公是一个与人民血肉相连的普通捷克士兵帅克，他的智慧、力量和对占领者的不满情绪与自发反抗的精神引起人们的共鸣。帅克善良又勇敢，机智而不露声色，貌似平凡，而且有点"愚昧"和滑稽可笑。然而他却善于运用民间谚语、笑话，接过上司的口号，以其人之道还治其人之身，伺机巧妙地同反动统治者进行斗争。

小说出版后很快被译成 40 多种文字，最早的中文译本是由著名作家萧乾翻译于 1956 年第一次出版。顾诵芬回忆，当年他们读的是小说，应该读的就是萧乾的这个版本。顾诵芬的回忆应该更为准确，因为《好兵帅克》电影是 1959 年由长春电影制片厂译制发行的。在谈到这部为大家所喜爱的小说时，顾诵芬回忆说：

> 我到沈阳比管德早。我们是 10 月去的，他 12 月才来，那时候工作还没开展。有一本小说是捷克斯洛伐克的《好兵帅克》，看得大家无不捧腹大笑。其中有一段是帅克给他的长官讲如何养狗（注）。怎么把老狗变年轻，牙齿得拿砂纸打，而且还得给狗吃砒霜，灌了白兰地以后要它有多活泼就有多活泼。我们看过以后，经常在一起讲自己喜欢的部分，老逗这些事。

徐舜寿那时候就要求为设计室技术人员建一栋楼，刚建成就给了管德一间房，设计室里还有一位叫汪子兴的已经结婚了，他们两家合住一个单元，那时候挺艰苦的。

——顾诵芬谈话（2012年5月）

设计室里与管德同岁的黄德森是南航一届的毕业生。他是江苏省无锡市人。1950年，黄德森参加工作。1954年加入中国共产党。1955年毕业于南京航空工业专科学校（今南航）。以后被选送至北京航空工业俄文学校，这是一所为派赴苏联的留学人员准备的带有进修性质的学校，但由于情况发生变化，1957年2月毕业后，黄德森和一批同学被分配到了飞机设计室。他回忆：

> 设计室成立伊始，设计人员要编写技术文件，为了有一个统一的规定作为大家编写的依据，徐舜寿就安排管德负责编写。当时并没有类似的编制规范可供参考，管德根据他任机关刊物编辑的经验，参考了有关生产工艺文件编制的某些要求，对设计文件的编写要求、格式、层次、主要内容和签字程序等细节问题拟定了具体可行的制度。经主任批准后下发，在设计歼教1飞机的工作中，作为设计文件编制的指令性规定。徐主任和设计人员都认为这个规定具有可操作性，有实用意义。
>
> 以后我被分配负责设计室文件管理工作，此文件对我的工作也有着启蒙作用。我以此为范本，把有关编写要求的细节内容逐步进行补充，使设计室文件管理制度得到了不断完善和补充。

——黄德森《他是开拓能力强、政治意识强的技术专家》

顾诵芬回忆："管德在飞机设计室里不仅仅拟订了设计文件的编制规范，当时许多上报文件、工作总结等文字材料都是管德执笔编写的。这是管德刚到设计室时，徐舜寿与他约法三章的主要内容。"

> 管德一来，徐舜寿跟他约法三章，就是四六开，六份时间搞技术，四份时间做一些行政秘书性的工作。因为他文笔很好，做事条理很清楚。设计室不少报告都是他起草的，不仅仅是拟写这个规定。
>
> ——顾诵芬谈话（2012年5月）

注释：

该段原文为"狗可不像太太们一样能自己染头发，因此，总是由贩狗的人给染。要是一条狗老得毛都发灰了，而您想把它当做一条刚满周岁的狗崽子卖，您就买点硝酸银，砸碎了，然后用它把狗染得黑油油的，就像刚出窝似的。您要是想叫它劲头儿足，就喂它些砒霜——像他们喂马的一样；然后就跟磨锈刀似的用砂纸擦它的牙齿。把它卖给一位主顾以前，先灌它点白兰地，这样它就会晕头晕脑的，接着就欢蹦乱跳起来，汪汪叫着，要多快乐有多快乐，而且见了谁都亲热，就像喝醉了的人一样。"（萧乾译《好兵帅克》）

歼教1外形数据计算

徐舜寿交给管德的第一项技术工作是歼教1理论外形的计算。在飞机设计室创建前后，徐舜寿、黄志千已经有过设计一架什么样的飞机的考虑，经过认真的调查研究和精心策划，徐舜寿本着"需要与可能相结合"和"在实践中培养、锻炼队伍"的原则，决定飞机设计室的第一个任务是设计一架亚声速喷气式中级教练机。这架飞机的最大飞行马赫数为0.8，选用平直机翼、两侧进气方案。

四局领导很快批准了徐舜寿提出的中级喷气式歼击教练机设计方案，新飞机定名为歼教1型飞机。同时批准410厂发动机设计室设计第一台喷气发动机，定名为喷发1A，推力为1600千克力[①]，供歼教1飞机的动力装置使用。

"飞机和其他机器不同，最突出的是它要在空中飞行，具有高的运输效率和良好的飞行性能，因此对外形要有严格的要求，以满足空气动力学的特点。"（顾诵芬《飞机总体设计》）

飞机的几何外形由机翼、机身和尾翼（分为水平尾翼，简称平尾；垂直尾翼，简称垂尾）等主要部件的几何外形共同构成，也称为气动外形。飞机的外形是飞机能够实现飞行的最重要的条件，在推力大于自身重量的航空发动机推动下，以机翼为主产生升力，使飞机飞离地面，而机翼、机身的外形还需要最大限度地减小飞行中的阻力，于是在飞机和发动机设计中就有了推重比和升阻比等概念和技术指标。在高空高速和高机动、高隐身的要求下，作战飞机的外形会更为复杂。

为使飞机具有良好的气动特性，机翼、机身等外形均为曲面，表面必须平滑光顺。这样的要求就需要通过计算得出多个截面的曲线，而每一个曲线都是由一段一段的二次曲线来模拟的。每一段曲线需要3个点，列成三元一次联立方程进行计算。在电子计算机尚处于起步时期的20世纪50年代，所有的计算必须由人工完成。新成立的飞机设计室仅有两台电动计算机，因为有更重要的计算任务，所以对于外形曲线的计算只能用手摇计算机计算。

[①] 1千克力=9.80665牛。

这项任务技术上并没有太高要求，但计算繁琐，工作量很大，日复一日，管德等几位技术人员终于把歼教 1 飞机的外形数据计算出来了。

冯家斌是当时参加此项工作的技术人员之一，他回忆：

> 有一天，徐主任推门进来说："冯家斌，还有罗素贞，你们来一下。"然后就在一个小屋里，我一个，罗素贞一个，还有管德、黄志千开了一个会。
>
> 徐主任说："我们现在总体搞得差不多了，要开始把外形整一整。搞外形，由管德牵头，冯家斌、罗素贞负责画图，黄志千做技术指导。"这就把临时小组定下来了。他还说："你们搞完外形以后再回各专业组。"
>
> 搞飞机外形的时候，我们是参考米格-19飞机的外形，看它是怎么搞的。先看资料，就等于摸透。米格-19的外形用的都是圆弧。
>
> 在这段时间里，黄志千给我们一份资料，是他从英国带回来的，那个刊物的名字叫《飞机工程》，里面有具体的飞机二次曲线。怎么画，怎么算，那里面都有。管德就准备把飞机纵向曲线用二次曲线，横向用圆弧，就这样开始接触二次曲线。
>
> 二次曲线的方程计算很复杂。那时候没有现在的电脑，就是计算尺和手摇计算机。手摇计算机主要是日本、还有意大利生产的，用手摇的，很费劲。
>
> 为了我们计算方便，管德制定了一个计算程序，把所有的项目排序，列成一个程序表，有了数据之后就按程序表计算，用手摇计算机计算，这个相当复杂、相当麻烦。一整不好就错，一错就要从头来，从头算一遍需要很长时间，那时候手摇计算机速度很慢。
>
> 后来听说沈阳有美国进口的电动计算机，可以不用手摇，

譬如5乘3，再乘12，数据打好以后，一通电，计算机就哗啦哗啦算出结果来，全是机械传动的。

我还记得那次是我带了一张支票去买来的，好像是1200元钱，很贵很贵了，然后捧回飞机设计室，就这样开始飞机外形设计。

管德领着我们做，他挺耐心。他是清华大学毕业的，正规学的飞机设计。我和罗素贞都是沈航学飞机制造的。他知道我们俩的水平，也没搞过飞机设计，就是搞飞机制造的。他非常耐心地教我们，怎么算、怎么调计算机、怎么校对，挺耐心。

——冯家斌访谈（2012年3月）

冯家斌讲，当时徐舜寿交代任务说这是临时性的，任务完成各自回原来的组室。但从那以后，外形设计成为他一生的事业。20世纪90年代，冯家斌退休离开工作岗位时，仍在601所总体设计室担任飞机外形设计师。

管德到飞机设计室以后，徐主任开始对他在技术方面能不能有发展没有多少信心，因为在机关里，他是在领导层面活动的，看到他整日跑上跑下，徐主任觉得他可能是从事行政管理的人，不大相信他能坐得下来搞技术。

管德回忆说：

他以后看我还真可以干，对我的看法可能就有所改变了。

——管德访谈（2011年10月）

顾诵芬也曾讲道："画飞机外形模线的工作，就是将飞机布置好的固定点用二次曲线连接起来以形成飞机完整的外形模线。求解二次曲线的各项系数是非常繁杂的，当时没有电子计算机，全靠手摇计算机，一算就是一整天，甚至于晚上还要加班。大概算了一个月,歼教 1 飞机的外形基本确定。"(顾诵芬谈话,2012年 6 月。)

通过这一项枯燥、单调的任务,徐舜寿对管德的潜质有了深入的了解,应该就是从这项任务开始,徐舜寿认定管德在科学技术方面有很好的发展潜力。

歼教 1 的颤振分析

第二次世界大战期间,空军已经成为决定战争胜负的重要军事力量,歼击机、轰炸机等战斗机种得到了快速发展。然而在高亚声速飞行时,有多种机型多次发生空中解体事故。专家们对这些事故发生的原因进行了深入研究,发现机翼、水平尾翼颤振是导致事故的直接原因。

进一步的研究证明,由于飞行器的结构不可能是刚性的,必然发生弹性变形,这种弹性变形影响到飞机的气动特性,又使空气动力随之改变,从而导致进一步的弹性变形,构成结构变形与空气动力交互作用的所谓气动弹性现象。随着飞机飞行速度提高,气动弹性会显著影响飞行器的操纵性和稳定性,在空气动力作用下,已有结构形式的机翼抵抗变形的能力下降,严重时甚至会使飞行器结构破坏,造成严重的飞行事故。

由此,航空工程界对气动弹性开始给予关注,而颤振验证也逐步成为研制设计飞机必须考查的项目而载入强度规范。以后针对高速飞行器设计的需要,又发展了涉及气动加热效应的气动热弹性力学。20 世纪六七十年代以来,由于自动控制系统在飞行器上的广泛应用,又出现计入伺服机构作为动态环节的气动伺服弹性力学。

我国的飞机设计起步虽然较晚，但对气动弹性的认识并没有滞后。

徐舜寿一直关注着世界航空科学技术的发展，他视野开阔，很有前瞻性。他敏锐地注意到国际上对气动弹性问题的研究，于是考虑在飞机设计室安排专人从事这方面的工作。他找到管德和陈钟禄，让他们开始学习这方面的资料。

顾诵芬院士回忆：

在管德他们开始外形设计以后，徐舜寿对我说起管德，说他看出管德有做颤振研究的潜能。这大概是1956年底，就是管德到飞机设计室一个月左右，那时徐舜寿已经在琢磨着要研究颤振的问题。徐舜寿征求我的意见，要选两个人。他说一个是管德，还有一个就是陈钟禄。陈钟禄原来在四局计划处，是1952年上海交大毕业的，徐舜寿觉得应该由他们两个人来弄这事。

以后徐舜寿弄到两本英文原版书，其中有冯元桢的《气动弹性力学》，就带着管德，大家轮流看。还买了一些从俄文翻译过来讲颤振的书。这是他们的基础，每礼拜大家都讨论，大部分时候是管德、陈钟禄、徐舜寿在一起，有时候黄志千会去一下。

1959年，徐舜寿推荐，让冯钟越跟管德俩人翻译冯元桢的《气动弹性力学》，并推荐到国防工业出版社。

这些活动我没怎么参加，开始去过一两次，以后就不参加了，因为气动的工作很多。

徐舜寿积极找人来教他们，一个是北航的张桂联教授，张桂联出差来沈阳的时候，被请过来专门为他们讲颤振。还有一个就是西北工业大学（简称西工大）的黄玉珊。主要是他们俩儿。

> 1957年冬天，徐舜寿在北京组织过一次研讨会，张桂联、黄玉珊都去了，管德也去了。
>
> 以后陈钟禄去搞试验方面的事，管德就全面抓起来了。当时下决心是徐舜寿。设计室没买别的东西，就为颤振研究购置了飞利浦的传感器。那些仪器很贵。
>
> 徐舜寿发现了他，搞外形模线是让他试一试，看他行不行。管德那时候看英文技术资料还比较吃力，他写信要父亲从北京寄了英汉词典来。
>
> 因为我们就在一个办公室，这些事我基本上都知道。
>
> 在徐舜寿亲自领导下，终于在设计室建立起了这门专业，也解决了歼教1飞机的问题，同时也培养出了管德这样的气动弹性专家，现在国内已有一支相当成熟的飞机气动弹性设计队伍了。
>
> ——顾诵芬谈话（2012年5月）

顾诵芬还记得，在徐舜寿拿给他们看的那些外文原版书的扉页上，经常有作者赠书的签名。如冯元桢的《气动弹性引论》一书上就有赠陆元九表兄的题字，陆元九是冯元桢的表兄，他们都是徐舜寿在中央大学航空机械特别研究班时期的同学。

一周一次的读书交流，参加的主要是徐舜寿、管德和陈钟禄，有时黄志千、顾诵芬也参加，每次活动，自己有什么学习心得和想法都谈出来，通过讨论加深理解。

徐舜寿为管德提供了当时仅有的几本专业书籍，同时还聘请当时国内最高水平的张桂联、黄玉珊、陈基建等教授作为飞机设计室的顾问工程师，为年轻设计人员讲课、辅导、答疑、解惑。管德从中获益匪浅。

徐舜寿的安排决定了管德从事气动弹性研究的人生事业。从1957年开始，一直到现在进入耄耋之年，他始终没有丝毫懈怠。

管德回忆：

> 开始因为没有电子计算机这样的计算设备，就用手摇计算机摇，把歼教1机翼颤振的数据给摇出来了。这件事在当时还是比较有影响的。徐主任把我计算的结果拿给黄玉珊教授看，他评价不错。他说这是中国人第一次计算颤振速度，原来没有人算过，这是第一个。
>
> ——管德访谈（2011年10月）

黄玉珊，南京市人，与徐舜寿同岁，都是1917年出生。1935年毕业于国立中央大学土木工程系，毕业后进入了中央大学航空机械特别研究班。

"九一八事变"以后，当时的航空委员会急需航空机械人才，委托中央大学开办航空机械特别研究班（简称中大机特班）。1935年创办，学制2年。由于日本帝国主义虎视眈眈，搞国防教育不能公开，就起了这样一个名称，而且不公开登报招生，是请各大学工学院长在本校工科毕业生中遴选保送入学。这个班第一届共招收21人。黄玉珊是这个班的第一届毕业生，徐舜寿是比他低两届的校友。

1937年，黄玉珊从中大机特班毕业后去英国深造，于1939年在英国伦敦大学获航空硕士学位，1940年在美国斯坦福大学受世界著名力学教授S. P. 铁木辛哥指导获博士学位。从美国启程回国前夕，黄玉珊已接受中央大学的教授聘约，时年23岁，所以有了一个"Baby Professor（娃娃教授）"的美称。他从1941年就开始指导研究生，享誉国际的美国工程科学院院士、生物力学创始人冯元桢教授便是他的第一位硕士研究生。

当时，出于飞机设计的实际需要，高等院校气动弹性的研究已经开展并在理论上取得了一定的成绩。1959年进入飞机设计室的潘一心曾经在一篇文章中对当时大学教授们在气动弹性理论方面开展的工作进行了概括：

> 气动弹性力学是研究弹性物体在气流中力学行为的一门科学，作为应用力学的一个特别分支，是从20世纪30年代开始发展起来的。我国气动弹性力学的研究，是与飞机设计的发展联系在一起的。1956年我国开始了自行设计飞机。飞机设计中遇到的气动弹性问题，急切要求开展这一领域的研究及其专业人才的培养。为此，1957年西工大黄玉珊教授为歼教1的研制做了颤振计算报告，南航陈基建教授首次开设了气动弹性力学课程。1958年2月，二机部四局召开气动弹性问题研讨会，会上黄玉珊教授做了《气动弹性模型实验技术》报告，陈基建教授做了《对AP970机翼抗扭刚度规定的分析》报告，胡海昌教授做了《超声速二维非定常气动力计算》报告。同年，北航叶逢培教授为教师讲授气动弹性力学课程。哈军工曹鹤荪教授任"东风"113飞机设计中气动弹性方面的顾问。在60年代初，北航诸德超、西工大赵令诚等编写了气动弹性力学方面的教材。航空院校先后对本科生开设了这方面的课程。院校的教授在开拓气动弹性研究工作及培养人才方面做出了贡献。
>
> ——潘一心《飞机气动弹性研究概况》

潘一心，1935年出生于江苏省江阴县。1959年从北京航空学院飞机设计系毕业，分配至沈阳飞机设计室。从那时开始，他就与管德一起从事气动弹性设计研究工作。他回忆：

> 飞机设计室只有管德和陈钟禄从事颤振工作，1959年后增加到6人，管德任颤振组组长。
>
> 当时，国内有关气动弹性方面的资料很少，涉及型号设计的资料根本就没有。同时，颤振分析的手段只有手摇计算机，

可供颤振模型试验的风洞仅有北京大学教学低速风洞和 AT－1 超声速风洞。

——潘一心访谈（2012 年 3 月）

就在这样的艰苦条件下，飞机设计室开展了颤振的研究工作，中国飞机设计的颤振计算迈出了第一步。

当时颤振计算是一项非常艰巨的任务。一位曾经从事过此类工作的教授讲道："仅一个机翼就要分成若干段，运用线性代数中矩阵相乘的方法进行计算，当时只有手摇计算机，用一上午的时间迭代一次还很紧张，而且不能出错，一出错就得推倒重来。大概 3 天算出一个频率来，很艰苦。"（2012 年 4 月北航陈桂彬教授访谈）

得到黄玉珊教授的夸赞，管德有理由感到自豪，因为虽然他毕业于著名的清华大学航空系，但由于上大学期间正值新政权建立，大量的时间被政治运动占用，所以仅读了一些基础课程。以后到了工作岗位，学校为他们进行了"回炉"补课，然而这种学习的系统性、知识的完整性都必然存在不足。

而气动弹性力学至今在学术界还是一门探索和逐步完善的边缘性分支学科，涉及到大量的力学、数学方面理论知识以及研究和计算分析方法。在传统的弹性力学、结构力学、流体力学、高等数学、线性代数等理论的基础上，随着科学技术的发展和实际需要，引入了诸如现代控制理论等不同于古典研究的方法和理念，这都需要管德在工作中不断学习、摸索。

黄玉珊这样的名教授对他的褒奖，不仅是由于他在当时交上了一份漂亮的考卷，更是对他的刻苦钻研精神和自学成才潜能的肯定，这是一个将科学技术作为毕生事业选择的人最为重要的素质。

但管德谈到了黄志千给他的一个提醒：

我的工作得到黄先生的夸奖还是很令人自豪的。

黄主任好像注意到了这一点，他特意来到我办公桌前，把这封信拿给我看。他说："黄玉珊老师的评价，是对你们的鼓励，千万不能自满。"

……

就从那开始，我就开始搞气动弹性专业了，以后我再也没有改专业，不管我调到哪儿，不管行政职务怎么变化，对这个专业始终没有放松。到现在我还是北航的兼职博士导师，还带3个博士研究生。

——管德访谈（2011年10月）

黄 志 千

黄志千，原名黄永埙，1914年1月23日出生于江苏省淮阴县。

1933年7月，黄志千从镇江师范毕业后考入上海交大机械系，是航空门的第二期学生。1937年7月毕业后按规定到航空机械学校受训。1938年4月结业后，辗转于云南垒允、昆明，缅甸八莫，四川新津等飞机制造厂，负责并参加了飞机的修理及机场的服务工作。

1943年10月，黄志千到美国康维尔（Convair）飞机制造公司工作，参加了B-24轰炸机的设计、制造和240型双发运输机——"空中行宫"的应力分析工作。1945年8月抗日战争胜利，他进入密歇根（Michigan）大学航空研究院攻读力学硕士。1946年9月，南京国民政府的航空工业局与英国格洛斯特（Gloster）飞机制造公司签订了合作设计喷气式战斗机的协议，黄志千等一行遂转赴英国参加设计工作。他负责喷气战斗机的机身设计。

与黄志千同在美国密歇根大学攻读硕士学位、曾担任北航著名的"北京一号"总设计师的徐鑫福教授回忆：

> 1946年旧社会航空工业局用去很多外汇，请求英国格洛斯特飞机制造厂教会中国人员设计一架喷气式战斗机。于是，航空工业局由美国调27人到英国参加这架飞机的设计。
>
> 名单中大部分是飞机设计人员，还包括工艺人员。当时设计人员的分配情况是：志千学长担任机身的设计，陆孝彭设计机翼，我设计操纵，张桂联担任气动计算等……
>
> 我们到英国不久，就参加了英国皇家航空学会。
>
> 志千学长在设计时，还抽出时间刻苦学习俄文，并收集了大量的飞机设计资料，准备带回祖国，为发展祖国的航空事业而努力。
>
> ——徐鑫福《怀念我们尊敬的黄志千学长》

1949年，黄志千不顾南京国民政府空军当局要他到广州报到而后转赴台湾的指令，毅然乘船离英，途经孟买、新加坡、中国香港、朝鲜，于6月回到天津，后被安排在华东军区航空工程研究室。在这里他与徐舜寿开始了第一次的共同工作经历。以后黄志千到112厂，担任了设计科的代科长。当时，从苏联转来的图样属于绝密资料，对接触和保管图样人员的政治方面要求很高。由于历史、社会关系等原因，黄志千借阅图样和资料受到限制，甚至不允许查看米格－15飞机的设计图样。鉴于很难开展工作，黄志千写了请调报告，经组织批准，于1952年3月调到航空工业局教育处中教科，负责航空工业系统所属中专学校的管理。

徐舜寿了解黄志千，经上级批准，把他调到自己任科长的第一技术科设计组。从那时起，他们携手为开创新中国自主设计飞机的事业并肩战斗了极为宝贵的10年。

沈阳飞机设计室成立时，黄志千担任设计室副主任。

在管德负责外形设计计算时，徐舜寿安排黄志千做他和他们这个小组的技术指导。在解决歼教1飞机颤振计算问题中，黄志千将自己从英国带回的资料交给管德作为工作和学习的参考。

黄志千性格内敛、沉稳，与他在上海交大同期的同学王子仁（原航天工业部一院试验站技术副站长、研究员）曾回忆："同学4年中，觉得志千性格比较内向，寡言谈。因他络腮胡很密，面目虎虎然，同学间亲切地称他为'黄老虎'。"

在飞机设计室，黄志千是最年长的领导，他对顾诵芬、管德这样的年轻人爱护有加，无微不至。1964年2月，国防部授予他中国人民解放军技术中校军衔，并当选为第三届全国人民代表大会代表。

1965年5月20日，在受组织指派出国考察时，因飞机失事牺牲。

2005年5月20日，是黄志千遇难40周年纪念日。他参与创建的601所组织编写了《黄志千》纪念文集。文集封面上"黄志千"3个大字下面写着：我国自行设计飞机的奠基人、新中国首任飞机总设计师、歼8飞机的开拓者。

在这个纪念文集中，有管德的一篇文章：

怀念黄志千老师
管　德

黄志千老师虽然已经离开我们40周年，但他的音容笑貌，他的平易谦和、严谨细致的工作作风，一直留在我的记忆里。

1956年10月，原二机部四局在沈阳112厂建立了飞机研究室。黄志千老师被任命为飞机设计室的副主任。

我是1956年12月由四局机关调到飞机设计室的。在完成了歼教1飞机理论外形数据计算之后，就被转到空气动力组做歼教1飞机的气动弹性专业工作。

解放以前，中国曾设计过一些飞机。但是，因为那时设计的飞机飞行速度很低，飞机结构只要能够满足强度要求，再使操纵面满足质量平衡要求，就不会出现气动弹性问题。所以，那时的飞机设计机构里，没有气动弹性专业。

歼教1飞机设计的最大飞行马赫数是0.8。对于这种飞机，结构设计中不能只考虑满足强度要求，还必须检查是否会出现气动弹性问题，才能保证飞机的飞行安全和满足设计要求的飞行品质。所以，就需要有人做气动弹性专业的工作，这在国内还是第一次。应该怎样着手，就成为一个问题。

这时，黄志千老师给我们找来了国外用于类似飞机的设计要求。其中，规定了检查飞机结构刚度的方法，以及使操纵面达到质量平衡要求的方法。歼教1飞机结构在进行打样设计中，我们就按这些要求进行检查。这样，开展了歼教1飞机气动弹性专业工作的第一步。我们按这些要求，检查了机翼、机身、尾翼、操纵面的刚度。同时，按设计要求，确定了操纵面的质量平衡。歼教1飞机进入了详细设计阶段。

做完上述工作以后，就要做详细的颤振计算。当我们用美国、英国和苏联文献和书籍上介绍的方法，完成了歼教1飞机机翼的颤振计算之后，徐舜寿、黄志千老师就把计算报告寄给了黄玉珊老师，请他审查。后来，黄玉珊老师给徐舜寿、黄志千老师回了信。信上对我们的工作给予了很好的评价。这时，黄志千老师告诫我说："黄玉珊老师的评价，是对你们的鼓励，千万不能自满。"

飞机设计室原来在112厂技术大楼里的几间房子里办公。后来人员逐渐增多，技术大楼里容纳不下，就搬到生产区门外的一栋平房里。平房后面，有一块空地。那时，黄志千老师因身体不好，到外地去疗养。在那里，他学会了简化的太极拳。他回来以后，有人向他提出教一教设计室的人练太极拳。于是，每天工间操的时候，黄志千老师就在那块空地上教同志们打太极拳。我也是其中之一。设计室的人觉得太极拳的动作挺有意思，有点像"摸鱼"。于是，黄志千老师带领一些人每天"摸鱼"，这也成为设计室的美谈。

1960年，成立了国防部第六研究院。1961年8月，112厂飞机设计室和一些单位合并成为第一飞机设计研究所。1962年搬到了现在的地址——塔湾。

到塔湾以后，实行军事化管理。设计室所在的几栋大楼，每天早晨开门，晚上锁门，由警卫负责。黄志千老师为了每天多一些时间工作、学习，他要警卫每天晚上到规定时间就锁门，但把他锁在办公室里，继续工作、学习。到他要休息时，再打电话给警卫，把他"放"出来。这事对我印象特别深，影响很大。黄志千老师当时已经年届半百，身体也不是太好，而且从事飞机设计也有不算短的时间，应该说是比较有经验的专家。但是，他仍然坚持学习。他当时已是所的总设计师，仍然严格细致地工作。比我们这些小他20岁的人，还要刻苦、努力，实在堪称榜样。

气动组的党小组长

管德初到飞机设计室时，被安排在总体组，由于转搞气动弹性，1958年调到了顾诵芬任组长的气动组，担任了气动组副组长。当时气动组与总体组为一个党小组，管德还担任这个党小组的组长。也就是从那个时候起，他与顾诵芬成为至交好友，俩人的友谊延续至今。

2008 年 10 月，顾诵芬与管德在沈飞公司观看飞行表演

顾诵芬，1930 年 2 月 4 日出生在江苏省苏州市的一个书香世家。他的父亲顾廷龙是著名的国学大家，也是很有造诣的大书法家、现代中国图书馆事业家、古籍版本目录学家。1939 年，应叶景葵、张元济先生邀请，创办并主持管理上海私立合众图书馆。

顾诵芬自幼喜爱航模，从美国通俗科学杂志 Popular Science 中知道了世界上最先进的航空模型制造方法，也从 1945 年上海的开明书店的一批苏联的航模制作方面的书中学习。他回忆："不仅看了书做飞机模型，而且还可以到院子里去飞，这样更促使我对搞飞机有兴趣。"（顾诵芬《我与上海图书馆的情谊》）

1947 年，顾诵芬从上海南洋模范中学毕业，曾先后参加过浙江大学、清华大学和上海交大等院校航空系的考试，均被录取。最终他选择了上海交大。

1951 年 8 月，顾诵芬以优异的成绩从上海交大航空工程系毕业，那时的大学毕业生已经全部由政府分配。按照组织决定，当年的航空系毕业生全部分配到中央新组建的航空工业系统，顾诵芬来到了北京，他向组织提出请求，希望能够到飞机设计或航空技术研究的部门工作。负责分配的同志同意考虑他的请求，将他留在了局机关。

经过在徐昌裕领导下的生产处制图组工作一段时间后,他被安排到了徐舜寿领导的第一技术科,以后又被徐舜寿安排在黄志千任组长的设计组,从那时开始,他一直与徐舜寿、黄志千为开创新中国的飞机设计事业而努力拼搏。

1956年,作为四局命令中成立飞机设计室的第一批人员,他与徐舜寿、黄志千、程不时来到了沈阳。担任了气动组组长。当时气动组虽然人数不多,但事无巨细,都需要组长承担。对于管德来到气动组,顾诵芬是由衷地欢迎。

他在自己的回忆录中曾经讲到过,由于主要精力和时间放在了技术和业务方面,所以关注组内事务性工作少一些,难免会有人提出意见。

> 自己有时也感到委屈,工作很辛苦,但没人谅解。
>
> 以后,徐舜寿决定将颤振专业也放到气动组来,管德到了气动组,很快就担任了气动组和总体组两个组的党小组长。他在管人这方面很有能力,堪称一把好手。我虽然是气动组的组长,但管人的工作都由他来做,这样,我就轻松多了,与同志之间的矛盾大大减少了。
>
> ——顾诵芬《我的飞机设计生涯》

令管德遗憾的是,时间不长,他就不再担任党小组长了。他回忆:

> 不知什么原因,后来我就不是党小组长了,换了一位同志担任党小组长。这时老顾写了入党申请书,这本来是很好的事,可是这位新任党小组长居然说,你根本就不够入党的资格,连入党申请书都不接受,简直岂有此理!这对老顾是个不

小的打击。

——管德访谈（2011年10月）

管德说自己不喜欢整人，另外也愿意钻研点技术。他说老顾喜欢钻研技术的人，不喜欢那些一天到晚晃晃荡荡、不务正业，或者老是热衷于搞"政治"这些东西的人。管德说出了他与顾诵芬相契的缘由——都喜欢钻研技术。

"文化大革命"以后，顾诵芬与管德先后走上了所领导的岗位，管德明确地对顾诵芬讲："你就专心钻你的技术吧，那些具体的事务性工作——吃、喝、拉、撒什么的，我替你挡着。"在一个班子里，能够这样说，而且说到做到，这是基于顾诵芬与管德在长期工作中形成的互信，更是出于两个人共同的使命感和对飞机设计事业心凝聚起的友谊。

鲁迅先生曾经写下这样的联句——"人生得一知己足矣，斯世当以同怀（同胞兄弟姐妹）视之"，署名洛文，书赠瞿秋白。

顾诵芬、管德的生命中自然不会只有一位知己，但两个人在长达近60年的人生旅途中，始终以"同怀"相待，他们的情谊成就了在飞机设计事业上的共同成就，也成为航空业界的一段佳话。

管德与顾诵芬在一起

无 名 英 雄

飞机是人类社会发展过程中创造出的最为先进,也是最为精密而复杂的交通运输工具。每一种新型飞机的诞生,都必须经过总体策划和总体技术方案论证。为了保证飞机能实现预期要求,设计工作是从确定一系列技术参数开始的,而这就必须依据基本理论和计算方法得出,并经过大量的试验给予验证。

中国第一架喷气式教练机——歼教1飞机设计中,气动弹性的设计计算任务是由管德负责完成的。

这是一次突破,不仅显示出管德的高水平,也成为组建不久的飞机设计室的骄傲。徐舜寿主任很满意,欣慰与兴奋之情自不待言。他当着当时中国最高水平的空气动力学专家、教授的面,向他们隆重推出年轻的气动弹性方面的新秀——管德。

> 以后徐主任还带着我到北京,请了一些专家,如陈基建、张桂联等教授,让我讲颤振数据是怎么算出来的。我记得那一次有好多专家到场,坐了一屋子。
>
> ——管德访谈(2011年10月)

1958年7月24日,歼教1被送到试飞站。7月26日,首飞成功。

从7月26日开始到8月5日止,歼教1飞机共进行了8次飞行试验,总计飞行2小时23分,完成了初飞试验。

歼教1的试飞和新中国飞机设计、制造方面的成功受到中央领

导同志的关注。伍修权在回忆文章中写道:

> 徐舜寿等同志在航空事业上的贡献受到党的重视,早在"101"号(注:歼教1曾定为"101"号机)试制时,周恩来总理鉴于当时还不宜公开宣传这一成就,请人转告这架飞机的设计人员,要他们先做"无名英雄"。
> ——伍修权《忆新中国第一代航空工业专家徐舜寿》

这些"无名英雄"中,有管德。

"坐小桌子"的专家

在飞机设计室,徐舜寿深知技术人才的宝贵。他认为,飞机设计事业要获得发展,最重要、最关键的是能够在航空科学技术方面取得突破,而要解决技术关键,突破技术难点,主要是靠"尖子"。

2008年,由顾诵芬主持编写的《中国飞机设计的一代宗师徐舜寿》一书中,对徐舜寿经过多年实践和探索形成的人才培养的系统思路与方法进行了归纳。其中引用了徐舜寿的一段原话:

> 我认为,飞机设计所的技术人员的业务水平都要普遍提高,这主要通过在具体设计实践中从搞方案、试验、发图到试造试飞的整个过程中锻炼各个专业的基本功。但是,在设计中真正要解决一些关键技术时,主要是要靠"尖子",所以培养

"尖子"更重要。在 1959—1961 年超声速飞机设计实践中，我感到，一般设计员的结构知识，制图与计算技术，生产、工艺、材料、标准等基础方面没有太大问题，而主要困难是一些关键技术问题突不破。从此，我更认为应当有意识地培养一批能攻坚的"尖子"。在那时我的心目中，是有这么一批人的，如气动问题靠顾诵芬，颤振问题靠管德……我认为，当时我们的专家、"尖子"是太少了，要积极地大力培养。

——徐舜寿《文化大革命残稿》

徐舜寿认为，在一个设计机构中，仅有解决问题的"快手"是不够的，还应该有"坐小桌子"的"专家"，这是他飞机设计人才结构思想的延伸。

> 对于搞总体、气动、载荷、刚度等专业的同志（即我所谓不是坐画图桌，而是"坐小桌子的"，是当"专家"的），我对他们的要求是要有足够的专业知识，较高的数学、力学水平，多懂几门外文，鼓励他们要善于钻研，主要要靠自己多看文献，外国人搞过的方法都要摸一摸，但也要有工程观点，有自己的基本功。
>
> 对于搞专业有点成就，开始入了门的同志，我总鼓励他们翻译书，写文章，向《航空知识》《国际航空》等投稿，如冯钟越、管德、陈一坚等在国防工业出版社有些译书的关系确是我介绍的。我曾说，过去我们译技术书是译少了，应该多译。还说译书也可以提高自己水平。

——徐舜寿《文化大革命残稿》

从事气动弹性专业，很符合管德的意愿，在歼教 1 的设计中，第一次计算出了结果，在实践中得到了检验。此时的管德，已经与顾诵芬、冯钟越一起被徐舜寿列为飞机设计室的"尖子"。

对管德在歼教 1 飞机研制中的贡献，顾诵芬有很高的评价：

> 实际上真正开始进行飞机颤振设计研究的是管德，他是国内第一个搞飞机颤振研究的。因为早先飞机的飞行速度低，虽然也存在颤振，但还不为设计重视。到了歼教 1 这个速度的飞机，颤振问题已经不容忽视。所以徐舜寿开创这个领域研究。到要放飞歼教 1 飞机的时候，颤振已经要有结论了。只靠设计计算还不行，当时包括地面试验那些工作，都是管德在那儿筹划，都是他张罗的。这样才能保证歼教 1 放飞。
>
> ——顾诵芬谈话（2012 年 5 月）

政治"颤振"中的无奈

歼教 1 首飞成功并不意味着徐舜寿和飞机设计室的事业顺利，就在歼教 1 完成初飞试验的时候，风起云涌的全国性"大跃进"已经在推向高潮。

1958 年 3 月，苏联专家马尔达文来华审查歼教 1 飞机图样时，提出了一个建议——设计一种马赫数为 1.4、单发、总重 4 吨左右的有尾三角翼全天候型超声速歼击机，并给出了该机的战术指标。提出不用雷达而用红外探测器，只装一门航炮。

叶正明在这个建议方案基础上，考虑了一个轻型歼击机的方案，后来被称为"东风"104。这个方案采用的新东西很多，机翼为采用大量蜂窝结构的三角翼、前缘扭转的薄翼型，飞机重量很轻。由于方案采用的技术当时国内根本无法实现，徐舜寿对这个方案的评价是"浪漫有余"。该方案于1958年6月停止设计。

但与"大跃进"随之而来的是一个又一个更富有革命浪漫主义的设计方案。

1958年8月6日,王西萍局长主持召开新机研制计划会议。经过会议讨论,认为设计室开始酝酿的"东风"104方案还应该大大地跨进一步。会议决定将"东风"104的马赫数提高到1.8、升限提高到20千米,改名为"东风"107,代号为"107"号机。

1959年四五月份,苏联航空工业部派了专家,正式提出他们对"东风"107的审核意见。这些意见影响到王西萍局长在哈尔滨一次会上决定了"东风"107的研制设计工作停下来。

"东风"107虽然停了下来,但因前期曾将这个方案送到了苏联请予评审,热情的苏联老大哥在认真评审、提出意见后,同意专门派一支飞机设计专家队伍到中国来,就该方案的有关问题进行进一步的讨论,其中有一位气动弹性专家努施塔也夫。

对于管德和颤振组的人来说,这是一个难得的学习机会。在这之前苏联还派来过一位专家马尔道夫,帮助审查歼教1飞机的图样,他也向我介绍了不少气动弹性方面的知识和经验。

潘一心回忆:

> 苏联派来一个专家组,其中有一位气动弹性方面的专家。当时"东风"107还是在方案论证阶段,没有详细的设计资料,我们只能设想一些方案,请他进行评审,从而进一步了解气动弹性在飞机设计过程中的工作内容与方法。
>
> ——潘一心访谈(2012年3月)

中国的气动弹性研究艰难地开始了在飞机设计中的应用。

当时,哈军工已经在搞"东风"113,这是一个以美国的F-

105为基础来设计、号称双25（马赫数2.5，升限25千米）的方案。

此后不久，赵尔陆带着徐舜寿、黄志千和叶正大到哈尔滨，去看了哈军工的"东风"113。看过以后，赵尔陆提出，你们怎么办？于是叶正大到外面买回丁字尺、三角板等绘图仪器，在招待所，3人一个晚上赶出了一个类似F-104的方案。指标也提到了马赫数2.0，升限20千米。

政治的因素掺杂到了飞机设计的技术方案讨论中，技术尖子们与他们敬仰的技术领导都陷入了迷茫之中。

"反右""反右倾"……一次次政治运动，在飞机设计室造成一次次剧烈的震荡，这是气动弹性力学无法解决的全社会的颤振。飞机结构弹性变形的不断扩大，会导致机翼破坏，在理论上被称为变形发散。而当时的中国，在政治动力的推动下，整个社会也在迅速地接近变形发散的状态。

黄德森回忆：

> 飞机设计室党支部一共有20来名党员。
>
> 管德入党很早（1952年），他对事物反应敏感，分析能力强，说话能抓住重点，言语尖锐，在112厂飞机设计室是有名的"管铁嘴"。他又是徐舜寿的才子派人物，在当时极"左"思潮的冲击下，由于他不是一个随波逐流、人云亦云的人，所以也成了"政治上被动式"的人物，尤其是在"反右"、红专大辩论等重大政治运动中，他几乎是"边缘式"人物，成为"左"派的议论对象。
>
> ——黄德森访谈（2012年3月）

黄德森认为，管德在历次政治运动中一直比较被动，可能是他对运动中一些问题有着自己独立的思考和认识的原因，也可能与他的家庭出身有关。他说管德很注意自己的言行举止，所以从来不是政治运动的积极分子，在"反右""反右倾"等运动中也没有被当做对立面。

黄德森对管德的印象是：

1. 事业心强，求真务实

他从四局机关主动要求到设计室，是为了飞机设计事业，他在工作中面向飞机设计实践，要当的是专家，是能解决实际问题的工程师。

2. 抓住机遇，刻苦钻研

在工作中几次转向新岗位，因为有创业精神，都能很好完成任务，不负领导重托。

3. 善于把专业技术和科学管理有效结合

作为一个专家能解决实际问题；作为一个组织指挥者，敢于面对实际，大胆领导，不说空话，敢于决策。

4. 又红又专

就是红落实于专，既不做空头的"左"派，也不做脱离实际的"专家"。

——黄德森《他是开拓能力强、政治意识强的技术专家》

由于专业不同，黄德森与管德虽然长期在一个单位工作，认识很早，但业务上联系不是很密切，但言语之中能体会到他对管德的钦佩。他说以上的几点也是他自己向管德学习的要点。

从当年一起组建飞机设计室的老一辈人的回忆中，可以突出地感受到：徐舜寿、黄志千、顾诵芬、管德这样一批中国最优秀的飞机设计人才，在当时的政治运动的旋涡里随波逐流，无奈地蹉跎着人生美好的年华。

"东风" 113

哈军工的"东风"113方案进入研制阶段后,设计室搬到了112厂,称第二设计室,原飞机设计室改称第一设计室。在112厂有限的制造能力之下要研制两个型号飞机,飞机设计室和哈军工之间展开了激烈的竞争。

管德有在四局工作的经历,与王西萍、段子俊、徐昌裕等局领导都非常熟悉,为了"东风"107与"东风"113之争,管德去找了徐昌裕。

徐昌裕,曾用名顾光,1914年3月17日出生于江苏省吴江县(现吴江市)一个高级职员家庭。1934年4月,在上海交大机械工程学院航空门读书期间,秘密加入宋庆龄等爱国人士发起的共产党外围组织"中华民族武装自卫会"。1935年参加上海"一二·九"运动。1936年在上海交大毕业后,进入南昌航空机械学校高级机械班深造,后留校任教。1938年初,他通过中共地下党介绍,抵达革命圣地延安,进入陕北公学,同年4月加入中国共产党,5月被派往中共中央军委军工局安塞茶坊机器厂(兵工厂),先后任工人训练班主任等职。因延安石油奇缺,1939年他被调到延长石油厂(军工五厂)任工务科长。

抗日战争胜利后,徐昌裕历任东北老航校修理厂厂长、机务处副处长。1949年11月建立人民空军后,徐昌裕被任命为空军工程部修理处处长。

1951年4月重工业部航空工业局成立。徐昌裕转到该局担任生产处处长。1952年航空工业局划归二机部,他被任命为主管飞机生产技术的副局长。1963年成立航空工业部后，任飞机生产技术司司长。1965年被任命为六院副院长。1978年他被国务院任命为航空工业部副部长兼航空研究院院长。1982年被聘为航空工业部顾问。

他是徐舜寿、顾诵芬、管德这些科技人员非常敬重的领导者。管德回忆：

> 他批评了我。他说："你这人神经有毛病是不是？好像113（"东风"113）已经停在机场了，你那么着急？它不还在纸上吗？"
>
> 我到四局的时候才20岁出点头，可以说是他们从小看着长大的，所以在他们面前想说什么就说什么，说错了，他们骂一顿就完了。
>
> ——管德访谈（2011年10月）

第二设计室的技术人员都是哈军工派出的师生，以后学校要恢复正常教学，老师们都撤回学校了，设计力量只剩下30几个人。因为"东风"107采用了一个"机翼可以抬起来"的方案，苏联咨询和国内的风洞试验都通不过，只能停下来。于是上级决定两个设计室合并，集中搞"东风"113。

徐舜寿考虑，两个设计室要合应该先做一些准备，提一个方案，想好应该怎样合。顾诵芬回忆：

> 于是派了我、管德、杜先宜（他当时已经从气动组转到总体组当组长了）去哈军工看一看"东风"113的进展情况。
>
> 1959年初，哈尔滨的冬天很冷，我们3个人去了，学校里冷冷清清，没有人出来接待我们。最后是宋文骢与我们见

面。他那时是少尉军衔，一见面就先发了一通牢骚，看得出是一肚子意见。他们的指导员在布置"反右倾"的事，他可能也有些事，还要他去学习。他对我们说："我还在学习呢，需要说些什么吧？"随便对付了我们几句就离开了。我们只好回到沈阳，把情况给徐舜寿做了汇报。

结果徐舜寿他们组建方案还没考虑好，那边已经正式下了命令。两个设计室合并，由哈军工飞机系军械专业的科主任王秀山任主任，他是少校军衔；副主任有罗时钧，都排在徐舜寿前面，然后是叶正大、黄志千等一大串，最后一名副主任是屠基达，下面各专业组组长都是哈军工的同志担任；气动组的组长是谢光，我是副组长。

——顾诵芬《我的飞机设计生涯》

1959年12月，112厂原第一设计室全部合并到第二设计室，组成"东风"113飞机设计室，即产品设计室（后来成为601所的主要组成部分），王秀山（哈军工一系军械科主任）为主任，罗时钧、徐舜寿、黄志千、叶正大、杨庆雄、黄序、屠基达为副主任。至此，"东风"107飞机的设计工作全部停顿。

"东风"113在设计时已经开始了对气动特性问题的考虑，著名的曹鹤荪教授担任了气动特性方面的顾问。

1958年，哈军工开始搞"东风"113，也有颤振问题。管德去跟他们沟通的时候，主要就是找曹鹤荪，他带着学生在做这一方面的工作，其中有一位是陈世豪。

——顾诵芬谈话（2012年5月）

两个设计室合并以后，"东风"113的气动弹性设计计算工作交由管德负责。

颤振是飞机结构最危险的气动弹性问题，是飞行器飞行中发生事故较多并且常常造成灾难性后果的一种气动弹性现象。颤振、失速和空中停车是飞行试验的Ⅰ类风险课目，而唯一不能人为控制的是颤振。正因为如此，颤振必须在结构设计的初始阶段就要认真予以研究，包括理论计算、缩比模型的高低速风洞试验、全机地面共振试验以及飞机颤振飞行试验等。

经过在歼教1飞机研制过程中的学习、实践，管德接受这项新任务以后，很快就发现"东风"113设计中存在重大隐患。

"东风"113的机翼蒙皮原来设计厚度是3毫米，不能满足防止副翼反效的要求。管德计算的结果是蒙皮厚度需要13毫米。

"东风"113原设计水平尾翼的转轴是直的，因为后掠角大，尾翼前有一部分悬空，在高速飞行中变形很大。管德建议改成斜轴，有人说，不行，这是中央政治局决定的。管德回忆：

>这不明摆着是吓唬人吗？中央政治局还管这些事啊？顶多是决策要上"东风"113这个型号的飞机罢了。还管用直转轴、斜转轴？
>
>但没有办法，他说了算。经过计算，转轴的直径要300毫米。程不时开玩笑说："你们这飞机的转轴都有水桶那么粗。"
>
>——管德访谈（2011年10月）

无休止的争论一直持续到1961年。

1960年12月，六院成立，"东风"113飞机由型号研制任务变为科研项目。1962年，米格-21飞机原文图样资料的翻译复制和摸透米格飞机工作的全面展开后，"东风"113飞机的研制工作彻底结束。

出色的组织才能

1960年11月20日，时任中央军委副主席、国务院副总理兼国防工委主任的贺龙元帅、总参谋长罗瑞卿、空军司令员刘亚楼一行在三机部部长张连奎、沈阳市委第一书记焦若愚陪同下，来到沈阳航空工业企业检查工作。

此前的几年中，由于受"大跃进"影响，工厂盲目大搞生产翻番，采取了精简技术和质量管理机构，下放技术、管理人员的迎合"左倾"思潮的举措，废除了许多原有的规章制度，致使工作责任制大大削弱，工艺纪律涣散，生产管理混乱，造成了严重的产品质量问题，3年未出优质飞机。

为期两天的视察，贺龙始终处于愤怒之中，他批评："全国人民不吃肉、不吃油、不吃苹果，勒紧裤带换来点外汇，进口点材料，都给你们糟蹋了。你们能忍心，能过意得去吗？"他要求："要原原本本按苏联图样从头开始，重新试制，不要修修补补，搞改良主义，要下决心一刀两断。"

那是共和国历史上被称之为"三年困难"的时期，人民群众不仅仅是没有肉、油、苹果吃。据112厂厂史记载，职工口粮不足（1960年10月起技职人员的定量压缩到每人每月27～28斤[①]），而且副食严重缺乏，蔬菜每年每人平均只能供应五六十斤，仅够吃两个月。缺菜时期，只吃少量的咸菜，有的人甚至连咸菜也吃不上，而用盐水就食。由此造成的职工营养普遍不足，体质不佳，疾病增

[①] 1斤=0.5千克。

多。1961年初，全厂浮肿病患者高达2570人，占全厂总人数的12.8%。

顾诵芬回忆：

> 1960年初的时候，沈阳市经济非常困难，当时窗户玻璃碎了，买不到玻璃修理，就拿一块三合板钉上去。暖气也不行，那年冬天特别冷，而且粮食定量很低，做饭的时候得想方设法增量，就是苞米面什么的得蒸两次，这样蒸出来的饭可以显得多一些。大家几乎都没办法工作了。
> ——顾诵芬谈话（2012年5月）

根据贺龙指示，工厂于1960年11月24日停产整风。叶正大带领飞机设计室一半的技术人员到工厂设计科，协助工厂从图样开始进行质量整顿。当时设计室主任徐舜寿因病住院，黄志千是党外人士，叶正大带队到工厂设计科后，党支部决定，留守人员由管德负责领导。那时的管德年仅28岁，在行政上没有职务，但他在这一段非常时期里，出色地完成了支部交给的任务。对此，顾诵芬有极为深刻的印象，他说："那时他已经表现出具有很强的组织管理能力。"

> 当时112厂遇到了歼6质量问题，停飞，要重新恢复。那个状况下，就把叶正大抽出来，把112厂的设计室将近一半的人员抽来帮112厂设计科重新发设计图样，叶正大带队。那么设计室留守没人了，所以整个设计室由管德来负责。那是最困难的时候，大家生活都很困难，在他的调配下总算是很安稳地继续工作。
>
> 那时徐总病了，黄志千是党外人士。
> ——顾诵芬谈话（2012年5月）

面对这样的困难局面，112厂根据中央和省、市委关于全党动手、全民动员大办农业、大办粮食的指示，在厂党委领导下，开展了"人人动手，户户种菜"的群众运动。管德的主要工作是组织大家共渡难关。

顾诵芬回忆：

> 白天都很难过，到了中午11时的时候，肚子饿得嗷嗷叫。为了生产自救，还得去积肥。那时候设计室分了一片地，在现在的626所边上，种地瓜，需要施肥。
>
> 就是在这样的形势下，管德出来主事。
>
> 管德那时候不是组长，什么行政职务也没有，就是支部安排的。
>
> 他在老设计室的时候一直很受重视。1959年、1960年，设计室很多活动都是他在牵头。那时候到农村去体验生活，就是他带队。他非常能干，那时他已经表现出具有很强的组织管理能力。
>
> ——顾诵芬谈话（2012年5月）

第六章
六院一所

航空研究院与一所

为了集中国防科学研究力量，加速发展我国国防科学技术研究工作，中共中央于 1960 年 12 月 20 日批准成立航空研究院——国防部第六研究院。1961 年 7 月 18 日，总参谋部以参科字第 32 号文批准六院成立 10 个研究所。

按照上级决定，将二机部航空工业局设在沈阳 112 厂的飞机设计室（243 人）、军事工程学院参加"东风"113 飞机设计的师生（39 人）以及空军第一研究所（711 人）全部集中起来，组建国防部第六研究院第一研究所（简称六院一所）。1961 年 8 月 3 日，六院一所在沈阳正式成立。

对于新中国的飞机设计事业来说，这是一次具有里程碑意义的调整和重组。六院和六院一所的成立也给当时处于艰难中的飞机设计室带来了新的希望。

周恩来总理签署任命书，任命刘鸿志为所长、翟曾平任政治委员。国防部任命徐舜寿、叶正大为副所长，负责科研技术工作；黄志千为总设计师，协助所长、技术副所长进行技术领导工作；在技术上实行以总设计师为首的技术责任制。

刘鸿志，1920 年 10 月出生于陕西省凤翔县。1936 年参加革命。1938 年加入中国共产党。抗美援朝战争时期任东北空军航空工程部副部长。1955 年任军委空军航空工程部党委委员、组织计划处处长。1958 年任空军第一研究所（简称空一所）所长。

新成立的一所共设 14 个研究室及 1 个综合试验室：

气动力研究室由王南寿任主任,秦丕钊(苏联茹科夫斯基航空学院毕业生)任副主任。后又任谢光(注1)为副主任。

下设3个专业组,谢光负责进气道,程映雪(注2)负责性能。在重新组建的气动力室,管德担任了颤振组的组长。

注释:

1. 谢光,1929年5月出生,江苏省宜兴市人。1949年参加革命,曾任四野第四十一军随营学校区队长、军政治部保卫部侦察员、军后勤部医训队区队长、宣传股文化教员。1953年2月入哈尔滨军事工程学院空军工程系学习。1958年8月毕业,留校任空军工程系助教。1961年8月—1962年10月任国防部六院一所空气动力设计研究室气动力组组长。1965年任室副主任、主任,后任总体设计研究室主任。1972年调往611所主持全所科研工作。1975年调往国防科工委工作,历任科研局副局长、国防科工委副主任。曾兼任中国国际战略学会高级顾问中国系统工程学会第二届理事,中国航空学会第二、第三届理事。1988年9月被授予少将军衔,1990年7月晋升中将军衔。是第八、第九届全国人大代表,第八、第九届全国人大教科文卫委员会委员。

2. 程映雪,1932年出生,安徽首霍邱人。1950年毕业于哈尔滨工业大学,分配到部队任翻译。1951—1958年在苏联学习。1958年起,在国防科委、三机部所属研究院(所)工作。历任工程师、高级工程师、主任、处长。1985年起,历任劳动部职业安全局副局长、劳动保护技术学会副秘书长、秘书长,劳动科学研究院院长,现为教授级高级工程师,享受国家政府特殊津贴。

一所的技术尖子

六院一所成立以后,徐舜寿关于建所的思想得到了所长刘鸿志和所领导班子的全力支持。

601所的所史中记述了研究所建所初期科技人员的状况:据1961年底统计,全所当时共有科技人员523人,占全所人数的46.5%,其中大学毕业的共有287人,其中既参加过飞机设计又有生产经验的则不到15%。统计表明,这支队伍的技术素质并不高,基本上没有成功研制一架飞机的整套经验,特别是占绝大多数的1960年以后毕业的大、中专毕业生和从使用维护研究转向飞机设计研究的人员,迫切要求在实际工作中学习、锻炼和提高。因此,大力开展技术业务学习,尽快提高科技人员的技术业务水平,以适应科研工作的需要,成为当时最为紧迫的任务。

经过与叶正大、黄志千讨论,徐舜寿向所党委汇报并征得同意,所技术委员会对培养人才的问题进行了研究并形成关于人才培养的专题报告。1963年10月4日,专题报告以一所名义呈送院科技部和院政干部,题目为《关于技术干部培养方面的几个问题》。

报告中将技术骨干分为三类:第一类为技术尖子,第二类为尖子培养对象,第三类为一般骨干;并列出了对各类人员具体的培养措施。报告写道:

> 研究和确定我所技术骨干队伍
> ① 第一类——技术尖子
> 其标准是根据聂荣臻元帅指示"对那些有特殊才能的,特

别努力钻研的,有较大成就的人,采取重点培养,重点支持"。对此3个方面的要求不能有所降低,确定技术尖子共7名,为占现有技术人员的1.6%(不包括1963年入伍学员)。

他们都是1952年以前参加工作,搞过仿制机种和自行设计工作……

一所当时确定的7个技术尖子是由徐舜寿亲自提名的,为此,他在"文化大革命"中做了多次检查。在一份检查中,徐舜寿写道:

在一所时,1963年间按院要求上报了"尖子"名单,为:方宝瑞、顾诵芬、管德、沙正平、冯钟越、陈一坚、李文龙。这7人的名单是党委通过的,但主要是我们技术指挥线提的,而且主要是我的意见。

——徐舜寿《文化大革命残稿》(1967年检查提纲)

一所确定的技术尖子,是按照聂荣臻元帅的指示进行的,徐舜寿把其中的3句话——"有特殊才能的,特别努力钻研的,有较大成就的"视为3条标准,经他严格审视和精心选择,管德等人符合标准。

徐舜寿的提名得到了所技术委员会和所党委、所长的认可。

颤振分析程序与试验方法研究

六院一所成立以后,气动弹性组的一项任务是在当时国内计算机技术基础上,开展气动弹性计算方法的研究。潘一心回忆:

六院一所成立，向部呈报了《小展弦比机翼的颤振研究》课题。

　　在管德的主持下，对气动弹性研究做了全面规划。1963年在电子计算机上首先建立了颤振分析程序和静气动弹性分析程序，并进行了高低速风洞试验研究。

　　　　　　　　　　——潘一心《飞机气动弹性研究概况》

　　从1961年开始，一所和北京中国科学院计算技术研究所合作，利用该所的104型数字电子计算机（注1），进行了颤振分析的研究工作。

　　据潘一心回忆，到1963年，编制完成颤振方程求解程序及与之配套的非定常气动力计算程序、结构柔度影响系数程序和结构动力分析程序。这是国内第一套颤振分析程序。颤振方程的求解采用$V-g$法，相当于美国NASTRAN程序系统中的$K-g$法。结构柔度影响系数，或用"矩阵位移法"，或用"矩阵力法"，或者按梁理论简化的刚度计算程序计算。结构动力分析采用的是矩阵迭代法。亚声速不定常气动力采用的是核函数法，或简化的修正片条理论。超声速不定常气动力采用的是点源解和格网法，或简化的活塞理论。

　　在这几年中，管德和潘一心等人在北京的生活、工作条件极为艰苦。

　　当时六院刚成立，据当年参加六院筹建工作，以后担任了六院副院长的许明修回忆，最早的六院由于没有起码的办公地点，院长唐延杰亲自出马商借了天津卫戍区一个师部的营房。后因实在太不方便，1962年春，又借地处北京太舟坞的六所（今621所）的一栋新建成的集体宿舍和一个大饭堂，院机关即在此办公。直到1963年8月25日，六院院部才迁至北苑。

　　六院一所创建之初保留有原空一所在南苑的一部分人员和设施。最早到北京的几个人开始在空一所在空军工程部的招待所收留处办公和住宿，后迁到南苑空一所，给了他们一间办公室、两间宿舍。1962年6月空军党委决定恢复空一所，同年8月将南苑使用维护研究室及部分党政干部、技术工人、工勤人员共265人及相应物资设备移交空一所。这样一来，管德、潘一心他们就不能再在南苑住下去，于是到了太舟坞六院院部所在地，借用几间平房作为宿舍。

对这一段时间的工作和生活，潘一心记忆很深：

> 六院一所成立不久，管德、陈世豪和我到北京与中国科学院计算技术研究所合作，进行颤振分析的研究工作。开始住在空一所在空军工程部的留守处，在工程部的军官食堂用餐。空一所在空军工程部的留守处有一间办公室、两间宿舍。
>
> 由于种种原因，只住了几个月，就离开了空军大院搬到地处东高地的空一所。空一所在北京的南部，而计算所在西北郊，路途要穿过北京市区。每天天不亮就要上路，晚上才能回到住地，平时很难在食堂吃饭，经济上压力也很大。长途奔波、营养不良，是非常艰苦的。
>
> 很快，空一所在南苑的那一部分又从一所分出去了，我们在南苑那个地方也待不住了。我们又搬到了六所的招待所。所谓招待所，仅是一间冬天用火炉取暖的平房。我记得1963年的冬天，刘所长来看我们时，说了一句很诙谐的"客不修店"，意思是太乱了。4~5个人挤在一起办公、住宿，还要管着炉子不要灭了火，能不乱吗？那个地方到科学院稍微近一点，但也得倒一次车，太舟坞到颐和园，倒一次车，再到中关村。
>
> 后来六院机关搬到了北苑，在那一栋楼里给我们留了两间办公室，条件就好一点。

——潘一心访谈（2012年3月）

管德对这一段时间的情况也有很深的记忆,他回忆:

> 开始属于空军管,我们出差到北京中国科学院计算技术研究所,但按部队规定不让住一般的招待所,计算所自己有招待所,就在计算所附近,但不让我们住,让我们住空军工程部,还派了一个政工干部负责管理我们。
>
> 后来,空军工程部不让住了,就让我们住南苑,我们要用的计算机是计算所的,每天早上起来,先得从住的地方走20分钟到东高地,因为当时只有那里才有公共汽车,我还记得是41路。从东高地坐到永定门,再倒车坐到中关村,中关村下车以后,还要走半个小时才能到计算所。那个时候不堵车,要用两个小时多点时间,要放现在,那一天时间就全在路上了。
>
> 因为沈阳没有电子计算机,颤振计算没有电子计算机不行。
>
> 气动弹性问题分为静气动弹性和动气动弹性两点。颤振属于动气动弹性问题领域。颤振现象是气动力、结构弹性力和惯性力三者耦合的结果,颤振的发生与机翼结构的振动特性密切相关。因此,要在飞机设计中预先考虑好应对由于颤振带来的影响,就必须对机翼进行颤振特性的数值计算,颤振计算取决于机翼各阶固有振动模态。
>
> 在当时先进的颤振计算方法有多种,我们整年就在北京弄这个,天天早出晚归,中午在计算所吃顿饭,我们这一段时间搞得还算可以,总算把颤振计算的一套东西学会了。
>
> ——管德访谈(2011年10月)

他还讲到了,为了应用当时国内最先进的计算机,他们还曾经到上海(注2)去。

管德在谈及自己的工作和成就时，经常会用一种轻松的、不以为然的语气，调侃中不失幽默。一句简单的"总算把颤振计算的一套东西学会了"，包含着数学模型的建立、算法软件的编制和大量计算验证。这当然不仅仅是学习，而且有消化、吸收和创造、创新，更重要的是他们在中国当时航空科研和计算机应用还处于较低水平的条件下，为赶上气动弹性专业的世界先进水平所做出了自己特殊的努力和贡献。

在中国科学技术协会编纂的《中国科学技术专家传略》中，对管德在这一阶段工作的贡献有这样的介绍：

亚声速飞机大都采用大展弦比平直翼面，可以用二维理论。对超声速飞机，翼面的展弦比较小，必须使用三维非定常空气动力理论。国外计算任意翼面形状和振动模态的三维非定常空气动力计算方法，20世纪50年代也才问世。由于计算工作量特别大，必须采用先进的数字计算机进行。当时国内数字计算机刚刚投入使用，最好的也仅是每秒1万次。于是管德领导的气动弹性专业组于60年代中期率先在我国第一代电子管数字计算机上进行超声速三维非定常空气动力的计算。

在冯康（注3）先生的指导下，他们提出了与国外方法不同的使用速度势方程点源解的马赫线网络法。对于前缘后掠的翼面，在超声速气流中，垂直于前缘的气流分速，有亚声速和超声速两种情况，前者处理起来比较复杂。管德主要解决了两个问题：

1. 当时的计算方案，是把翼面分成马赫线网络，气流参数需要从翼面顶点网络开始，逐格推算。但在亚声速前缘条件下，翼面顶点网格包含翼面和翼外两部分，需要解决它的流动参数取值问题。

2. 在亚声速前缘条件下，还需要解决翼外网格的流动参数的计算问题。

经过计算，这个方案和国外当时使用的方法精度相当，适用范围相当，但对计算机的要求较低，适合于我国当时的计算机条件。

这种方法在后来用于解决歼8飞机的颤振试飞阻尼下降问题中也发挥了作用。

——林顺《中国科学技术专家传略·管德》

管德和他的团队所做的工作载入了中国《空气动力专业史》，其中这样写道：

气动力数值计算方法的研究和发展，与数字式电子计算机的发展和应用密切相关。我们在20世纪50年代末才开始引进电子计算机，最先运用电子计算机于空气动力数值计算的是分析颤振所需的非定常空气动力，早在1960年，112厂设计室颤振组工程师管德、陈世豪等为了确定超声速歼击机的颤振设计点及其分析计算，与科学院计算所协作；在冯康教授的指导下，建立了采用特征线坐标下菱形格网点源解法求解超声速振动翼面上非定常空气动力的数值计算法。这个计算方法是自己建立的，计算结果与线性理论精确解吻合较好，在与60°三角翼颤振试验结果相比时，计算的颤振速度在超声速前缘下约差15%，而在亚声速前缘下误差则较大。随后通过向苏联中央流体力学研究院专家咨询和消化国外文献，认识颤振危险点是在跨声速区。根据当时的技术水平和物质条件，要想解决跨声速非定常气动力的数值计算是根本不可能的，唯一可行的办法是通过低速或亚声速颤振分析，然后对它进行压缩性修正来推测跨声速颤振特性。因而，在1961年又以美国国家航空航天局（NASA）报告R-48为基础，建立了亚声速核函数法，并编制了相应的颤振计算机程序，这两个程序都是在科学院104计算机上进行运算的。为了进一步研究超声速非定常气动力的数值计算方法，1964—1975年，601所与701所协作，曾对以线化理论为基础的核函数级数法、核函数小格法、影响系数法、递推法等数值计算方法进行全面的分析计算与评价。

在北京的这一段时间里，他们与航天系统的同行们保持着密切的联系。顾诵芬记得：

航天十院701所的崔尔杰（注4）逝世一周年的纪念会，有人发言中回忆起管德与崔尔杰的关系。当时因为航天系统的研究条件好，崔尔杰他们搞颤振的基础比沈阳还好一些。所以管德就指定陈瑞禧、潘一心，还有几个人，密切关注701所颤振方面的研究工作，要跟他们结合，认真向他们学习。

就是说他已经跟那些同行有联系、接触，而且很关心国内各方面在气动特性专业方面的发展。

1963年那一段时间，他们几个经常是住在701所的，就是云岗西路那里。

管德跟崔尔杰关系一直很好。

——顾诵芬谈话（2012年5月）

注释：

1. 104型数字电子计算机是以苏联 БЭСМ-Ⅱ 为蓝本制造的，是中国第一台大型通用电子计算机。1958年一季度开始研制，中国科学院计算技术研究所安排张效祥负责。104型计算机的研发队伍，由中国科学院计算技术研究所、四机部（15所）、七机部

（706所）和部队（总参56所）等4个单位组成。北京有线电厂和中国科学院计算技术研究所工厂生产加工，共生产2台。104型电子管计算机有22个机柜，主机、电机组机房各占地200米^2。全机共用4200个电子管，4000个晶体二极管。字长39位，容量4K，每秒运算1万次，内存2048个全字长磁芯体，2台2096全字长卧式磁鼓。1959年9月，104型计算机及配套外部设备正式投入运行；1961年10月，通过国家鉴定。

2. 20世纪60—80年代初，上海计算机工业发展极其迅速，并研制成功一批国内有影响的大、中、小型各类国产电子计算机，主要有X-2型晶体管计算机；J-101型低速集成电路计算机；691（TQ-5A）型数字集成电路计算机；TQ-16（709）型通用电子计算机；生产量大、应用面广的DJS-131小型多功能电子计算机；每秒运算100万次的655（TQ-6）大型数字通用计算机，以及每秒运算达350万次的905工程乙型计算机等产品。上海1966—1981年电子计算机产量总和占全国同期计算机总产量的53.6%。

3. 冯康，1920年9月9日出生于江苏省南京市，原籍浙江绍兴。1939年春季，他考入福建协和学院数理系学习，1939年秋季重新考入重庆中央大学电机工程系学习，两年后转物理系，1944年毕业。毕业后他的科学方向转为数学。事实上他在大学时期兼修了电机、物理、数学三系的主课，这一基础背景对他后来的发展也起了独特的作用。

1957年以前，冯康主要从事基础数学研究，在拓扑群和广义函数论方面取得了卓越的成就。

根据国家十二年科学发展规划[①]，我国要填补电子计算机研制

[①] "国家十二年科学发展规划"指《1956—1967年科学技术发展远景规划纲要（修正草案）》。

与应用领域的空白。1957年，冯康由中国科学院数学研究所调往新成立的中国科学院计算技术研究所，参加我国计算技术与计算数学的开创工作，其后为中国科学院及全国范围内计算数学队伍的组建、培养及发展做出了多方面的重大贡献。

1957—1978年，冯康在中国科学院计算技术研究所任副研究员、研究员，负责科学与工程计算及计算数学的学术指导工作，他的科研方向转为应用数学与计算数学。作为计算数学这门新兴学科的先行者和带头人，他特别重视理论和实践的结合。冯康先生的业绩中就有"飞机机翼气动力颤振性计算"。

1980年，冯康当选中国科学院院士，同年起任国务院学位委员会委员。

4. 崔尔杰，空气动力学家。1935年11月10日生于山东省济南市，籍贯河北高阳。1959年毕业于北京航空学院空气动力学专业。1980—1982年曾在美国普林斯顿大学机械与宇航工程系做访问学者和客座研究员。1999年当选为中国科学院院士。航天科技集团航天空气动力技术研究院研究员，曾任中国力学学会理事长、亚洲流体力学学会副主席。先后担任中国科技大学、清华大学、北京航空航天大学、山东工业大学等兼职教授，西北工业大学空气弹性研究所名誉所长，中国科技大学工程科学学院院长，长期从事航天飞行器非定常气动力与空气弹性、风工程与工业空气动力学等方面的理论与实验研究。为解决型号研制中遇到的许多空气动力学和空气弹性力学问题做出贡献；在非定常流与流动控制等基础研究方面，取得多项创新成果。对非定常增升机制、钝物体旋涡脱落模式、多物体干扰等提出新见解，发展了涡致振动的非线性振子模型，提出抑制涡致振动的多种途径，对工程实际有重要意义。主持被列入"国家火炬计划"的全垫升气垫船研制和被列入"九五"国家科技攻关计划及国家重大科技成果产业化计划的"地效飞行器"项目的技术工作，解决了一系列关键技术问题，已开发出多种型号投入国内和跨国航线运行。提出建立地面效应空气/流体动力学的框架设想并对其内容做了充实与发展。

摸透米格-21

20世纪60年代初期，中苏关系破裂，苏联撤回了派到中国来的全部专家。

1961年2月，赫鲁晓夫突然给毛泽东写信，表示愿意向中国提供米格-21歼击机的制造权。

米格-21歼击机是当时世界上最先进的新型歼击机之一，如果苏联政府真有诚意将它的制造权转让给我们，无疑是我国航空工业的一次转机，不但可以解决空军后继机种告急的问题，同时也可让我们的飞机设计、制造部门在吃透米格-21歼击机各种性能基础上，设计制造出我们自己的新型歼击机。

按照中央的决定，1962年5月，六院和四局下达了《关于共同组织"米格-21"飞机技术摸底，为仿制及进一步自行设计做好准备的联合指示》。米格-21飞机又被称为62式飞机。在所长刘鸿志，副所长徐舜寿、叶正大，总设计师黄志千等领导下，摸透米格-21成为建所后的第一项重大任务。

1963年7月下旬，六院徐立行副院长在一所主持召开了六院摸透米格-21飞机技术报告会。在这个会议上，一所共宣读了22份技术报告。其中徐舜寿做了由徐舜寿、黄志千、沈尔康、蒋成英4人署名的《62式机关键技术问题和研究方案》的报告。这份报告集中了62式机的主要关键技术问题的摸透情况，受到与会代表的高度重视。一所顾诵芬、管德、肖声、冯钟越、李克唐等分别做了气动力、气动弹性、弹射救生装置、强度计算等专题报告。一所二室气动弹性组组长管德的技术报告为《摸透62式飞机中的空气弹性分析》。

此次会议并整理出版了《摸透 MиΓ-21 飞机经验汇编》。会后，摸透工作进一步向纵深发展。

到 1964 年 6 月，米格 - 21 飞机第二阶段的摸透学习基本完成。这期间，完成了米格 - 21 飞机强度计算报告校核、机头锥强度计算等 39 项课题任务；进行了 27 项高速、低速吹风试验；进行了进气道地面试验、刚度试验、共振试验等 64 项试验。通过这些计算与试验，一方面补充和校核了设计资料，同时学习和掌握了计算和试验方法。

在摸透米格 - 21 飞机的过程中，为了深入消化其设计思想和设计方法，并在消化的基础上达到创新的目的，开展了一系列的课题研究工作。如在气动力方面，进行了大量的吹风试验，以验证试飞员手册中规定的数据和理论计算结果，从而建立自己的气动力分析方法。为了掌握强度计算中所用的外载荷计算方法，基本上摸清了米格 - 21 飞机所使用的强度规范。为使翼面的结构达到既重量轻又安全可靠，探讨了采用计算机进行数值计算的气动弹性分析和静强度分析的方法。飞机的温度、振动环境等是新机设计时必不可少的原始数据。为此，收集了大量的国外资料，并积极促进实测工作。

601 所所史中对总体、气动力和强度计算设计研究室的工作做了概述和小结：

总体、气动力和强度计算设计研究室，围绕技术关键进行较多的理论计算（如米格 - 21 飞机的强度计算报告校核、机头锥强度计算、小展弦比机翼的强度与刚度计算、米格 - 21 飞机战斗性能分析、空气动力特性校验计算、重量校核和惯性矩计算等 15 项研究课题）和试验研究（如在低速、高速风洞中进行的空气动力特性试验、颤振模型试验、进气道地面性能试验、刚度试验、飞机共振试验、操纵系统模拟试验和飞行试验等14项试验)。通过这些试验和理论计算,一方面补充和校核设计资料;另一方面,学习与掌握计算和试验方法,积累资料,以满足仿制和自行设计的需要。

1964年8月,管德担任气动室副主任,被授予大尉军衔。

这次技术人员入伍是随着六院的军队编制进行的,时间不长。1965年5月31日,一纸通知,管德与一所的所有人员集体转业。通知是以六院一所政治部名义发出的:"根据中共中央决定,我院集体转业。管德同志随院于1965年6月1日退出现役,转业地方工作。"

从穿上军装到脱掉,不到一年的时间。

1964年8月,管德被授予大尉军衔

国防科委第十六专业组

1963年底到1964年初,国防科委主任聂荣臻元帅根据钱学森建议和机关的意见,组建了国防科委第十六专业组——空气动力专业组。

这是代表着中国空气动力学最高水平的组织,组长为钱学森,六院副院长徐立行、国防科委一局局长刘绍先、北京航空学院副院长沈元、五院三分院副院长庄逢甘为副组长。专业组的成员为科研设计部门及院校的著名空气动力学专家、教授。经徐舜寿推荐,顾诵芬和管德成为气动专业组的成员。

顾诵芬回忆，这个专业组真是研究问题的。他记得自己曾将摸透米格-21时遇到的一个问题提给了专业组。这个问题是在收到米格-21资料后，发现其中方向稳定性数据与自己在风洞试验时测得的数据差了10倍。

> 那个专业组，真的是研究问题的。我们在专业组提出了米格-21吹风与资料提供数据的差别的问题，专业组进行了多次认真的讨论。
>
> 我记得有一次在友谊宾馆讨论，钱学森也来参加了。
>
> 六院七所的同志对这个问题也没有底，各种想法都有。当时做模型吹风试验，天平杆是从飞机尾后部插进机身的，为了模拟发动机喷流，尾段加了一个圆筒形的环。他们搞气动的同志说，你们方向稳定性吹得那么大，可能是加了这个环引起的。钱学森听了说："如果这个环真有这么明显的效果，那就可以不要垂直尾翼了，弄个'环'不就行了吗？"把这个说法顶了回去。当时用了多种方法试，都没有弄清楚。
>
> ——顾诵芬《我的飞机设计生涯》

那时的顾诵芬和管德都是30岁出头的年轻人，在全国顶尖的专家、教授和空气动力学前辈面前，他们已经可以平等地讨论技术问题。

第七章

歼8飞机

单发还是双发

1964年初,第一阶段摸透米格-21飞机的技术工作胜利结束,六院同意一所在以主要力量继续进行摸透、仿制米格-21飞机的同时,抽出部分技术力量进行新机方案的探讨研究。

1964年5月,六院唐延杰院长,曹丹辉、徐立行副院长在一所主持召开"米格-21、伊尔-28飞机改进改型方案会议"。

1964年10月,六院一所召开"米格-21机改进改型预备会议",唐延杰院长、曹丹辉副院长参加并主持了会议。在这次会上,唐院长做了讲话:

> 我们主张衔接,即仿制工作进行到一定程度,就开始自行设计。……现在应该把重点转移到自行设计上去了。……从形势来看,由摸透转到自行设计也是必要的。

601所《歼8飞机研制史》上写下了这样的一句话:"唐院长的讲话吹响了新机研制的进军号,调动千军万马全面开展新机研制工作。"

歼8飞机由此开始研制。

那时候的管德是气动室颤振组组长,没有参加这次会议,但他与全所的技术人员都在关注一个关键问题——新机采用一台发动机(单发)还是两台发动机(双发)。当时一所提出的两个初步方案分别为:1. 采用两台815或改进的815发动机作为新型号动力装置,即"双发"方案;2. 采用六院二所自行研制的、推力为8500

千克力的发动机为动力装置,即"单发"方案。

在1964年10月六院召开的改进改型预备会议上,本着"初战必胜,争取时间把成果拿到手"的原则,一致同意先搞"双发"方案并决定采用两台改进的815发动机(以后定名为815甲)作为新机的动力装置。

歼8的研制中,管德的任务是气动弹性的分析计算,他领导下的工作在歼8总体方案形成中成绩显著。

601所《歼8飞机研制史》中记载:"歼8飞机在技术上的成功处之一是,控制住了机翼重量,没有按面积的平方向上涨。这主要是由于管德同志所领导的颤振分析工作,在摸透米格-21机的基础上发现米格-21机载刚度上还有潜力可挖,并采取了相应的措施;其次,参照美国F-4B、F-86飞机残骸,采用了一些新成果,而不是照搬苏联。"

"文化大革命"之初

1966年5月18日,一所党委书记于达康、副书记宁秉一分别参加了由三机部副部长段子俊和沈阳市委召开的紧急会议,听取了部、市关于"文化大革命"的部署。19日,所党委召开紧急会议,部署一所的"文化大革命",决定机关、设计室每天抽出半天时间搞"文化大革命"。

5月底到6月初,这是令全党、全国、从高层领导到普通百姓都猝不及防的时期。"文化大革命"浪潮汹涌澎湃,自6月4日起,在不到一周时间内,一所内就贴出大字报3000余张,跟产队也贴出大字报700余张。一时间,所内盛传全国各大专院校令人难以置信的狂乱动向，科研生产秩序开始不正常。

一所党委与全国多数单位的党委一样，按照历史的经验和对"文化大革命"的理解，组织了对所内"反动学术权威"的大批判。首当其冲的是徐舜寿。

当时的徐舜寿早已于1964年7月13日调任六院十所（603所）任技术副所长兼总设计师，但所党委认定他在一所影响太大，所以通过六院领导，把他从阎良叫回来接受批判。在徐舜寿之外，加上了陈嵩禄、肖声和管德，作为"反动学术权威"徐舜寿的黑线人物。所党委组织群众批判，楼前楼后、楼里楼外，揭发批判的大字报铺天盖地。

"文化大革命"中政治风云变幻，随着对"打击一大片，保护一小撮"资产阶级反动路线的批判，所"文化大革命筹委会"成立。紧接着8月5日毛泽东"炮打司令部"大字报迅速传播，所党委轰然倒下。按照中央部署，群众斗争的大方向转向了对领导班子"一小撮"重点人的批判。徐舜寿、管德等所谓的黑线人物被丢弃一旁，实行劳动改造。当时一所大院内空地很多，野草遍生，劳动的内容就是拔草。

"文化大革命"时期，徐舜寿向造反派组织写下的交代材料底稿，至今被夫人宋蜀碧保存着。这些残稿有厚厚的四大本，其中一篇清楚地记录着"文化大革命"初期他在一所的经历。

……

8月24日，一所二室又贴出大字报，要求我劳动，我当即通过工作队党委和行政处后去食堂，第三天又有大字报不准我在食堂劳动，故改为拔草劳动。

9月初，专案组通知我：一、每天拔草劳动两小时，其余时间继续检查。二、外出要请假。三、一周汇报一次。

我户外劳动继续到11月，天冷以后，就改在招待所做些室内劳动，因我有肺气肿病，冬天容易气喘，故12月后劳动不多。

……

——徐舜寿《文化大革命残稿》（1967年4月）

徐舜寿在文中讲到了"拔草"，与他一起被罚拔草劳动的有管德。

1967年4月1日，徐舜寿回到十所，很快就受到"造反派"组织的残酷迫害。1968年1月6日，徐舜寿含冤离世。

对于徐舜寿在"文化大革命"中的不幸遭遇，管德至今感到心恸，他回忆起那一段时间的经历时讲道：

因为徐舜寿家已经迁到阎良，所以每天下午就回招待所了。这么耗着，他闲得难受，就跟所里的人说，是不是给我找两篇文章翻译翻译，于是就在招待所里翻译了美军飞机操纵性规范和一本英国研究院对操纵性研究的测评文件。

拔草的时候我们俩在一起。我想如果就这么下去，他真死不了。以后把他弄到阎良去，说让他工作、发挥作用，那叫什么发挥作用啊！回去以后又是两派，一派肯定是捧他的，有捧就有打的，这就变成风口浪尖了。

——管德访谈（2011年10月）

2001年，601所为纪念徐舜寿出版了一本纪念文集——《一代宗师徐舜寿》，其中收入了管德写的纪念文章，题目是《深切的怀念——<徐舜寿传>读后》，文中写道：

徐舜寿老师离开我们已经33个年头了。

1952年9月，我从清华大学毕业后被分配到当时的二机部四局办公室工作。一到，被暂时安排在办公楼里住，正巧和他一个房间。虽然长幼悬殊，就这样算是相识了。

后来，我被分配去编当时局里的一本刊物。他那时先后是生产处生产准备科的副科长、飞机技术科的副科长、飞机生产技术处的总工艺师，经常为刊物写点东西，算是工作上有了点联系。

1956年，他受命在沈阳飞机厂组建我国第一个飞机设计室，任设计室主任。年底，我也被调到设计室当设计员，开始在他领导下工作。

无论是我开始一年做飞机外形设计还是后来从事气动弹性专业的工作，他给我的指导和教益，都是难以忘怀的。

我从学校出来，做了4年机关行政工作，转向飞机设计的技术工作无疑是有许多困难。在分配我做飞机外形设计工作时，他把自己有关的书籍借给我阅读，把他过去做飞机外形设计工作时的整套技术资料也交给我参考。

我转向气动弹性专业时，由于这个专业要求的知识面广，国内又是第一次做，困难更多一些，他不但亲自为我找出当时为数很少的专业书籍，指导我制定学习和工作计划，还聘请国内这方面的老专家来指导。他不止一次地亲自听取我的读书报告和工作汇报，把我的工作报告转给国内的老专家审阅，还专门邀请了好多位专家共同审查，并由他亲自主持。他指导我用正确的方法进行学习，以便跟上飞速发展的航空科学技术潮流。他把我这样一个刚刚30岁的后生晚辈推荐到当时国防科委航技委第16专业组理论分组，并且亲切地要求我通过这些难得的机会，认真向老一辈专家学习。

更令我难忘的是他对人、对事的实事求是精神。据我所知，在几个大的政治运动中，凡是他认识到是正确的东西，他都是直言不讳，而不是去顺从那些他已经认识到是不对的潮流。这当然就给他带来了许多困难，使他经历了不少坎坷，而他并不后悔。这确实是难能可贵的。

他到设计室以前的情况，我只有一点浮面的感觉，知之不深。

从设计室组建伊始，他就重视发挥那些肯于钻研、努力工作，又有培养前途的年轻技术骨干的作用，并加以培养。但是，在那时的条件下，其中有一些同志被认为是"红专关系摆得不好"，甚至于是"只专不红"的。为了这个，从设计室一成立，就有激烈的争论，他还受过不少责难。"反右"开始，情况更加严峻。但是，他仍然不止一次地在党内为了正确对待和使用这些同志而据理力争。有时，争论可以说是白热化的。

随着"大跃进"的开始，"左"的思想越演越烈，在用人上的分歧，也就越来越严重，上纲也越来越高，终于成为他的"右倾机会主义性质错误"的重要内容之一。

但是，33年后的今天，回过头来看一看，当年他加以培养的年轻同志，有的已经成为我国具有国际影响的航空工业第一流专家，全国人大代表，劳动模范；有的则在各自不同的领导岗位上，为我国的社会主义现代化事业贡献力量。而30多年以前，他对这些同志的扶植、培养和保护，却成了他的严重"罪状"。

对于"大跃进"中的反科学的浮夸，他从不妥协。

当歼教1飞机上天以后，我曾经心血来潮，忘乎所以，在设计室的黑板报上写过一首诗。他把我叫到黑板报前，指着其中的"穿音跨热但等闲"的句子，严肃而又悄悄地说："这可不像你说的那么简单！"

在考虑歼教1以后的飞机设计时，他明确地反对"浪漫主义"，力主以当时已经开始仿制的歼6飞机为原准来设计强击机，这就是后来由320厂研制、今天还在使用的强5飞机。他反对"不要超声速风洞也能设计超声速飞机"的意见。当上级决定立即在沈阳建造我国第一座高速风洞后，他说："我兴奋得一夜没有睡着。"这就是我国最早投入使用的高速风洞。

对于毫无根据地提高飞机设计指标，漫无边际地加快规划进度；对于把飞机设计中需要进行大量科研、试验才能解决的课题，写出题目，往工厂文化宫的舞台上一挂，开全厂大会"抢关键"；对于随意废除设计工作中的规章制度、任意简化设计图样之类的做法，他都明确地表示过不同的意见。

一言难尽。凡此种种，终于招致了在全厂大会上对他的公开批判（我也是批判他的发言人之一），最后把他定为"犯有右倾机会主义性质的错误"，只是没有加上"分子"二字而已（这是别人私下告诉我的），以致他身为飞机设计室的主任，竟然连设计室党支部的委员都不是。他曾经非常气愤地说："一个设计室的主任连支部委员都不能当，我只有辞职！"但是，他仍然兢兢业业，未尝有丝毫懈怠。

1962年扩大的中央工作会议之后，他的处境有了好转。但是，当时在是否开始自行设计飞机的问题上，他曾多次上书陈词。曾经有好心的同志劝他，这种意见说过几次就可以了，不要一提再提。他仍然坚持陈述他希望早日开始自行设计飞机的意见。据说，这也多少给他带来了一些麻烦。

未几，"史无前例"开始。他先是从西安被"揪回"沈阳，在当时极其严峻的形势下，他除了被批判、被强迫劳动之外，仍然在为国家翻译技术资料，仍然对于贴在他住处门上的充满不实之词的大字报，表示严正的愤慨。

尔后，他又回到西安。他本来已经患多种疾病，但是得到的不是对于一位老一辈专家应有的保护，而是变本加厉的迫害，终于在51岁时就离开了人世，终于没有能够等到"林彪反革命集团"的覆灭和"四人帮"的垮台，终于没有能够见到十一届三中全会的召开。

"金无足赤，人无完人"。徐舜寿老师当然既非足赤，也非完人。但是，我也多少受了一些"为尊者讳，为死者讳"的影响，暂时停笔。

千秋功过，还是留待我们的子孙后代去评头品足吧！我们的责任是把素材忠实地交给他们。

该坚持的还是坚持

1968年七八月，"文化大革命"进入了"清理阶级队伍"阶段，所里的"群众革命组织"按照中央精神大办学习班，管德、顾诵芬和程映雪一起进了气动室办的学习班。

在"文化大革命"中，管德之所以一开始就受到冲击，应该与他的性格有直接关系。"文化大革命"前的"四清"运动中，室里的人给他提意见，他"一条一条全给驳了回去"，所以下不了楼。

"四清"，即社会主义教育运动，时间从1963年至1966年上半年"文化大革命"开始之前。开始阶段，内容包括在城市开展的"反贪污、反浪费、反官僚主义"运动（"三反"）和农村开展的"清账目、清仓库、清工分、清财物"运动（"四清"），后来统称为"四清"运动。"四清"的内容也进一步明确为"清政治、清经济、清思想、清组织"。从当年中央转发上海市委《关于上海城市"四清"运动的情况报告》中，可以看到在城市开展"四清"运动的做法。

"在自下而上地发动群众、揭开干部中'四不清'问题的同时，各单位普遍召开了党委扩大会议或三级干部会议，上面动员，下面揭发，相互批评教育，把充分发动群众和启发干部自觉革命结合起来。"对于存在的问题，《情况报告》中讲道："有些工作队由于对运动的性质、重点认识不明确，在斗争中面宽了一些。有的把干部一般性的缺点、错误，不加分析地提高到两条道路的问题上斗争了。有些干部的政治历史问题，过去已经交代并做了结论，也没有发现新的问题，这次又重新拿出来批判斗争。有的有'怕漏不怕错'的情绪，对一些犯错误的干部，已经做了检查和交代的，仍扭住不放。"

"下楼"即干部在检查、交代自己的问题并得到群众谅解、最终确定可以获得解脱的形象说法。"下不了楼"也就是被群众"扭住不放"。

管德回忆：

> 其实照理说我应该怕，因为我出身不好，但实际上我该坚持的还是坚持。"四清"的时候我是室主任，人家给我提意见，我认为那些意见根本不实事求是，就一条一条全给驳了回去。这样一来，我就"下不了楼"了，一直挂在那里，没下来。"四清"本来是让干部做检讨的，但我说，你们说的全都不对！我逐条加以反驳，不是笼统的，而是一条一条的。某人揭发检举我什么问题，我针锋相对——不是那么回事，你说的不对。
>
> 就这样，"四清"就一直没有能"下楼"。
> ——管德访谈（2011年10月）

毛泽东发动"四清"运动，主要是要运用阶级斗争的方法，广泛开展社会主义教育运动，以防止修正主义的出现，并从思想上挖掉资本主义和修正主义的根子。到 1965 年,毛泽东对"四清"运动已不感兴趣。这一年的 5 月,陪同毛泽东上井冈山的湖南省委第一书记张平化要向他汇报一下湖南社教的情况,毛泽东说:"不用汇报了,情况我都知道。现在看来光搞社教运动不能完全解决问题。"

1967 年 2 月 8 日,毛泽东会见阿尔巴尼亚劳动党中央书记处书记卡博以及国防部长巴卢库谈话时指出:"过去我们搞了农村的斗争,工厂的斗争,文化界的斗争,进行了社会主义教育运动,但不能解决问题,因为没有找到一种形式,一种方式,公开地、全面地、由上而下地发动广大群众来揭发我们的黑暗面。"

基于毛泽东这样的考虑,"四清"运动到 1966 年上半年开始让位于蓬勃开展的"文化大革命"。

"文化大革命"开始了,"四清"中"下不了楼"的管德很快就被打入另册。

1968 年 2 月 5 日,《人民日报》《解放军报》发表了题为《华北山河一片红——热烈欢呼河北省革命委员会成立》的社论,社论中在"毛主席最近教导我们"后面用黑体字引用了一句话:

办学习班,是个好办法,很多问题可以在学习班得到解决。

毛泽东的指示迅速落实到全国,各地大办"毛泽东思想学习班",而在实际上,学习班成了"造反派"组织和新的"当权派"整人的工具,一些单位甚至将其演变成为整肃被审查者的一种形式。"文化大革命"开始被党委组织批判的管德,又被"文化大革命"中的当权者关进了"学习班"。

"文化大革命"中把我关进了学习班,叫我检讨。我说,我为什么要检讨?我就不检讨。他们说我同意所里某一派的观点,我说没错,他们也是革命群众组织,我同意他们的看法,这有什么好检讨的?他们闹不过我,只好说算了、算了。

我从小就不是那种乖孩子,老师说什么就是什么,规规矩矩,而是很有自己主见的。所以我"四清"下楼下不来,"文化大革命"解放也解放不出来,老是被放在了最后。

——管德访谈(2011年10月)

这是管德的特点,他认为这一点有些受父亲的影响。"这有点像是父亲性格的翻版,特别犟。我父亲脾气坏,我也脾气坏。但是我到设计室以后管颤振组,工作上不敢随便。"

冯家斌回忆:

管德这老伙计跟一般人不一样。他搞技术,但有时候特别横,甚至可以说是"霸道"。对我们专业组的人都挺好,但对除了我们以外的那些人,谁要说一些什么他不满意的话,火一点就着,他会跟人家干仗。看不顺眼就说:"我就不干,怎么的?"

——冯家斌访谈(2012年3月)

管德在沈阳受到冲击的同时,他在北京的家也同样受到冲击。鼓楼附近的家被查抄,并被勒令搬出。

"文化大革命"以后落实政策,给我们家补偿了一些房产,给的房子还不少,但鼓楼那个院子一直没有退还给我家。前不久我二弟从加拿大回来,他去看了一下,回来告诉我说,原来就是一排北房,现在都改了,建了两排东西厢房,但也没什么人住,在那空着。

——管德访谈(2011年10月)

歼 8 首 飞

就在这样的形势面前，管德和所里的大多数技术骨干、工人群众仍然坚持着把歼 8 飞机的研制放在了一切之上，忍辱负重，顽强地继续着研制工作。

601 所《歼 8 飞机研制史》中记载：

"1965 年底，开始了歼 8 零批飞机试制的准备工作，1968 年六七月歼 8 试验机 01、02 架相继总装完毕，这期间，歼 8 飞机的试制工作虽然遭受'文化大革命'动乱的严重干扰和破坏，但是广大科技人员、工人和干部，在党中央和各级组织的关怀领导下，发扬'一不怕苦、二不怕死'的献身精神，采用设计与生产搭接的办法，实行'三结合'，共攻技术难关，终于在不到 3 年的时间内成功地试制出歼 8 零批飞机，在我国自行设计制造歼击机的道路上迈出了可喜的一步。"

"是什么力量支撑着这些科技人员，使他们在含冤受辱的情况下还有这样难能可贵的作为呢？"曾任 601 所党委宣传部部长的冯广来在一篇文章中这样设问并给出了回答：

中国工程院院士、当时的 601 所空气动力室副主任管德同志，在后来的回忆中道出了歼 8 创业者的精神世界："当时只有一个想法，歼 8 飞机是成百个单位、成千上万人的劳动结晶。决不能因自己的得失荣辱，损害这成千上万人的劳动。"原来是爱，是对航空事业的爱，是对歼 8 飞机的爱，是对人民血汗的爱，是拳拳航空报国心。虽然那段谬误的历史委屈了他们，但他们还是以德报怨，以才报国。

——冯广来《歼8——历史丰碑》

1969年7月5日，歼8飞机实现首飞。

飞行试验是飞行器、动力装置及机载装备在真实的飞行环境条件下进行的各种试验。飞行试验贯穿于研究、设计、鉴定、生产和使用全过程，并借助于大量精确的测试手段获得实际试验数据资料。

飞行试验分为型号飞行试验和研究性飞行试验。型号飞行试验要完成多种任务，因此也分为调整试飞（又称发展试飞）、鉴定试飞（俗称定型试飞）、使用试飞、出厂试飞和验收试飞。

首飞以后首先面临的是调整试飞（Development Flight Test）。

新型飞机的调整试飞用研制的原型机进行，其目的在于经过试飞暴露问题，并通过不断地修改设计，使其达到设计要求，为鉴定试飞做准备。一种新飞机的飞行试验一般都需要有数千次起落。

首飞成功对于顾诵芬、管德带领的这支飞机设计团队而言，意味着还有更加严酷的考验在后面。

是磨难也是历练

首飞是新研制型号的原型机首次升空的飞行。新机的研制中，首飞仅仅是一系列飞行试验的开始。

首飞之前，虽然已经就飞机的气动布局、进气道喘振等进行了多次风洞试验，但实际飞行中的振动现象是风洞试验无法模拟的。顾诵芬曾经讲道："振动的问题，风洞试验根本就无法看出来。"

（顾诵芬《我的飞机设计生涯》）

在管德的记忆中，歼8飞机在飞行试验过程中，振动问题有4种类型：

> 试飞员反映，飞机一起飞就振动。原因是起落架护板的分离气流打到平尾。歼8飞机的起落架护板是参照米格–21设计，是斜的，与气流方向有较大的夹角（–45°）。但米格–21没有这个问题，因为米格–21的水平尾翼是在机翼弦平面之上，护板在机翼下，所以护板分离流打不着水平尾翼，而歼8的水平尾翼是低于机翼弦平面，起落架一放下来，尾流正好打在水平尾翼上，造成振动现象。经改变起落架护板的角度，振动显著减小，达到可以接受的程度，解决了第一种振动。
>
> 第二种振动是打开减速板时振动得厉害，经减小减速板开度，振动减小到了可以接受的程度。为解决第三种振动花费时间最长。
>
> 当飞机飞到马赫数0.86的时候，整个飞机振动。开始分析以为是由于采用两台发动机引起的。两台发动机并排，机身就变得很宽，所以怀疑是不是机身收缩得太厉害，造成了气流分流？为了实际观察，顾诵芬还在机尾罩上贴了毛线，他自己乘坐米格–19教练机上天去看有没有气流分离现象，并且在飞机尾罩上开了一圈阀门，希望把分离流吸进去，也没有能解决问题。后来我看凡是双发飞机（米格–19、米格–23）都有很大的机尾罩，只有歼8飞机把机尾罩给切了，使两台发动机的两股喷流交叉之后有一块空穴，后来参照双发飞机，加大了机尾罩才解决了问题。
>
> ——管德访谈（2011年10月）

当时虽然还处于"文化大革命"当中，但经过"破四旧、全面夺权、派性斗争、文攻武卫"等动乱最剧烈、社会灾难最严重的阶段以后，社会上最初的政治狂热得到了充分的宣泄和释放，群众中已经有更多的人开始有了更多的理性思考，而为了对混乱状况加以约束，毛泽东号召群众组织实现大联合，正确对待干部，并派人民解放军执行"三支两军"（即支左、支工、支农、军管、军训）任务，派工人毛泽东思想宣传队进驻学校，此间批发了多项命令、布告，以制止武斗蔓延，维护社会秩序，保护国家财产。

由于歼8飞机的研制任务具有很高的政治意义，因此601所、沈飞公司参与歼8研制工作的干部职工和技术人员从"文化大革命"一开始，就在尽力克服派性的干扰，把全部精力投入到研制工作中。1969年的中共"九大"召开以后，党内高层在酝酿着新的斗争，而社会上的混乱现象得到了某些扭转，歼8研制工作的外部环境也有所改变。

在《回忆与思考》一书中，刘鸿志动情地写道：

> 无论社会上如何动乱，歼8生产在这里总能正常进行，厂内其他机种的生产已全部瘫痪，而这里的歼8研制仍在加班加点。原因何在？根本动力在于有一个共同的信念和愿望：一定要研制出我国自己设计的高空高速歼击机。让我们向这些平凡而伟大的普通劳动者致以崇高的敬礼，感谢他们在特殊的时期，为歼8研制做出的特殊贡献。
>
> ——刘鸿志《回忆与思考》

顾诵芬的职务是所副总设计师，尽管在运动之初受到了很大的冲击，但到了1969年，在一线遇到关键难题时，他还是处于实际的技术领导岗位上。

在解决了马赫数0.86时振动的难题以后，1970年3月，当歼8飞机刚刚跨过马赫数1.24时又出现了激烈的横侧振动，飞机左右晃动，机头摆动很厉害，速度减下来，振动就消除了。对这一次振动，顾诵芬印象非常深刻。他在回忆时甚至用了"惊慌"一词。

> 鹿鸣东下来跟我们说了情况，大家都有些惊慌，好不容易花了几个月排了马赫数0.86时的振动，现在又振了。
> ——顾诵芬《我的飞机设计生涯》

如果对歼8飞机研制的历史环境有所了解，就一定会理解顾诵芬的说法。

一年前的六七月份，歼8飞机02架全机静力试验没有通过。加载到92%设计载荷时，机身主要分段的地方38框突然折断了。这是一个设计与技术质量问题。顾诵芬曾经在回忆录中讲道："实际上是加工有问题，图样要求使用4毫米钢铆钉进行铆接，工厂错用了3.5毫米铝铆钉，不纯粹是设计问题。设计也有些缺陷，38框没有搭接的地方，纵向长桁都在一个面上断开，连接全靠带板。"（顾诵芬《我的飞机设计生涯》）

但在"文化大革命"期间，一切问题都被"上纲上线"（注1）了，当时与冯钟越一起负责该项试验的赵沛霖曾经回忆："由于这次试验未能达到100%的要求，王南寿、冯钟越和我，在'反动技术权威''顽固不化的走资派'之外，又加上了'阶级敌人在关键时刻，起到了关键的破坏作用'的罪名。这次试验的失败，也给那些泼冷水、吹冷风的'算账派'提供了攻击歼8飞机的炮弹。"（赵沛霖《回忆歼8飞机两次全机静力试验》）

在歼8飞机的研制过程中，不断有人吹冷风。

601所1987年编写的《歼8飞机研制回忆录》中，有时任歼8试飞领导小组办公室和三机部、六院歼8联合指挥部办公室负责人的高仲云写下的一篇《艰难曲折的历程——我对歼8飞机研制工作的几点回忆》，其中写道：

……每当遇到问题，我们与困难搏斗时，总会有人吹来阵阵冷风，妄想把歼8机扼杀在摇篮里。在歼8没有上天前有人说："歼8是黑线上的，必将随着'二月逆流'的垮台而垮台！"有些不明真相的人也推波助澜地说："歼8飞起来就得摔掉！歼8快要完蛋了！歼8已经不干了！"……甚至三机部军管会的一位领导也说："歼8飞机简直像一个刺猬，拿也不是，丢也不是；就像推到半山腰的轱辘车，推也不是，放也不是！"简直把歼8机说得一无是处。

遇到技术问题，技术人员尤其是技术领军人物，本应带领大家集中精力分析原因、研究解决措施，但在当时浓郁的政治运动气氛中，要想沉下心来并不容易。在回忆排除这一次振动现象的过程时，顾诵芬讲到了两个非常关键的人——管德和鹿鸣东（注2）。

　　那时管德也解放了，我们一起研究，但大家真有些一筹莫展。这时，鹿鸣东念了一段毛主席的语录："我们的同志在困难的时候，要看到成绩，要看到光明，要提高我们的勇气。"丝毫没有谴责设计员的意思，就是一个鼓励的态度，这给我们鼓舞很大。

　　　　　　　　　　——顾诵芬《我的飞机设计生涯》

"管德也解放了"，对于顾诵芬来说，这无异是增添了有力的臂膀。在一次谈话中，他讲道："在大家都有些无所措手足的时候，管德很冷静。这是很不简单的，那时他刚刚从学习班解放出来。"

管德没有辜负顾诵芬的希望。经过认真分析，管德指出了问题的症结，也提出了解决问题的措施。

管德认为可能是方向舵嗡鸣,提出将方向舵液压助力器关掉,这样活塞两边的筒里都有油液,一旦有振动,即产生阻尼,变成阻尼装置,以此可以判断是否嗡鸣。老鹿说行,就这样飞,果真解决了问题,很快就把振动制住了。这种振动就是因跨声速操纵面上的激波移动引起的振动,称为"嗡鸣"。

——顾诵芬《我的飞机设计生涯》

　　今天看来,提出一个解决技术问题的方案应该是非常平常的事,但在当时却要承担很大的政治风险。1972年春,03架歼8飞机第二次进行全机静力试验。当所科研生产指挥组的负责人王奇通知,这一次试验在强度上由赵沛霖负责时,他对老处长王奇说的一番话生动地反映了技术主管人员的处境和心态:"这次试验成功了还好,可是万一失败了,我的脑袋可要搬家了;我的出身不好,社会关系也比较复杂,我原来管的室里边还有好几个'五一六'分子未做结论呢,都加起来够我呛啊!"

　　可以想见,顾诵芬、管德当时精神上所经受的压力绝不比赵沛霖小。

　　歼8研制中为解决振动问题花费时间最长。

　　由于我国航空科研体制的原因,工业部门的设计与研究工作都在飞机设计研究所一个单位内进行。刘鸿志在《回忆与思考》中,列举了当今世界上航空科研最先进的美国、苏联、英国、法国和德国。他写道:"这里的5个国家尽管在国内的体制、组织结构上各有差别……这5国在航空科研体制上有一个共同的认识:航空科研是一种有规律可循的活动。研究机构的设置,其规模与职能任务的确定,应遵循航空科研活动的规律。"

　　在这些航空强国中,航空科学技术方面的基础性、探索性的研究由专门的科研机构完成,而飞机型号的设计、研制则由企业或工业部门完成。这样的体制使飞机设计研制时已经有雄厚的技术储备。而我国的体制则使得飞机设计部门在新机研制中缺少必要的技术支持，不得不花大量的时间精力去解决带有基础性、理论性的问题。歼8飞机的振动就是属于这样的问题，因此601所的飞机设计师们必须从解决高速空气动力学涉及的基本问题做起。

对这一点，顾诵芬和管德的看法是：

> 因为飞机毕竟是一个复杂系统，所以通过试飞暴露问题、解决问题是会发生的，还不能完全说是预先研究不够。但反过来确实有预研不够的问题。后来"飞豹"也出现跨声速振动，横侧振动把方向舵飞掉了。所以，20世纪90年代的时候，管德建议专门研究一下方向舵舵面嗡鸣的问题。部里飞机局接受了建议，在北苑2号院原来老食堂边上的小食堂里开了几天会。讨论中管德有发言，说这些事在设计之前应该充分地做工作。
>
> ——顾诵芬谈话（2012年5月）

从1969年首飞以后，到1970年3月25日，在112厂所进行的调整试飞，共计飞行38个起落，22小时，最大马赫数1.82，最大高度17500千米。按上级要求，完成调整试飞后，转场至阎良630所继续试飞。

> 第四个是方向舵嗡鸣。在1977年9月，04架歼8机飞低空大表速时，飞机突然振动，将垂尾翼尖振坏。1979年5月又一次将垂尾翼尖飞掉。为了解决这个问题，开始是用加阻尼筒的方法。但是，阻尼值很难控制，于是，沙正平提出在垂直稳定面后缘加边条，固定住激波位置，解决了问题。
>
> ——管德访谈（2011年10月）

沙正平与管德是清华大学的同班同学，1929年出生，江苏省南京市人。1952年，他从清华大学航空学院飞机设计专业毕业后，被分配到了112厂设计科，历任设计组组长、设计科副科长。1959年调入飞机设计室，在总体组、气动组任设计员。1961年，随飞机设计室并入一所后，历任专业组长、室副主任、所副总设计师、所科技委主任。1982年加入中国共产党。

副总设计师沙正平的这一建议获得了国防工办的奖励。

注释：

1. "上纲上线"，"文化大革命"时期最为典型的一种思想方法、工作方法和话语方式。"纲"指"以阶级斗争为纲"；"线"指无产阶级与资产阶级两条路线的斗争。表现为把一般问题、非原则问题当做原则问题看待、处理，使其显现出特别的严重性。在科学理性看来，具体做法是小题大做、吹毛求疵、神经过敏、夸大个别现象，无限制地从个别跳跃到一般，超越概念的固有外延，随意地联想，无根据地到处虚设假想敌，用僵化的框框武断地曲解复杂的社会现象，并导致侵犯人权的严重后果。

2. 鹿鸣东（1937—2009），1937年10月15日出生于辽宁省建平县。1960年毕业于空军第四航空学校。在航校学习期间，他每学一个新机均第一个放单飞。由于成绩优秀，毕业后被学校留下当教员。1968年，组织选派他飞当时我国最先进的歼7飞机，他仅用了短短3个月时间，就可以直接飞歼7，并用于执行战斗值班任务。歼8飞机研制中，他为首批试飞员。先后飞了126个起落，攻克了最大速度飞行、飞机功能和性能鉴定、复杂特技飞行等难关。在试飞过程中，他凭借高超的技术和丰富的经验，正确果断地处理了空中停车、气象条件变坏又遇无线电设备故障等事件，操纵飞机安全返航，为歼 8 机研制成功做出了突出贡献。

之后，鹿鸣东又相继完成了难度更大的新机试飞。他综合所学理论，总结飞行经验，编写了多部飞行教材，为空军带出了一大批某型飞机试飞员。在担任第一试飞大队大队长期间，他驾驶战鹰完成了高难度课目试飞任务。先后荣立沈空二等功 2 次、三等功 2 次。1978 年 10 月被空军授予"雷锋式干部"称号，1985 年又被授予特级飞行员称号。1986 年 6 月，鹿鸣东从北京空军学院转业到 112 厂工作，担任沈飞副总经理兼飞行指挥员，负责新机科研和试飞工作。在沈飞工作的 15 年间，他荣获国家科技进步奖特等奖 2 次、二等奖 3 次，荣立部级一等功 10 次，曾获"振兴航空工业先进人物""先进工作者""国家级专家""国家中青年有突出贡献专家"等荣誉称号，为航空工业的发展做出了重大贡献。2009 年 2 月 17 日因病逝世。

水 平 尾 翼

1961 年，四局邀请了苏联专家来对"东风"107 方案进行咨询评审。

当时，"东风"107 的设计工作实际上已经完全停止了，于是就在 112 厂设计科大楼里腾出了房间，由徐舜寿牵头，组织了顾诵芬、冯钟越、管德等几个人，把已经放弃的"东风"107 方案重新又捡了起来。

这是苏联第一次派设计方面的专家组来我国，带队的是苏联航空工业部外事局局长，来的专家中有曾获列宁奖章的米高扬设计局的总体组组长，还有几位从事空气动力学和气动弹性研究的老专家，其中有后来担任俄罗斯中央流体力学研究院（ЦАГИ）副院长的比施根斯，他是实际上的专家组组长。

在咨询过程中，苏联专家告诉管德，设计时要早点把后机身和水平尾翼做出来，通过共振试验看看水平尾翼到底怎么样。这位专家讲到在飞机设计中对颤振一定要重视，设计飞机时，不仅要进行颤振计算，还要在风洞中进行模型试验以确定颤振临界速度。飞机研制成功后，还须进行飞行颤振试验。

管德回忆：

> 我们在研制歼8飞机时还是接受了这位专家的意见，早早把后机身加水平尾翼加工出来了。我们在设计计算时确定的水平尾翼振动频率是30赫兹，一做共振试验，只有15赫兹，这就麻烦了，水平尾翼变成问题了，怎么弄？
>
> ——管德访谈（2011年10月）

经过认真分析，得出的结论是问题出在安装助力器的加强框上。设计的结构是驱动水平尾翼的助力器顶在两个加强框上，但加强框后没有用于支撑的纵向构件，所以助力器工作中会产生结构变形，刚度上不去。

管德坦诚地说：

> 这是工厂的一位老师傅告诉我的，他说："你这个东西没根。这是工人的说法，叫没根。"他说："你的这个加强框还行，但是框的前后都没东西，当然刚度上不去。"
>
> 这样才算把前后的纵向构件改了，刚度提高上去了。但再提高也不到30赫兹，也就是18～20赫兹吧，没办法了，就加配重。一加配重，好多问题都出来了，振动形式不一样了，花了好多的时间。最后的解决办法是在歼8飞机水平尾翼的尖上

加了配重。

——管德访谈（2011 年 10 月）

管德直言："这显然是原来的设计就有问题，这是我们的事。"

冯　钟　越

管德在清华大学学习的时候，冯钟越与他同班。

冯钟越，1931 年 12 月 31 日出生于北京，祖籍河南省唐河县。他的父亲是国内外著名学者、北京大学教授冯友兰。母亲任载坤毕业于北京女子师范学校，是辛亥革命前辈任芝铭的女儿。1952 年从清华大学航空系毕业时，与管德一起加入了中国共产党。

作为先进青年和刚加入中国共产党的新党员，冯钟越放弃了留校和去昆明工作的愿望，与管德一样愉快地接受了组织分配。管德留在北京局机关，冯钟越则被分配到 112 厂，在叶正大任主任设计员的设计科担任主管设计员。1961 年，徐舜寿、黄志千、顾诵芬等人从北京来到沈阳组建飞机设计室时，冯钟越与李文龙、汪子兴、吴孟伟、李克唐、张颖芝、林梦鹤、席炆、赵智明、王培宏等技术骨干一起，随叶正大进入飞机设计室。冯钟越担任了强度计算组组长。

在歼教 1 飞机的设计过程中，冯钟越主管歼教 1 飞机的强度工作。他主持制定了强度计算方案，拟定了全机静力试验大纲和试验任务书，协助实验室领导组织了全机静力试验的准备工作。

1979年5月,赴美考察时与冯钟越(右)合影

在管德开始进入气动弹性力学领域的时候,冯钟越也参与了学习、研究。1960年,冯钟越在《国际航空》刊物上发表了《小展弦比机翼的气动弹性问题》的论文。1963年,冯钟越与管德翻译出版了冯元桢的英文版专著《空气弹性力学引论》(国防工业出版社)。

《空气弹性力学引论》正式出版

在工作和学习中，管德与冯钟越相知互信，在事业上相得益彰。

1965年，歼8飞机的设计研制刚刚起步，一所总设计师黄志千不幸在出国考察时因空难牺牲，一所领导决定组建由王南寿负责，蒋成英、顾诵芬、冯钟越、胡除生等组成的技术办公室，在叶正大副所长的直接领导下担当起歼8飞机总设计师的责任。冯钟越主管结构、强度、试验工作。

1970年2月，经中央军委批准，601所歼9型号大队（四大队）在成都组成601所分所，同年12月，改为"中国人民解放军第611研究所"，冯钟越担任了611所强度室主任。

1973年，冯钟越调任飞机结构强度研究所（623所）副所长兼总工程师。

1976年，以冯钟越任主任工程师的"航空结构分析系统（简称HAJIF）"的研究工作展开，管德参加了该项工作。1979年9月，"航空结构分析系统Ⅰ型（HAJIF－Ⅰ）"通过技术鉴定。该系统是我国首次研制成功的大型、通用、效率较高的航空结构静力分析应用软件系统，是航空工业的重大科研成果。曾获三机部、国务院国防工办1979年科技成果奖一等奖。

1982年10月，冯钟越因病逝世于北京。

冯钟越去世后，他的姐姐、著名作家宗璞写了一篇纪念文章《哭小弟》，用女性文学家细腻的笔触写出了冯钟越的风采、才华和志趣。

"小弟白面长身，美丰仪；喜文艺，娴诗词；且工书法篆刻。父亲在挽联中说他是'全才罕遇'，实非夸张。如果他有三次生命，他的多方面的才能和精力也是用不完的；可就这一辈子，也没有得以充分地发挥和施展。他病危弥留的时间很长，他那颗丹心，那颗让祖国飞起来的丹心，顽强地跳动，不肯停息。他不甘心。"

管德对冯钟越的惋惜之情也反映出自己特有的性格。

心系歼 8 试飞

01 架歼 8 飞机在初步排除马赫数 0.86、1.24 振动和起落架、减速板振动之后,在 112 厂机场继续进行调整试飞,最大马赫数飞到 1.82,高度飞到 17500 米,共计 38 个起落、22 小时。经上级决定,1970 年 5 月 12 日,飞机转场至 630 所继续进行试飞。

在 112 厂机场第一阶段的试飞,是在断开方向舵助力器情况下进行的,马赫数 0.86 和 1.24 的振动只能说是初步排除。飞机离开沈阳以前,试飞员告诉顾诵芬、管德,振动现象还有。对于这架飞机能不能顺利完成转场任务,管德始终心存疑虑。顾诵芬回忆:

歼 8 Ⅱ 在沈阳试飞了一段以后要转场到阎良,临转场前,试飞员反映说尾巴还振,管德有点不放心了,对我说,怎么样?我们再去看一看。中午我们就跑到 112 厂机场去了,就看方向舵的间隙。最后,管德摸了摸,说让它先走吧。

还好是先到南苑,一个小时不到就飞到了。然后再飞到阎良。

——顾诵芬谈话(2012 年 5 月)

歼 8 飞机这次转场,第一站是到北京南苑机场。

在北京,歼 8 飞机共进行了 3 次飞行表演。5 月 21 日,国务院、中央军委有关领导人观看了表演。5 月 26 日,时任中央军委负责人的林彪、总政治部主任李德生等观看表演，校阅飞机。5月28日，邓颖超、李先念等国务院领导人观看了飞行表演。

6月24日，歼8飞机由北京转场到陕西阎良630所，继续进行第二阶段的试飞。601所派出了孙绍孔等15人的跟飞组。7月21日，歼8试飞领导小组下达的《歼8飞机第二阶段试飞大纲》中规定：第二阶段试飞的重点是测定非机动高空高速性能。试飞需要45~48个起落，35小时左右。

> 管德对试飞确实关心。1971年他刚被"解放"出来不久，还是受军宣队控制的时候，他突然跑到阎良试飞现场来了。因为要飞大速度，飞行员还是愿意听管德的。
>
> 后来所里从沈阳来信说管德是有问题的，应该回去。当时在现场管事的是孙绍孔，他不管那一套，说试飞要紧，管德不能回沈阳，所以就留了下来。
>
> 第二阶段的试飞，几个起落以后，飞到表速1000千米/时，这次是由一个年轻的飞行员试飞，飞机振得厉害。飞行员很紧张，不知道该怎么处置，下来以后坐在一旁半天没说话。那次是平尾固定螺钉松了，间隙大，振得确实很厉害。后来是管德把这一故障排除了。
>
> 他对飞机的颤振问题真是非常当回事的，心里老在琢磨。政治运动中的那些事，他不管。
>
> ——顾诵芬谈话（2012年5月）

601所《歼8飞机研制史》中记载："到1971年5月底，01架歼8飞机共飞行51架次，初步排除了方向舵振动、后机身温度偏高等故障，飞机的基本性能、带外挂性能都已试飞过。最大马赫数达到2.25，最大高度达到20800米。"

"这个人很厉害"

1978年9月,601所正式恢复总设计师办公室,顾诵芬被任命为总设计师,管德、赵沛霖、吴正勇、邱宗麟被任命为副总设计师。歼8机的研制工作逐步走上正轨,一些重大技术关键问题也逐步得到了解决。

1979年5—6月,歼8飞机的设计总结报告完成,1979年11月,通过了空军预审,准备12月正式定型,请空军审查组进入。

1979年12月30日,歼8白天型设计定型资料审查
(左起:顾诵芬、钟敏昭、管德、邱宗麟)

顾诵芬回忆:

当时空军内部领导层的意见不一致。空军司令员对歼8不知为什么这样反对,他的态度是原则上不让定型,与其他领导人的意见很矛盾。曹里怀副司令员认为是可以定型的。先来了

一批人，吵了好久，有些事提得毫无道理，一些连跨声速这些术语都不懂的人也在参与。在讨论这些问题时，鹿鸣东是试飞员，他的意见很关键，他说了是算数的。他倾向于我们的意见，结果弄得空军对他也很不满意。这样一直扯到了12月30日。

——顾诵芬《我的飞机设计生涯》

时任总体室副主任的杨凤田参加了那次会议。

杨凤田，1941年出生，辽宁省义县人。1964年哈尔滨军事工程学院毕业被分配到沈阳601所，一直从事飞机总体设计工作。历任设计员、研究室副主任、主任、所副总设计师、技术副所长。

管德与杨凤田

在一篇回忆文章中，杨凤田叙述了会上管德发脾气的情景。那时他对管德还不是非常熟悉，通过这件事，他觉得"管德这个人很厉害"。

1979年12月下旬，我们一起参加了歼8白天型设计定型技术审查会。由于航定委主任、空军副司令员曹里怀与空军司令员张廷发意见不一致，会开得十分艰难。在112厂大白楼对过的会议室，每天都要开到半夜才能散会。记得有一天晚上，双方争论得十分激烈。管德当时十分生气，一拍桌子，宣布

601所参会的人全部退出，后来在顾总的劝说下，大家才回到会场，当时给我的印象是管德这个人很厉害。

——杨凤田《管德与歼8Ⅱ》

最后，航定委主要成员曹里怀（空军副司令）、周兆平（六院副院长）、叶正大（国防工办副主任）、段子俊（三机部副部长）等来到会场。曹里怀说他主张赶快定型，这一表态，形势急转直下，经过最后半天讨论，认为没问题，可以定型，挂账的就只是霹雳3导弹。

会议开到12月31日晚上10时结束，歼8飞机正式定型了。

贡献与成果

在歼8飞机的研制中，管德做出了贡献，也收获了气动弹性研究方面的成果。

1964年，歼8飞机开始研制。管德主持了歼8飞机研制中的气动弹性专业设计计算和试验，创造了国内该专业领域多项第一次。

歼8飞机的机翼设计中，采用了多种优化方法，把机翼蒙皮分区，相应的梁分段，构成设计变量。包括每个设计变量的颤振速度对质量的导数为常数的方法；有约束的数学规划法，包括用最陡上升方向，以最小的变量变化求得尽可能大的颤振速度；最佳矢量方法，在总重量不变的条件下，求得最高的颤振速度。机翼的优化设计中只用了尺寸变量，简化了优化过程。

歼8飞机的垂尾优化设计中，应用了拓扑变量（垂尾面积、展弦比、前缘后掠角、翼根蒙皮厚度、翼尖蒙皮厚度）。歼8飞机的平尾设计，考虑了翼面刚度和操纵系统刚度、驱动器刚度和驱动器支持刚度，并且还考虑了结构非线性（系统间隙）的影响，分别在频率域和时间域考虑了系统刚度和初始条件的影响。

歼8飞机设计中，在国内首先应用三维的非定常空气动力计算。计算中使用了国外刚刚推出的核函数法和偶极子网格法，并在不同参数条件下通过风洞试验验证了计算的可靠性。

歼8飞机研制中，进行了多种风洞试验。在试验方法和模型设计方面，管德做出了创造性的贡献，包括对机翼，把蒙皮刚度分到邻近的梁和肋上，形成了准结构相似模型的跨声速风洞试验；用半模型得到了机身平尾组合对称状态的跨声速风洞试验；用弹性机翼模型进行的跨声速风洞测压试验以及方向舵嗡鸣试验、低速风洞抖振试验等。

歼8飞机的颤振飞行试验也是国内第一次进行。由于使用的传感器频率范围不对，测到的都是高频噪声，无法应用。管德改用测量飞机静稳定性的传感器信号，得出了可用的结果，完成了飞行颤振试验。

《空气动力专业史》记载了管德主持下的这一工作。

颤振风洞试验的目的是研究飞行器的临界颤振特性，即该飞行器在某特定的马赫数条件下发生颤振时的临界颤振动压和临界颤振频率。颤振模型是按几何相似和结构动力相似的条件设计的，颤振的风洞试验研究是在20世纪60年代初摸透米格-21时开展起来的。为了摸透米格-21飞机的颤振特性，并开拓颤振试验的新技术，601所在管德主持下，从1962年开始组织人员设计了一批模型，先后进行风洞试验。那时试验方法比较原始，在低速风洞中是通过逐步增大风速来寻找模型的颤振临界速度和频率，在跨声速风洞中是在固定马赫数的前提下，通过逐步增大动压来寻找颤振临界速度和频率。1964—1965年，在北京大学低速风洞进行过米格-21飞机单独翼面和全机的颤振试验。1965—1969年，在FL-1风洞中先后进行了平板、强5、米格-21单独翼面的高速颤振试验。

在60年代，颤振试验要直接寻找颤振临界点，模型极易损坏，不得不在风洞中加装安全装置。对低速风洞，试验段加装了安全网；对高速风洞，安装了专门的安全夹。70年代后期，高速风洞颤振试验时不再采用直接寻找颤振临界点的办法，所以不再用安全夹了。

60年代摸透米格-21的试验结果表明，米格-21飞机的机翼和垂尾颤振余度较大，通过试验还发现了平尾颤振速度随平尾翼尖配重的变化规律，从而掌握了全动平尾防颤振加配重的设计方法。在此基础上，歼8颤振边界就是通过高低速风洞试验确定的，通过机翼、平尾及垂尾的高低速试验给出了各部件的颤振边界。

对于管德为歼8飞机做出的贡献，总设计师顾诵芬记得很清楚。他回忆：

歼8飞机研制，管德起的作用很大，要不歼8飞机重量下不来。

按苏联专家给的经验，要保证两侧机翼刚度、颤振特性一致，机翼蒙皮厚度得增加1倍，那重量不得了，歼8用两台发动机，省下一个人的重量因为机翼重量加大全部被吃掉了，飞机性能必然会受影响。管德通过摸透米格-21的颤振特性，发现米格-21飞机机翼刚度有余量，所以歼8机翼蒙皮厚度不用增加这么多。最后按照他的意见，歼8机翼重量比歼7增加得有限，增加的重量不到歼 7 的 1 倍。

这保证了歼 8 飞机的性能，是很重要的贡献。

——顾诵芬谈话（2012 年 5 月）

顾诵芬说："歼 8 飞机定型前的大表速颤振试飞也是他亲自参与完成的，所以，他在新机气动弹性设计上走了全过程。"

1989 年 7 月，601 所组织编写的《歼 8 飞机研制回忆录》（第二辑）收录了管德写的一篇文章。与其他参与研制工作的技术人员、干部职工不同，他的回忆没有更多的事例经过，而是直抒自己的感想，可谓典型的管德风格，题目为《随感录》。全篇文字不到 3000 字，是管德特有的气质、秉性、处世哲学与人生原则的一个鲜明写照。

歼 8 飞机的研制，始于 1964 年 10 月，到 1980 年 3 月白天型设计定型，1986 年 2 月生产定型，1985 年 7 月全天候型设计定型，前前后后，经历了 21 个寒暑。如果把摸透歼 7 飞机算做歼 8 飞机研制的准备，那就是 23 年的时间，我有幸基本上经历了这个全过程，主要是从事这架飞机的气动弹性分析，后期介入了一些定型组织工作。从而立之年，到年近半百，算是用了"半生精力"。回顾这一段历程，有点"一言难尽"。

这一段时间里，有十年是"文化大革命"动乱。歼 8 飞机的研制，曾经是我和一些同代人度过"十年动乱"的一个强大的支柱。

面对着"阶级敌人跑不了"的吼声，我们默默地整理好资料，准备随时移交，一直工作到被当做阶级敌人"揪"出来的那一天。在"动乱"中，有时暂时来不及光顾我们，"你们去工作吧！"尽管前途未卜，我们仍然一如既往，认认真真地干，未尝有丝毫懈怠。在当时的"毛泽东思想学习班"里，这些"专政对象"用写"交代材料"的方式,提出了歼8飞机试飞前应该做的工作。在定为"走资派",交群众监督劳动时,我们指挥了被人称为"把脑袋挂在裤腰带上"的歼8飞机首次颤振试飞,在"这架飞机只能飞到900多千米/时"的疑虑中,坚持把歼8飞机飞到了预定目标。

只有一点想法,歼8飞机是成百个单位、成千上万人的劳动结晶,绝不能因自己的得失荣辱,损害这成千上万人的劳动。

歼8飞机的研制,磨炼了我们的意志,使我们逐渐长大成人。

* * *

"工欲善其事,必先利其器",要得到先进的飞机设计,就要掌握先进的设计手段。

在歼8飞机的气动弹性分析中,我们总是力图使用国内可能提供的最新装备,总是力图引用可能用于国内的国外最新方法。

对于国外的计算或试验方法,在国内的装备上运行起来,就有许多消化工作要做;要真正会用,还要在自己的实践中积累经验。以亚声速非定常空气动力计算方法——核函数法为例,按照国外公布的材料,编出我们自己的计算机程序,要做许多消化工作;即使能在我们的计算机上运行了,还有一些问题——如控制点配置,还要通过许多实际计算积累经验,才算有了认识。在这些问题没有弄清楚之前,就动手"改进",十有八九是不成功的。我们坚持先用、先消化,有了真正的认识,再改,就使我们比较快地建立起我国第一套可用于小展弦比翼面气动弹性分析的手段。当时外国的飞机设计部门,也大都是用这些手段。有了这一套办法,才能使歼8飞机在总体刚度水平比歼7飞机低的情况下,将低空大速度比歼7飞机提高了100千米/时。

　　＊　　＊　　＊

　　我国是发展中国家，不可能在谋求使用先进设计手段中，处处得到满足。在歼8飞机的气动弹性分析中试验条件就说不上先进。我们的高速风洞试验段只有0.6米×0.6米，比之当时国外用的2米风洞、16米动力风洞，不啻小巫见大巫。但是，歼8飞机要研制，而且不能降低要求，这就要艰苦奋斗。

　　在这样小的高速风洞里，不可能照搬外国大风洞里的模型构造。只能自己想办法找出在小风洞里模拟三角机翼结构的办法；而且，还在这样小的风洞里，完成了水平尾翼和后段机身组合的试验。

　　歼8飞机的颤振试飞，是我国首次，人没有经验，设备也不大会用，最后靠的是唯一一个过载传感器，检验着飞机的临界形态，完成了试飞任务。

　　在这种情况下，设计师们既要有敢于负责、艰苦奋斗的精神；又要在技术上深入钻研，把握分析对象最本质的东西，最关键的东西。例如，对于歼8飞机的无外挂颤振试飞，就是盯住机身弯曲这个形态。不深入钻研，就不可能有这个胆量。即使有胆量，也是蛮干，非出问题不可。

　　设计师的本领，在于善于使用最简捷的办法，处理复杂的问题。国内条件差，当然要想办法，不能躺倒不干或去蛮干；国内即使有条件，也不能是手段越复杂、越费钱越好，也要适当，也要认真钻研。

　　＊　　＊　　＊

　　要选择适当的手段，要处理气动弹性分析中遇到的问题，什么都靠自己去想、去摸，太旷日持久，需要系统地掌握信息。

　　我有一个破本子，上面收集了1950—1988年，近40年来气动弹性领域的文献目录，这对于我，实在获益匪浅。

看资料，人人都看，但结果大不相同。有一点体会，看资料，要时刻记住是为了用而看，不是为了看而看；再一点，得看明白。细节一时没弄明白，还可以放一放，大原则非看明白不行，否则，会是越看越糊涂。

* * *

我们在歼8飞机的气动弹性分析中，始终把飞机设计和应用研究紧紧地结合在一起，消化国外的计算、试验方法，掌握其中的关键，用到自己的飞机设计中来，是应用研究；自己的飞机气动弹性分析中发生了问题，要想解决好，也不能就事论事，更不能马虎对付，得把它提高一步，研究它的本质、规律，研究影响它的主要因素，也是应用研究。飞机设计离开了应用研究，手段就难以自如选择，也更说不上不断更新；同时，对于这架飞机出现的问题，也因为研究得不深不透，也解决不了，或者解决不好。反过来，应用研究离开了飞机设计，也会目的不清楚，而且，有些大型的计算或试验，离开了飞机设计，单从应用研究的角度，也组织不起来，而如果没有这些实际的计算、试验，应用研究也显得苍白无力。

我们在歼8飞机的气动弹性分析中，始终是出两个成果：一是出飞机设计方案；一是出论文、出技术报告。在计算方面，既有飞机的计算结果，也有计算方法的研究报告；在试验方面，既有飞机的试验结果，也有试验技术的研究报告；既有歼8飞机本身的计算、试验结果，也有对某一个技术问题的规律性研究报告。

这么做，对人才成长也大有裨益。

* * *

我爱歼8飞机，因为其中多少有我一点劳动。

爱自己的劳动成果，有点和爱自己的子女相似。可以也应该爱，然而不可以溺爱。

什么事情也不会尽善尽美。有的不足之处，自己在做的时候就清楚；有的则是别人见到的，或者在实际使用中发现的。

尽最大努力，以积极态度把不足之处改进好，对别人用起来有好处，也是真正地爱自己的劳动成果。

拿维护使用讲，因为我们没有经验，有的地方确实不大方便或很不方便。后期我参与这些问题的组织工作时，做得不好，现在想起来，还是憾事。

飞机设计与其说是理论问题，不如说是实践问题。经验对于设计师来说，更为重要，也更加宝贵。自己做出了东西，看看结果到底好不好，哪些好，哪些不足，对于不足，如何改进，应该是设计师们的一大乐趣，而不是麻烦。

不妄自尊大，也不妄自菲薄。

我们从对超声速飞机的气动弹性分析一无所知，到建立起自己的一套设计手段，而且不断更新。把这一套手段用到歼8飞机上，保证了设计目标的实现。说明只要我们努力奋斗，我们是可以承担起这种任务的。

但是，我们每前进一步，路都不是直的，歼8飞机开始研制时，我们想把平尾翼尖配重取消。可是不懂得计算出来的操纵刚度可以比实际小好多倍，结果到飞机后段装出来，做地面共振试验，才发现不行，不得不再用翼尖配重。又譬如，歼8飞机的垂尾——方向舵，外形和歼7飞机一样，只不过方向舵有个助力器，也是因为对操纵刚度估计不足，出了嗡鸣现象。

可是，我干了这么多年，毕竟只参与这一架飞机研制的全过程，对于设计师来讲，这是很不够的。尽管我挂有专家头衔，可我心里清楚，自己有多大本领。动不动就宣称，已经掌握了某种飞机的设计技术，是会耽误事的。

——管德《随感录》

歼 8 白天型　　　　　　　　歼 8 全天候

S05 架事故

1980年6月25日，歼8全天候机05架在第一次试车时，发生了由于液压系统供压导管破裂引起火灾的重大事故。

1980年是在结束"文化大革命"、粉碎"四人帮"、召开具有重要历史意义的十一届三中全会以后，中共中央力行拨乱反正方针的重要的一年。这一年的2月，管德刚刚走上601所副所长、党委常委的岗位。

沈飞公司（当时为松陵机械公司）公司史中详细记述了这次重大事故：

> 1980年6月25日13时10分，S05号飞机开始在公司机场进行第一次试车。首先将右发动机推了两次大转速，接着左发动机也推了一次大转速，试车情况正常。
> 开车约8分钟后，左发动机开始推第二次大转速，当发动机处于0.8额定转速时，发现在左发动机舱中，与YB-20B液压助力泵出口相连接的导管接头根部向外喷油，当即停车并

关闭总电门。与此同时，发现52~53框左发动机舱起火，机务人员立即用灭火瓶扑救。此处的火刚被扑灭，又发现热电偶口盖里面有火和油，燃油通气增压管处亦有白色亮光，故再次扑救。正在扑救之时，"砰"的一声响，火焰从进气道冲出，随之机身酿成大火。虽经机务人员奋力扑救，但未能成功，全机被烧毁，在邻近停放的一架歼6飞机也被烧伤。

在当时的政治环境下，这是一次性质严重、影响巨大的事故。沈飞公司史中写道："这次事故给党和国家造成了极为严重的损失。不仅经济上损失700多万元，使成千上万人的劳动成果毁于一旦，而且拖延了歼8全天候飞机的设计定型，影响了航空工业和国防现代化的速度。"

事故发生后，三机部即派出以王其恭副部长为组长的检查组，会同国务院国防工办、辽宁省国防工办和驻厂军代表进行事故现场调查和故障的试验分析。沈阳市公安局和人民检察院也进行了专项调查。

在国防工办、三机部和省市国防工办领导下，三机部飞机局、松陵机械公司与601所迅速成立事故技术检查组。管德担任了601所事故调查负责人。

经过认真分析研究，查找事故原因，并对导管断口做金相分析及故障再现的试验后，确认属于导管疲劳断裂所造成的。调查结论为：

1. 该油管系疲劳断裂，疲劳源在外壁上。
2. 破裂与材质无关。
3. 破裂不是人为破坏造成的。

厂所在对造成事故的技术原因进行分析的同时，也总结了教训。如对液压系统油泵这样的重要设计更改没有认真了解、认真试验，特别是在取消缓冲瓶的油泵装机之前，没有在地面模拟试验台上进行充分的试验；在试车时没有规定必须脱掉后机身，致使起火后难以扑灭；场站没有准备大型有效的灭火消防设备；在进入地面准备的重要阶段，没有事先研究，设计、制造单位的领导也没有到现场等。

在以往的事故调查中，有些人会把责任放在第一位，首先是要找出应该承担责任的单位和人。这样的态度往往会造成互相推诿、扯皮，甚至出现把水搅浑的做法。在这一重大事故调查中，管德坚持了实事求是的精神，首先是从技术角度分析事故的原因，从大局出发，不回避、不护短。

8月7日，所党委向部党组上交了《关于歼8全天候S05架飞机烧毁事故的检查报告》，报告中对事故原因进行了说明：歼8飞机烧毁事故，主要是有关设计人员在液压系统设计更改时，对动强度问题缺乏应有认识，试验不充分，工作考虑不周，教训是深刻的。

报告在明确了改进和避免再次发生事故的措施后，建议对这次事故的处理，不追究个人责任，对公司的领导及有关设计人员不予处分，而在行业内进行通报批评。

这一态度也反映出管德一贯的原则和处事风格。

时任601所总设计师的顾诵芬在回忆录《我的飞机设计生涯》中对这一次事故有详细记述，讲到了这一事故严重的后果和给厂所领导带来的巨大压力，还特别讲到了"还好是管德任副所长"，"一切由他处理，处理得很妥善"。

> 此事上报后，国防科委提出严厉批评并要求处分责任者。当时一所主管液压系统副总师承受不了这样大的压力，曾想不干了。当时还好是管德任副所长，这一切都由他处理得很妥善，没有在601所引起很大扰动。
>
> ——顾诵芬《我的飞机设计生涯》

上级领导部门显然接受了601所党委对该事故的处理原则。1981年3月30日，国务院、中央军委批转三机部《关于歼8全天候飞机烧毁事故报告》的通知中强调："各单位要结合本单位的实际情况，从这次事故中认真吸取教训，切实加强对科研工作的领导，健全各项规章制度和技术责任，努力避免一切可以避免的事故发生。"

"为了弥补S05架全天候型歼8机烧毁所造成的损失，把丢掉的时间抢回来，松陵机械公司进行总动员，决心大干苦干，奋战4个月，以最好的质量、最快的速度，把0101架全天候型歼8机安全送上天。601所跟产队在队长赵永贵、肖模何同志的带领下，全力以赴，日夜配合跟产，在各方面的共同努力下，0101架全天候型歼8机于1981年2月15日完成总装，0102架亦在1981年6月22日完成总装。"（601所《歼8飞机研制史》）

在这一事故的处理过程中，走上所领导岗位不久的管德崭露头角，他的领导能力和协调、处理各方关系的能力得到了部领导和群众的认可。

赴西德技术合作

在601所的所史里，记录着管德在601所工作期间的两次出国。第一次为1979年4—5月，是到美国考察计算机辅助设计；第二次是在1980年11—12月，他被派往西德进行共振试验方面的合作。

1980年10月，顾诵芬参加了国际航空科学理事会（International Council of the Aeronautical Sciences，ICAS）主办的第十二届

国际航空科学大会（注1），会议的举办国是西德。

顾诵芬记得，那次参加会议的中国代表团由六院韩宽庆副院长任团长。按照惯例，这种会议一般都要安排对举办国航空、航天科研机构的参观访问。于是他有机会来到了西德航空航天研究院所属哥廷根空气动力学研究所（DFVLR－AVA）（注2）。

在这一次参加国际航空科学大会的过程中，顾诵芬见到了在西德航空航天研究院——哥廷根空气动力学研究所开展技术合作的管德。顾诵芬回忆：

> 德国人很看重管德，给他一间单独的办公室，门上挂着的姓名牌上写着 Dr.（Doctor，博士）。德国人允许他随便进入资料室查阅所有资料。管德对韩宽庆和我说，其中有不少是涉及机密的内容，但德国人对他不保密。

——顾诵芬谈话（2012年2月）

管德在那次合作中取得了很好的成绩。在601所原所长刘春义起草的对管德的介绍中有这样的内容："在西德工作期间，他把国外学到的先进技术运用到国内专业建设，发表了《地面共振试验技术》一文，获航空工业部科技成果奖。"

1985年，在西德航空航天研究院工作期间

1990年9月9日，第17届国际航空科学大会（17th Congress of ICAS）在瑞典斯德哥尔摩举行。这一次中国航空学会也派出了代表团，团长为已经调任中国民航局任副局长的管德，在他的名字后面还有一个头衔——中国航空学会副理事长。

在中国民航局的档案室里还保存着一份民航局写给国务院的编号为民航局〔1991〕152号的请示。这份请示经时任外交部副部长的姜恩柱会签，局长蒋祝平签发，标题是《关于管德副局长赴德国发表论文的请示》，文中写道：

> 国务院：
>
> 由德国航空航天学会组织，法国航空航天学会、英国皇家航空学会和美国航空航天学会联合举办的1991年国际气动弹性力学和结构动力学论坛，将于1991年6月3—6日在德国阿亨举行。我局管德副局长的一篇技术报告《不同的颤振主动抑制控制律的分析和风洞试验》，已被论坛组织委员会接受，将安排在会上报告。拟派管德副局长六月初赴德国参加论坛并发表论文。论坛结束后，管德副局长将在德国航空航天研究院气动弹性力学研究所做短暂停留，与德方研究人员讨论一些技术问题。结束在德国的活动后，管德副局长赴巴黎参观航空博览会2天，在外时间总共12天，费用由我局负担。
>
> 当否，请批示。
>
> 1991年4月30日

此件由国务院领导同志批示后转回民航局。与之保存在一起的有管德用毛笔写给时任局长蒋祝平的请示，时间是1991年4月24日。其中写道：

> ……我想这样安排：

6月3—6日在阿亨开会。会后，我想去哥廷根，到德国航空航天研究院气动弹性力学研究所。我曾两次在这个所工作过（1980年，1982年），将和他们的研究人员进一步讨论一些技术问题。周末（6月7—9日）到那里，周一、周二（6月10日、11日）在那里访问、讨论。如可，如需邀请，可即办。

12日去巴黎。航展13日开幕，我停留两天，15日回国。我明年6月满60周岁，这是最后一个看航展的机会。

……

——管德《关于出国行程的请示》（1991年4月24日）

巴黎航展是世界上历史最悠久、规模最大、最有影响也是最负盛名的国际航空航天展览会。1949年（第18届）开始改为逢单数年举行，并增加了飞行表演，展览时间也由11—12月改为适于飞行的5—6月。从1953年起，航展地点从巴黎市中心转移到距市中心20千米的布尔歇（Le Bourget）机场，因此巴黎航展的全称改为"巴黎-布尔歇国际航空航天展览会"。

1989年，管德任现场总指挥、副总设计师的歼8Ⅱ型飞机参加了巴黎航展。

1991年的巴黎航展上，已经担任多年民航局副局长的管德，对世界航空科技发展的关注已不仅在军用飞机领域，他的视野更加广阔，他对中国航空科学技术发展的思考也更为深邃。

注释：

1. 国际航空科学理事会成立于1957年，是一个非营利性、由各国航空学术团体支持的非政府国际组织，其宗旨是鼓励自由交换科学界感兴趣的所有航空方面问题的信息。国际航空科学大会的主要形式是组织讨论航空科技问题的世界性论坛，促进公众关注的航空科学技术问题的国际合作研究，通过会议、学术讨论会和出版物等形式交流有关这些问题的信息和经验。

中国航空学会代表中国参加国际航空科学理事会，是其正式会员。

国际航空科学大会被称为航空科技界的奥林匹克大会，逢双年举行一次，是航空科技领域最具影响力的国际学术会议之一。

2. 西德航空航天研究院（Deutsche Forschungs-und Versuchsanstalt fr Luft-und Raumfahrt，DFVLR）直属西德研究技术部，1969年由哥廷根空气动力试验研究院、西德航空航天研究院和西德航空航天试验院3个各自独立的研究院合并而成，相当于美国的NASA。哥廷根空气动力学研究所（AVA）是一所历史悠久的研究机构，1907年由德国著名的力学家、现代流体力学的创始人之一、被誉为"空气动力学之父"的普朗特（1875—1953）创建。

穿着简朴像个老工人

601所《歼8飞机研制史》中记载着一次外场事故——"0210号歼8飞机的空中解体事故"：

1983年3月18日，0210号歼8机在沧州十一航校进行空中复杂特技的训练飞行。飞机起飞后7分钟，在$H=4.3$千米、$V_表=650$千米/时，$\eta=80\%$，右盘旋改出时，左发动机温度表T_4突然指"0"，接着右发动机火警信号灯闪亮，飞机被迫对准机场方向准备返航。但在飞机尚未改出左盘旋时，机头柔和上抬约 15°~20°，速度由 $V_表 = 650$ 千米/时降为 $V_表 = 400$ 千米/时，驾驶杆无杆力，推杆无效。紧接着，飞机垂直俯冲而下。在 $H = 1.8$ 千米左右，飞行员赵荣献临危不惧，从坠落倾斜的座舱弹射脱出，乘伞安全着陆。飞机则在空中燃烧，造成解体，前机身坠地爆炸，造成二等事故。从飞机起飞到飞行员被迫跳伞前后共 8 分钟时间。这是歼 8 飞机上天试飞十多年来首次发生的二等事故。

管德已经被任命为松陵机械公司副经理、总工程师。在处理这次事故的过程中，他代表的是制造厂。

1983 年 3 月 21 日，管德（左一）等查看飞机残骸

中国航空工业科研大事记对这次事故有这样的记载："……事故发生后，空军事故检查组（李桂生处长等 5 人）和航空工业部事故检查组（航空工业部副部长何文治和质量司张性源司长、松陵机械公司管德副经理、黎明公司韩良副经理、601 所顾诵芬总设计师等 23 人）相继到达十一航校。"

"经过 5 天的调查分析，一致认为导致事故的直接原因是飞机空中起火，烧坏机体，造成空中解体，飞行员被迫跳伞。"

4 月 2 日，检查组对发动机进行了分解分析，发现左发一号喷嘴在根部折断，二、三、四号喷嘴根部有裂纹，发动机加力筒体安装边与涡喷7原型发动机不一样。部调查组经过十多天的调查分析，认为事故的起因是，左发一号喷嘴在空中开裂，在对应于一号喷嘴的后面形成高温带，而快卸环脱开，燃气外泄，火焰进入导风罩与飞机后机身结构之间，将热电耦电缆接线盒烧毁。随后，火焰烧穿后机身左侧蒙皮，使左平尾脱落，后机身扭断，左发快卸环飞脱，造成飞机空中解体。幸飞行员乘坐610所研制成功的HTY-3型弹射座椅，弹射成功，安全着陆，才没有构成一等事故。（中国航空工业科研大事记）

这次事故的责任单位不是112厂，管德肩头上直接承受的压力不是很大。但在处理这次事故中的管德却给112厂的职工留下了深刻的印象。601所科技委副主任姚永全曾经听自己在112厂的一位同学讲到管德。

> 那时，管总到112厂时间不长，大家都知道厂里新来了一位第一副厂长、总工程师，名叫管德，但还没有见过。有一次，我的这位同学在车间看到有一位个子高高的人，穿一件很平常的旧工作服，一支裤脚半挽着，四处看看后离开了。大家只觉得这个人像是哪个车间来的老工人，都没有在意。
>
> 几天以后，这位同学参加事故分析总结会。主席台上，比较中间的位置是给112厂领导留出的，台上的领导同志已经来的差不多了，只见他在车间里见到的那个人走上主席台，坐在了112厂领导的位置上。还是那一身普通的旧工作服。
>
> 这时他才知道原来这一位就是管德。
>
> ——姚永全访谈（2012年3月）

虽然已经走上一个2万人大厂的厂级领导岗位，但管德的朴素一如既往。

姚永全还记得自己刚到601所时的一件事，那时他刚从西工大毕业，他的同学徐汶是徐舜寿的儿子，他们一起分到了601所。

> 那是1982年2月，我们刚到所里，就在俱乐部南面的一个办公室接受培训，管德进来了，他刚从德国回来。他走到我们面前问："谁是徐汶？站起来。"
>
> 徐汶吃了一惊，心里直打鼓，怎么回事儿？他悄悄站起来。
>
> "请坐。我是管德，是你爸的学生。"
>
> 这件事我印象最深，头一次见到大名鼎鼎的管所长，那种率性、坦直，大家当时就都服了——"我是管德，是你爸的学生。"
>
> 我们是刚进所的学生，都觉得管所长挺有意思的。
>
> ——姚永全访谈（2012年3月）

管德尽管从小衣食无忧，但他在穿着和生活方面却十分简朴。在601所和112厂，提及管德，许多人的印象都是他不讲究吃穿，和群众在一起很随意，没有丝毫的官架子。

刘孟诏曾经回忆起他与管德一起出差时那些有趣的事：

> 我跟他出过差，那时候管总是我们室主任，还有谢天宸，我们三个人到阎良出差。坐火车到西安时已经很晚了，只能找地方先住下来。上哪儿住？我不知道，只是跟着他走。他说："我领你们去，告诉你们在什么地方住。"
>
> 走到那儿一看，是一个澡堂。住下来了以后，我们对管总说："澡堂里卫生条件那么差，会不会惹上虱子？"管总说："好吧，你把衣服都脱光了再睡。"

他说完后带头把衣服脱掉，就那么光着身子睡。果然没事。

——刘孟诏访谈（2012年3月）

曾任112厂试飞站副站长的冯国富谈起管德，"从心里特别佩服，也很敬佩，也很想念"。他是1962年哈军工航空系火控专业的毕业生，以后被分配到试飞院工作，在那一段时间里，他对管德就有深刻的印象：

那时候他是601所的专业组组长，给人的感觉很亲切。我那时的工作在机场，老跟他们打交道。他给我留下的很突出的印象就是穿着个大裤衩子，趿拉着凉鞋就往那个机窝边的草地上一躺，跟所里来的人显得很融洽。

——冯国富访谈（2012年3月）

哈军工属于军队编制，冯国富在大学期间穿过军装、受过军姿训练，直到退休后还有着军人的气质和风度。也许正是由于这一点，他对同样穿过军装，曾经授衔大尉的管德如此随意、洒脱会留下深刻的印象。

1982年，管德来到112厂以后，主管飞行实验室（试飞站）的工作，那时冯国富也早已从试飞院调到112厂，并被安排在112厂试飞站。令冯国富和老站长赵忠敬佩的是管总对试飞站工作的支持。

冯国富说，在管总领导的那一阶段，正是由于管总和厂领导班子的支持，为112厂试飞站带来了历史上最辉煌的时期。

对于管德的简朴，顾诵芬有着更深刻的体会。他记得很清楚，管德调到112厂以后，还住在601所家属宿舍，厂里安排了汽车接送他上下班，但他不要，每天一大早就骑自行车出发了。

他当了112厂的总工程师，可以有汽车接送上下班，但他坚持每天从601所骑自行车到112厂。他去得很早，6点就从所里出发，当时那一段路还不很好走，骑自行车要半个小时才能到。

途中有一个专门训练警犬的学校。有一天，可能是训练人员没有注意，警犬跑了出来。看到管德骑车过来，就挡在他面前。路面很窄，几只警犬堵在路上，他无法通过，也没有其他办法，只能用自行车挡住警犬。就这样对峙了大概有一个小时，直到警犬学校管狗的人出来，才把狗给牵走。

有了这一次经历，他觉得厂所要能很好结合，双方的人员要加强往来，必须在厂所之间解决一条道路，否则会耽误事。于是他提议，112厂、601所各出一部分钱，在厂和所之间，修了一条路。以后601所派出跟产人员走那条路，就很方便，大概20分钟就到了。

那时候还好，这条路要通过村子，村里没要钱，112厂自己有基建工程办公室，有修路的设备，全是自己弄的。后来按照市里规划，另外修了路。

——顾诵芬谈话（2012年5月）

第八章
在磨砺中前行

气动弹性专业的开拓者

在歼教1飞机的研制设计中，管德边学边干，很快就摸索出气动弹性力学在工程应用中的规律，形成了有自己特点的解决技术关键的思路。

以后，他将气动弹性的研究作为自己毕生事业，全身心投入到这一专业领域中。在以后的歼8飞机设计中，他提出了系统的超声速歼击机气动弹性计算和试验方法，由此奠定了他作为我国飞机气动弹性专业的奠基人和带头人之一的地位。

管德诙谐地说，他钻研气动弹性专业，基本上是在泡风洞、泡计算机中完成的。他在这里用了一个"泡"字，累计起来，他"泡"在低速风洞、高速风洞做试验的时间上万小时，此外，还需要有"泡"在分析、计算上的时间。有形的"泡"可以计算出时间，无形的"泡"——那些绞尽脑汁、挖空心思、殚精竭虑地为解决技术难题所花费的时间和精力则是无法计算的。

徐舜寿没有错看管德。

管德将当年在计算歼教1飞机外形数据时的那份执着、坚韧完全用在了气动弹性的研究计算和试验工作中，这种对事业的投入是取得成就的关键，而更重要的是气动弹性这门当时还属于新创立的空气动力学分支，许多问题处于领先地位的专家也还在摸索之中，这就更需要有敢为人先的魄力，这些方面恰恰都在管德身上体现了出来。但管德认为：比这些更重要的是，在飞机设计的实践中摔打，积累直接经验。

在设计歼8飞机之前，一位非常有经验的专家反复告诫管德：

要特别注意操纵刚度，因为根本算不准，关键是注意受力形式是否合理。

飞机在空中飞行时要实现俯仰、横滚、偏航等变化，需要有灵活的操纵系统，驾驶员一般是通过助力器及杆系传动装置驱动各舵面偏转，实现随动控制。因此，助力器和操纵系统的动态特性与舵面结构的振动固有特性和颤振特性有着密切的关系。操纵刚度就是指系统的刚度在动态过程中的变化规律。

对于这一告诫，管德当然不能忽视，但由于缺乏经验，无法准确地确定歼8飞机的全动平尾和副翼的系统操纵刚度，经过试验，操纵刚度实际值与设计计算值差了好几倍。管德深有感慨地说："不经过亲身的实践，别人的经验成不了自己的。"

> 我们每前进一步，路都不是直的，歼8飞机开始研制时，我们想把平尾翼尖配重取消。可是不懂得计算出来的操纵刚度可以比实际小好多倍，结果到飞机后段装出来，做地面共振试验时，才发现不行，不得不再用翼尖配重。
>
> ——管德《随感录》

他的结论是：飞机设计师队伍要成熟，要不犯"低等错误"，关键是连续不断地设计飞机，一代人多积累经验，两代人共同工作，把经验代代相传。

在歼8飞机研制中，管德做出了重大贡献。在歼8飞机总体刚度水平低于歼7原准机的情况下，前者最大马赫数和低空最大速度均高于后者。在管德主持气动弹性专业研究期间，601所的气动弹性专业，始终处于全行业的领先水平。

总体、气动力室主任

1974年，601所的体制有了调整，原气动力室与总体室合并，组成总体气动室，管德担任了这个大室的主任。1963年从西工业来到601所的贾鑫也从总体室并入到这个大室里，与管德有了较为密切的接触。他回忆：

我与管德最早接触是在20世纪70年代后期，那时我们所在搞歼13。

原来我们气动室和总体室分两个室，那时候把两个室合为一个大室，老管是室主任。他给我印象最深刻的是抓专业建设，抓培养年轻人，当时下了很大的功夫。

我们这些老的技术人员原来在学校里都是学俄文，英文都没学。那时候国外资料比较少。搞歼13机后，他认为已经改革开放了，应该面向世界，眼光看得远一些。但英文差，好多人没学过，这就不可能阅读英文资料。他就组织全室进行培训，他自己当老师，从A、B、C教起，也就过了半年时间，大家的英语入门了。

当时也没有老师，就在管总带动下，我们有些人继续跟电视和广播电台学，有不少人都这样学出来了，水平有很大提高，后来好多人派到国外做访问学者。

这个印象是比较深的。

——贾鑫访谈（2012年3月）

贾鑫，1936年出生于北京。他是一位航模运动爱好者，在大学时期，因为有很高的航模运动水平，曾被选入国家代表队，参加过国际航模比赛。也正因此，1961年大学毕业后，留校继续从事航模运动，两年以后才正式分配。

对于英语学习，与管德曾经在一个室工作过的刘孟诏也有很深刻的记忆。

刘孟诏，1940年出生于江西省吉安县。1964年7月从哈尔滨工业大学航空工程系毕业，分配到601所，开始的3年，他没有从事技术工作，而是在政治部担任干事。1970年7月调到总体设计研究室从事总体设计和重量工程专业。

他回忆：

> 室里是管总教我们。
>
> 那时候资料全是国外的，看不懂资料不行，逼得我们没招，就硬着头皮边学边看，看资料上讲的方案应该怎么做。
>
> 当时我就问他，怎样才能学好英语？
>
> 他对我说，没什么诀窍，拿一篇文章好好地看，不要稀里糊涂看，一定看明白，语法不通就看语法，老老实实把这篇文章看明白，把语法搞清楚。
>
> 他就教我这一招，语法看不明白就查语法书，一定彻底搞明白。
>
> 当时北京北苑有一个情报所，我就到那里看资料，老老实实按管总讲的去做，后来慢慢地就能够看懂资料了。当然我看了主要是用，口语不行。这对我影响非常深，当时真的是挺着急的。
>
> 所以说，管总对我帮助很大。

——刘孟诏访谈（2012年3月）

《航空结构动力分析系统（HAJIF - Ⅱ型）》

1981 年，由管德任主任工程师的《航空结构动力分析系统（HAJIF - Ⅱ）》完成了研制。该系统采用了国内外 20 世纪 70 年代中后期的新技术，具有结构固有振动特性计算、考虑主动控制系统的颤振计算和部分突风响应计算功能。系统经过水轰 5 全机、歼 8 全机和机翼（带/不带导弹）、新型歼击机机翼模型等 57 个算例计算，证明系统可靠。改进的同时迭代法，改进的超元阵技巧、多极子结构动力综合技术是这个系统的特点和创新。多极子结构动力综合技术为带多种外挂物的动力特性计算提供了新的分析方法，使过去难于解决的问题得到解决。

该分析系统具有 2.8 万条 Fortran 语句、27 个模块、31 条固定流程，结构模型可以有 7000 个自由度，可以计算 70 个特征向量。在非定常空气动力计算中，每个翼面的空气动力分块数可达 200 块，可以计算 5 个翼面。在颤振和突风响应计算中使用的形态可达 50 个。

该系统是我国第一个航空结构动力分析系统，经过实际使用证明工作可靠，能够满足目前航空结构固有振动和气动弹性分析的迫切需要；在力学、数值计算和程序设计中采用了不少国内外 20 世纪 70 年代后期的新技术，具有国内先进水平。

601 所的钱卫很熟悉导师在航空结构分析系统中的贡献，他说：

HAJIF－Ⅰ是结构强度分析，也就是静强度分析。HAJIF－Ⅱ就是气动弹性、颤振和突风响应的分析。HAJIF－Ⅰ开发的时候，项目组的组长是冯钟越，管德老师是副组长。航空结构分析系统是国家当时的一个重点工程，HAJIF－Ⅱ是管德主管的。

——钱卫访谈（2012年3月）

1989年，钱卫大学毕业，来到了601所，在潘一心指导下开始了颤振方面的研究工作。1993年考取了北航气动弹性教研室硕士研究生，导师陈桂彬。1996年毕业回到601所继续从事飞机颤振设计工作。2003年，他考取了管德的博士研究生。他谈到，在参加工作以后主要是使用这两个分析系统。他的体会是：

因为我参加工作晚，工作以后开始使用这个程序。

航空结构分析系统是很重要的一个里程碑，它开发了两个程序，HAJIF－Ⅰ，然后是HAJIF－Ⅱ。

当年美国对中国进行封锁，美国的那些系统对中国进行封锁，根本不卖给我们。我们开发的航空结构分析系统是具有自主知识产权的。应该说这个系统做得很好，支撑了中国那一代的结构分析，在当年起了很大的作用。

——钱卫访谈（2012年3月）

在从事气动弹性研究的专家心目中，气动弹性专业的发展走的是一条自力更生、自主发展的道路。601所成立之初的1961年，是探索、摸索的阶段，那个时期，尽管在中国科学院计算技术研究所冯康老师帮助下，建立了一些颤振计算的数学模型，也进行了有益的探索，但还处于很初级的阶段。

气动弹性专业的研究主要有两个方面，一是通过缩比模型进行气动弹性的试验，相当于物理仿真的过程。还有就是通过数学仿真进行分析。数学仿真与计算机的发展水平是匹配的，20世纪60年代时候我国计算机发展的水平还不能满足需要，所以数据仿真只能处于用解析函数建立数学模型的状态。

钱卫的看法是：

> 在摸透米格-21以后，试验方法可以说就基本成形了。仿真方法的成形是以HAJIF-Ⅱ这个程序通过鉴定为标志的。
>
> 就这两条途径，一个是物理仿真，一个是数学仿真，所以管德和老一辈走的是这么一个过程。气动弹性在航空领域一直是属于高技术，能够获取的外部资料是最少的，完全需要自己摸索，所以是一个比较艰苦的过程。
>
> 最后形成的手册（编者按：指管德著《气动弹性手册》）是飞机结构动力学模型计算，静、动气动弹性仿真，气动弹性优化设计，飞机地面刚度、振动试验，气动弹性模型风洞试验的方方面面都总结出来以后形成一个体系。
>
> 这个体系就是针对工程应用的，反倒是学校的人看不懂。到目前为止还有学校把它作为研究生教材。总有人给我打电话，问我那个东西怎么回事，因为管总写的就是针对飞机设计的问题。现在的学校老师要搞这个，但他不一定是搞航空出身，从理论上不知道怎么来的。实际就是针对飞机气动弹性设计的问题做系统分析，与方方面面相关的技术问题形成的一个体系。
>
> 这个体系的形成应该是以HAJIF-Ⅱ通过鉴定为标志的。
>
> ——钱卫访谈（2012年3月）

623所、601所、605所和631所等单位参加了该系统研制。这项成果获1981年部科技成果奖二等奖，1985年国家科技进步奖二等奖。

管德是主要获奖者。

创造性的工作

歼8飞机的性能指标在当时是先进的,但设计所使用的计算和试验手段则非常有限,所以不能照搬国外的方法。为了保证达到预定的飞机性能指标,管德领导一班人进行了创造性的工作。

在林顺撰写的《中国科学技术专家传略》中,写到了管德在高速风洞颤振试验的"半结构相似"模型。

高速风洞的颤振试验要求颤振模型同实物不但要有空气动力外形的相似,而且要有相似的刚度分布和质量分布,这使得模型的设计制造相当复杂。如果有大尺寸的高速风洞或低弹性模量材料,可以用"结构相似"模型。就是说,翼面的主要受力构件——梁、主要的肋和蒙皮,都能在模型上按相似比例得到模拟。但是,当时国内这两种条件都没有。当时国内能用于颤振试验的高速风洞尺寸很小,试验段剖面尺寸为0.6米×0.6米,可用的模型宽度(展长)为0.3米左右。对于尺寸这样小的模型,按相似比例模拟下来,蒙皮已经薄得无法制造。为了克服这个困难,管德提出了"半结构相似"模型的概念和具体的设计方法,并成功地进行了歼8飞机机翼动相似模型的高速颤振试验。后来这种方法还推广到低速颤振试验和其他型号上去。

这可谓管德在颤振试验方面的得意之笔,这一创新留给气动弹性专业后继者的是他显赫的名气和声望。他的博士研究生邱涛回忆:

管老师在气动弹性专业领域的名气很大。

业界流传的说法,理论方面是西工大的赵令诚,工程方面就是管德。他们两个人关系特别好,既有分工,也有互相配合,俩人合作特别好。

在工程界,现在国内评价就是说管德"牛"。"牛"在什么地方?一个歼8机翼,用三根棍,就把颤振问题搞清楚了。这里说的就是他用那三个梁确定的模型,然后就把颤振问题搞清楚了,所以在这方面,业内的专家们对他都特别佩服。

——邱涛访谈(2012年3月)

邱涛还谈到管老师的另一方面,这位在国内气动弹性领域如此之"牛"的气动弹性专业的领军人物,在谈到旋翼的颤振问题时,却能直言自己不懂。

谈到旋翼的颤振问题,有人向他请教,他明确地回答:"我就是对固定翼飞机的颤振有一点研究,旋翼有其特殊性,我不懂。"

他这样说是谦虚,也说明他在技术上特别严谨。

——邱涛访谈(2012年3月)

他的坦诚、严谨和实事求是不仅表现在对待不熟悉的专业方面,在自己熟悉的、已经取得极大成就的领域,他的态度始终一以贯之,不沾沾自喜、居功自傲,更不妄自尊大。

钱卫曾经回忆到他与管德的一次交谈:

1994年管老师的《气动弹性手册》出版,形成了二代机的气动弹性分析体系,但国外已经是三代机、四代机了。

他的《气动弹性手册》在我们做试验的时候,有很好的参考、指导作用，但使用中也存在问题，我们就出现了争论。面临什么样的问题呢？就是《气动弹性手册》上没有说到的，如果年轻人想用、想提出问题就有困难，管总《气动弹性手册》中没说，你怎么能随便弄呢？有这个问题，这也是学术领域常见的问题。

譬如颤振模型，用的是缩比弹性相似模型。飞机是薄壁结构，是蒙皮加梁组成的，缩比以后，《气动弹性手册》里面是把蒙皮去掉，用一个骨架来替代刚度分布。我们当时用的就是这个办法。

1997年引进苏-27，我们去俄罗斯看了，人家的模型是带蒙皮的，俄国人告诉我们，模型最好带蒙皮。回来以后我们就争论这个问题，我们光用梁可能不行。争论中有人就说我不尊重老同志的成功经验。

我就去问管老师，我说管老师你的成功经验弄得我想弄蒙皮都弄不成，我说你这是什么成功经验呀！

我跟他熟悉以后，说话顾忌也就少了。你肯定想不到他说了些啥。

他说："我当年是因为没找着好的胶，模型的蒙皮粘不牢，一下就给吹掉了。你们这些人怎么搞的，我整这么个破事你们怎么就当成功经验了。"

我觉得发生在管老师这里的有些事很有意思，这是他自己说的，说我粘的蒙皮，没买到好胶，粘不住。

——钱卫访谈（2012年3月）

在青年一代面前不摆大专家的架子，没有故作深沉，也不显得高深莫测，这是知识分子的传统美德。

《论语·为政》中有"子曰由诲汝知之乎知之为知之不知为不知是知也"句，多数学者断为："子曰：由，诲汝知之乎？知之为知之，不知为不知，是知也。"译文为："孔子说：'子路啊，我告诉你，知道吗？知道的就是知道的，不知道的就是不知道的，这就是对知的态度。'"但也有人将其断为："子曰：由诲汝，知之乎！知之为，知之；不知为，不知；是知也。"译文也随之改为："孔子说：'实践教导你，以此而有智慧啊。依智慧而进一步实践，以此而有新的智慧；不依以实践而有的智慧进一步实践，就不会有新的智慧。这，就是最根本的智慧。'"

以上解读，国学界自然会有赞同和不赞同的争议，但两种释义却正好对管德光明磊落的德行操守做了一个诠释："知道的就是知道的，不知道的就是不知道的"，"依智慧而进一步实践，以此而有新的智慧。"

管德在科学知识面前实事求是的态度，恰恰是最根本的智慧，唯有大家，才有这样的大度。历史实事求是地记录了管德的贡献：

"由于飞机外形和流动特性复杂，完全依靠计算是有困难的。完全用静气动弹性模型试验，由于风洞尺寸太小，模型承载能力不够等原因，也难以实施。对此，管德采取了以刚体模型风洞试验结果为基础，通过静气动弹性计算和必要的静气动弹性试验，推求弹性飞机空气动力的基本思路，并且提出了对于各种不同的空气动力载荷情况和操纵性、稳定性导数的具体推求方法。经过歼7、歼8两种飞机的飞行试验验证，除操纵效率导数外，结果是良好的。"（《中国科学技术专家传略·管德》）

歼 13 飞机

1971年底，601所提出设计一种歼6后继机更新部队装备的设想和方案。经过两年多时间去空军、海军部队征求意见和所内组织技术人员反复论证，于 1976 年 1 月正式上报歼 6 后继机战术技术要求，同年 4 月由常规装备发展领导小组批准，定名歼 13 飞机。

歼 13 飞机设计指导思想是突出中低空机动性能，采用一台涡扇 6 加力涡扇发动机，全机总重 8078 千克，最大平飞速度马赫数为 2.0~2.45，最大航程 2340 千米，最大爬升率 254 米/秒。采用固定翼传统的正常式布局，两侧进气。

601 所对机翼平面形状进行了 8 种不同平面形状和参数的选择，共 3000 多次高低速风洞试验。根据试验结果，选定展弦比 3.2，根梢比 5.08，前缘后掠角 40°，平均相对厚度为 4.6% 的中等后掠小展弦比薄机翼。这种平面形状的机翼可望在高亚声速和跨声速时有较小的诱导阻力，而在超声速时又不会带来波阻大的问题。同时，采用中等翼载，起飞重量时翼载为 345 千克/米^2，作战时为 300~320 千克/米^2，使飞机在格斗时有较好的机动特性。

在这一段时间里，管德的主要精力用在了歼 13 的气动弹性计算与试验工作方面。他记得很清楚：搞歼 13 的时候有计算机了。他说：

> 搞歼 13 我们没少干活，歼 13 的机翼不是三角翼，挺不好弄的。
>
> ——管德访谈（2011 年 10 月）

管德的工作是有成就的，但歼 13 飞机却由于多种原因下马了。

歼 13 飞机研制中进行的飞机气动力布局研究，采用了不少新技术，进行了包括机翼抖振特性在内的多项试验验证工作，在近 10 年的气动布局研究中，累计风洞试验达 1 万多次，这对于以后新歼击机的设计研究无疑是一个贡献。

"7210" 专业组

新中国建立以后，随着航空工业的发展，逐步形成了空气动力研究的机构和科研队伍。以后国家决定发展导弹、航天事业，航天系统也组建了空气动力的基地和研究机构。到20世纪70年代，中国空气动力的发展主要由航空、航天工业系统的科研、生产、使用和院校4个方面。

1961年，组建六院以后，为适应航空科研需要，组织发挥四方面专家的作用成为航空气动力研究的重要措施。1963年成立的航空技术委员会（国防科委的咨询机构，办公室设在六院）下设空气动力专业组，组长为沈元、副组长为王培生、庄逢甘，王南寿为学术秘书，负责统一规划气动力研究课题和风洞建设。1964年，国防科委成立空气动力学专业组，负责全国气动力学研究的规划和风洞建设，钱学森任组长，沈元、庄逢甘、马明德、徐舜寿任副组长。

1966年的"文化大革命"中断了专业组的活动，直到70年代初，六院根据当时飞机设计对气动力研究的迫切需要，对分散了的研究机构和新成立的设计机构进行了调研，并在调研的基础上，于1971年8月30日在四川绵阳召开了"气动力研究工作座谈会"。

在中国航空科研史上，这是一次非常重要的会议。尽管当时"文化大革命"还在进行中，但与会人员还是专心致志地讨论了气动力学五年发展规划，确定了当时首先急需解决的课题。会议还做出一个决定，翌年召开专门会议，把航空系统各单位技术力量组织起来，安排落实气动力研究任务。

1972年10月，会议按预定计划召开。会上提出成立专门办公室负责组织专题研究，确定把这个会议日期——"72年10月"作为任务的代号，称为"7210"任务，并起草了《"7210"任务暂行工作条例》。办公室定名"7210"办公室，隶属于六院。1973年4月，"7210"办公室成立会议在北京召开。

根据"7210"办公室的任务，成立了3个专业组，即手册组、数据组和直升机组，分别负责《航空气动力手册》的编写和出版、国内风洞试验数据使用与修正的研究和直升机气动力专题研究（含《直升机气动力手册》的编写）。

随着"7210"任务工作的开展，从事飞行力学和气动弹性专业的一批技术骨干积极要求成立专业组，纳入"7210"轨道，开展科研工作。1977年，"7210"第四专业组——飞行力学组成立。

1979年7月，"7210"的第五专业组——气动弹性组成立，管德担任了组长，副组长卢奇正、赵令诚。至此，"7210"所包含的业务范围已扩展到气动力计算、气动布局、风洞试验和试验技术、飞行力学、直升机气动力学以及气动弹性等整个气动力学研究范围。

"7210"任务办公室成立后完成的任务和活动主要有以下几项：

"7210"办公室对成果的推广较为重视。为使已取得的科研成果能尽快用于实践，曾组织过跨声速差分计算方法巡回讲课；亚声速有限基本解计算方法短训班；气动弹性力学专题讲座；飞行品质学习班等。

"7210"任务办公室成立以来，为航空事业的发展做了很大努力，取得了不少成绩。这些成绩的取得除了有明确的方向任务、有一个好的领导班子以及广大科技人员的积极性外，与各级领导的积极支持是分不开的。

国防科委副主任钱学森亲自参加了第一次气动力数值计算方法

会议，听取了汇报，对这项工作的开展做了多次具体指示，他对大力协同编写气动力手册工作给予充分肯定，指出这项工作是非常可喜的事情。国防工办副主任叶正大也曾指出，"7210"任务很重要，是一项航空气动力研究工作的基本建设，应坚持下去。三机部副部长徐昌裕在领导六院工作中，也为"7210"任务的开展提供了有利条件。六院副院长许明修对这项任务非常支持，经常参加"7210"任务活动，检查工作。总之，"7210"任务办公室的成立对航空气动力事业的发展起到了积极的推动作用，在当时的历史条件下开展协作攻关及学术交流活动，是难能可贵的。

潘一心对管德在"7210"工程的气动弹性专业组的工作有很深的体会：

> 我认为首先在气动弹性专业建设方面，从飞机设计的工程应用方面，管总是一个创始人。第二就是学术方面。我们气动弹性是一个边缘专业，不管是在601所，还是在全国其他单位、院校，都是非常薄弱的。通过管总的努力，在"7210"任务中成立了一个气动弹性专业组，这对我们这个专业发展起到了很大的作用。
>
> 首先从"7210"任务可以拿到一部分经费，这个专业领域里要搞一些课题，管总可以用这个经费给予支持。还有两年一次开技术交流会，把全国各研究所总结的经验进行交流，看看取得了什么成果。
>
> 这个作用很大。因为气动弹性力学研究内容涉及空气动力学、飞机结构力学和大气层飞行动力学等方面，是一个边缘科学，专业面比较窄，很难得到各方面足够的重视，及时地解决相关技术方面的问题。但有了这个专业组就不一样了。管总想法很多，对专业发展的下一步应该做一些什么，把握得比较准。

还有一点，"7210"任务还有一个成果评定，专业组有这个权，不需要请其他的专业来评定了。有了成果，我们气动弹性专业组里就可以评定。

所以我认为，他对我们这个专业的发展起了很大很大的作用，这确实靠管总。

——潘一心访谈（2012年3月）

潘一心认为，将一个发展历史较短、与多学科相关、研究的范围相对比较窄的专业发展起来，能够在外国技术封锁很严重的情况下，达到较高的水准，系统、科学地解决了当时高空高速作战飞机设计中的颤振计算等问题，在"文化大革命"这样一个特殊的历史时期，管德通过"7210"任务，为气动弹性专业的发展争取到了难得的机遇，他做出的努力"功不可没"。

当时，航空学会下设有空气动力学、结构动力学等专业组，而气动弹性力学介于上述两个学科之间。同时，从事气动弹性力学的人员很少，不可能在航空学会下再设立一个气动弹性力学专业组。为了气动弹性专业的发展，管总奔波于上级机关和有关厂所之间，终于在"7210"任务办公室下设了气动弹性专业组，并于1979年10月在广西南宁召开了第一届气动弹性技术交流会。在会上选管总为该专业组组长。他在主持气动弹性专业组的工作期间，做了大量的工作：

（1）人员培训

当时，从事气动弹性工作的人员都来自不同的专业，缺乏气动弹性专业的系统知识。为此，委托北京航空学院办了一期气动弹性专业的短期培训班。随后，通过定向培养气动弹性专业的在职人员，学校已培养出许多硕士。管总是北航的博士生导师，至今已培养了多名气动弹性专业的博士。这些硕士、博士已成为各单位气动弹性专业的带头人，有些已成为总师一级的人才。

（2）课题研究

气动弹性专业的课题一般都需要大量的经费，比如需用大型计算机、高速风洞等。管总采用两方面的工作，对于有型号任务的单位，以型号工作带动课题研究。对于高等院校，争取"7210"办公室给予经济支持，开展了非线性颤振、跨声速非定常气动力等课题的研究。

（3）技术交流

两年一次技术交流会，及时总结各单位型号工作中的经验，介绍课题研究的进展情况及气动弹性专业的发展方向等，对提高我国气动弹性专业的技术水平起着很重要的作用。

气动弹性专业组可以评定本专业的科技成果，把成果评定结果直接上报上级机关批准即可。这样，激发了本专业人员从事课题研究的积极性。

管总是我国气动弹性专业的开拓者和带头人，实至名归！

——潘一心访谈（2012年3月）

第九章

歼8Ⅱ

歼8大改提上日程

601所首次自行设计的歼8白天型飞机经过15年艰难曲折的战斗历程，于1979年底完成了设计定型。歼8白天型飞机的研制成功，标志着我国有能力自行研制超声速歼击机，使航空工业进入了一个新时代。歼8白天型飞机批生产了60多架，装备了空军、海军，从此我国空军、海军开始用我国自行研制的歼8飞机保卫我国的领空和领海，壮了军威，壮了国威，大长了中国人民的志气。

以后根据作战的需要，空军提出研制歼8全天候飞机的要求，即在歼8白天型飞机的基础上加、改装11项电子设备。歼8全天候飞机于1984年完成设计定型并投入批生产，交付空军、海军使用。

20世纪80年代是世界军用飞机快速发展的时代，也是通过战争实践改变制空权战略原则的时代。

经过中东和越南两场地区性战争，空军、海军和航空界的人们对歼击机的战术思想有了很大转变。从强调高空高速的截击机，转变为以突击中低空、超声速机动性的格斗为主，兼顾对地攻击的战术战斗机。随着航空电子技术的发展，又要求歼击机具有超视距作战能力，因此需要装备远距离火控雷达和相应的中距拦射导弹，同时还要有完善的电子对抗设备，即全向雷达告警器、杂波干扰机及消极干扰投放器等，以保护自己。

我国空军当时装备的歼击机显然不能满足上述要求。

70年代初，苏联研制的米格－23飞机已开始装备苏联空军，成为苏联前线的主力作战机种。该机不仅有较好的中低空性能，而且有较大的航程和装载能力，其火力控制系统有较齐全的功能。在当时中苏、中越关系紧张的情况下，无疑米格–23飞机对我国的安全构成了威胁。我国空军当时装备的歼6、歼7飞机的作战性能赶不上米格–23飞机，正在测绘仿制的歼7Ⅲ型飞机作战性能也低于米格–23飞机。

歼8飞机能否在与米格–23飞机对抗中制胜，成为当时高层关注的问题。601所在顾诵芬组织下于1979年7月写出了《歼8与米格–23空战性能对比分析》报告，以〔1979〕所科字第221号文上报给有关单位。其分析的结论是：

歼8飞机在高度5千米以上，飞行性能全面优于米格–23飞机；5千米以下，飞行性能各有所长；垂直面歼8优于米格–23；水平面米格–23优于歼8；歼8可与米格–23匹敌。但歼8白天型飞机因采用机头进气，限制了机载雷达的性能，而米格–23是两侧进气，其武器火控系统优于歼8飞机，这对歼8作战不利，也不能满足空军的要求，歼8飞机尚须进一步改进。

当时601所还在进行歼13项目的工作，在人力、设备及资金等资源分配上，歼8改进与歼13两个项目同时进行显然是有难度的。

1980年3月19日，时任三机部副部长的王其恭亲临601所召开歼8大改方案座谈会，参加座谈的有管德、赵沛霖、沙正平、吴正勇、邱宗麟、李明、杨凤田等。会上王其恭传达了空军对歼8大改的意见——"空军张廷发司令员提出歼8要大改，要两侧进气，要换6600千克力推力的发动机，加大天线口径的雷达，挂导弹。""歼8大改第一，1985年拿下来。"

在推动歼8大改的过程中，管德起到了积极的作用。杨凤田回忆说："在王其恭副部长来所调研时，管德助推了歼8Ⅱ。"

从1976年开始，所开展歼6后继机歼13，也称2号机的研制，但由于动力的原因，到1979年也确定不了方案。我们开展探索歼8改两侧进气时，所里是存在不同意见的，我们主张先搞歼8改两侧进气即歼8大改，搞歼13的同志主张继续搞歼13，不要搞歼8大改。正在这时三机部王其恭副部长来所调研，3月18日在行政大楼会议室开会，顾总在外出差没有参加会议。参加会议的有技术副所长管德、赵沛霖，副总师邱宗麟、吴正勇、方宝瑞，总体室领导李明、沙正平和我。我当时是总体室副主任，主管总体工作。开始王副部长说明来意，意思是春节后部领导与空军张廷发司令员交换意见，空军提出改歼8成两侧进气，装大口径雷达及换装大推力发动机，来所征求大家意见。吴正勇、方宝瑞、李明坚持继续搞歼13。我和邱宗麟、沙正平主张搞歼8改，尤其是我认为从当时实际情况出发，歼13由于没有合适的发动机很难维持下去，通过我们前段的论证，技术方案是可行的，研制出来是可以制胜米格-23的。两种意见坚持不下，最后管德表态，他说："歼13搞了好几年了很重要，但从目前情况看很难顺利进行下去，如果有力量可以两个都搞，但优先搞歼8改进吧。"他的意见得到了王副部长的认可，可以说管德同志助推了歼8Ⅱ。

——杨凤田《管德与歼8Ⅱ》

在杨凤田所回忆的这次会议之前，管德的意见已经很明确，他也曾多次向部领导反映过自己的想法和建议。

因为发动机没了，歼13已经不可能搞出来了。
歼13、歼9都没有以后，我出了主意。我跟部里领导同志建议，把歼8改成两侧进气，前面可以装雷达，还可以多装一点武器装备，作战性能也好一点，但研制进度要快，因为歼

8本来已经有了，是一个老飞机。

我为这件事找到当时副部长，因为我跟他们熟，他们都是四局的老领导，像徐昌裕等老领导，都很熟。我去了以后，可以推门就进他的办公室，用不着先预约。

——管德访谈（2011年10月）

经过使用部门和工业部门的详细研究，认为在歼8飞机基础上进行大改是可以适应现代空战需要的，而研制费仅为研制新歼击机的十分之一。

歼8Ⅱ立项

1979年8月，三机部根据《歼8与米格-23空战性能对比分析》报告，发出了三计〔1979〕1415号文《关于对歼8飞机实现全面技术改装可能性论证的通知》。文中要求："歼8飞机在其研制过程中，由于受到当时的技术基础和研制手段的限制，飞机的战术技术性能尚未充分发挥出来，有必要在实现设计定型的基础上，进一步加以改进、发展。下一步设想应总体上对飞机的气动总局进行调整，实现两侧进气，以提供较宽敞的空间，改进先进的火控系统……从而提高飞机的战术技术能力。为此请601所组织必要的力量，对上述意见进行研究，提出一个歼8大改方案，报部审议"。9月11日，601所在科研生产例会上传达三计〔1979〕1415号文，并布置了有关工作。在顾诵芬总师的组织下，有关专业进行了认真研究、计算。1980年2月提出了《歼8（白天型）增加外挂能力设想》，这一设想形成了歼8Ⅱ型飞机的雏形，为型号上马提供了科学的依据。

1980年4月10日,三机部一局电话通知,要601所在4月13日之前到部汇报歼8大改工作。4月11日,三机部又来电话通知,此次汇报,顾诵芬必须参加。就在顾诵芬要出发的那天,发生了一个意外。

> 1980年4月10日,三机部电话通知,要求601所派人向部里汇报,而且要求顾总必须参加。经研究顾总决定带我去北京汇报。不幸的是在准备去京的上午,顾总在组织有关专业讨论进气道设计方案时,由于连日辛劳,不慎摔倒,伤势很重,昏迷不醒。送医院抢救清醒后,用很微弱的声音对我说:"我去不了,你一个人去,到北京后找老管(指管德副所长)。"我到京立即找到管副所长,一起到部机关向有关局、办汇报了歼8大改方案。112厂总工程师罗时大、总工艺师顾元杰也参加了会议,会议确定要准备向部党组汇报的材料。由我执笔编写了《歼8两侧进气全天候飞机研制设想》,经管副所长审定后,1980年4月16日上午,在三机部二楼会议室由管德向出席部党组会议的吕东部长,段子俊、油江、王其恭、于辉副部长,刘鼎顾问等简要汇报了歼8大改的研制设想。经认真讨论,吕东发表了结论意见:"歼8大改部党组已在会前交换了几次意见。可以定下来,会后尽快联系,向国防工办汇报。"4月18日下午,王其恭带领管德、我和部机关的同志参加了由国防工办叶正大副主任主持的会议,听取了歼8大改汇报。4月24日,王震副总理主持召开会议,确定研制歼8大改。会后管德带领我与空军指挥机关的同志一起研究由我草拟的《歼8两侧进气全天候型飞机主要战术技术要求》,经与空军机关反复协商确定的文稿,经张廷发司令员签发上报。1980年9月4日,总参谋部、国务院国防工办联合正式批复歼8改

进型主要战术技术要求,并定名为歼8Ⅱ型飞机。

——杨凤田《管德与歼8Ⅱ》

这一段历史,已经载入了601所所史和歼8Ⅱ研制史。

相当于研制一架新机

从1980年9月4日正式立项开始,歼8Ⅱ研制工作在601所和相关单位全面铺开。此后不到4年时间,歼8Ⅱ飞机实现了首飞。翻开歼8Ⅱ飞机研制的日程表,可以看到这是一个令人惊叹的速度。

1980年12月,召开了歼8Ⅱ型飞机火控、飞行控制系统和电子设备选型方案论证会(8201会议)。

1981年5月,在北京召开了歼8Ⅱ型飞机方案论证会(8203会议),初步确定了歼8Ⅱ型飞机的研制方案。

1981年底,601所完成了供技术设计用的飞机总体图。

1982年5月,完成了木质样机制造,6月召开了木质样机审查会,通过了样机审查,冻结了飞机的技术方案。

1982年底,601所发完了飞机结构图样,沈飞公司开始了飞机试制的准备工作。

1983年初,沈飞公司正式投产歼8Ⅱ型飞机零批飞机。

1983年5月,601所发出了全部飞机生产图样。

1983年10月26日,总参谋部、国防科工委发出了〔1983〕技六字第2745号文,联合批复了《歼8Ⅱ型飞机研制方案》,确定了歼8Ⅱ型飞机的战术技术要求。

1984年3月，歼8Ⅱ0001架飞机总装完毕，移交试飞站进行首飞准备。

1984年6月12日，歼8Ⅱ0001架首飞成功，开始了调整试飞。

1984年8月9日，航定委以〔1984〕航定字第31号文批复了《歼8Ⅱ型飞机设计定型试飞大纲》。

1984年11月27日，歼8Ⅱ0001架飞机转场到630所，开始了定型试飞。

1988年1月底，完成了定型试飞。4架原型机共飞行588个起落/451小时。

1988年3月11—15日，在601所召开了歼8Ⅱ型飞机技术鉴定会，通过了技术鉴定。

1988年10月15日，国务院、中央军委军工产品定型委员会以〔1988〕军定字第21号文，批准歼8Ⅱ型飞机设计定型。

歼8Ⅱ型飞机的研制成功，是我国自行研制歼击机道路上的又一次重大飞跃，使我国航空技术的发展又上了一个新台阶。为航空工业又树立了一个新的里程碑，同时也摸索出了一套完整的、科学的、有效的型号研制管理办法，为航空工业的继续发展开创了新的路子。

歼8Ⅱ型飞机是在歼8飞机基础上改进设计的。其改进的重点是突出中低空机动性和超视距作战，并对与之相应的分系统进行更改。这样，把更改面控制在最小范围，以保证用较低费用在较短时间内能拿到适应当代空战环境的新歼击机。要实施超视距作战，最主要的是把歼8原来的机头进气形式改为两侧进气形式，这样可以在机头装一个作用距离比歼8高1倍的雷达，其天线直径达700毫米。经过601所进气道设计专业同志十多年的研究和试验，并参考了国外飞机两侧进气的设计特点，终于设计出了歼8Ⅱ型飞机的两侧进气道，歼8Ⅱ型飞机的两侧进气道采用较大的进口唇缘圆角半径，控制了喉道边界层增长，在管道进口加装了导流片，使进气效率在低速时比歼8提高了6%，而超声速时仍保持了歼8的高水平。同时由于流场均匀性的改善，飞机即使在高空小表速时发射距进气口侧边不到半米处的红外导弹，也不会造成发动机停车。歼8Ⅱ型飞机两侧进气道设计成功是保证全机满足战术技术要求的基础。

为了突出中低空跨声速机动性，歼8Ⅱ型飞机装用了在涡喷13基础上采用气冷叶片高温涡轮的涡喷13AⅡ发动机，其静推力比歼8用的涡喷7甲提高了10%，使歼8Ⅱ型飞机的低空爬升率比歼8提高了17%，而稳定盘旋过载也提高了7%。

突出中低空机动性的另一方面改进，是提高滚转效率。歼8交付部队使用后，据反映，在空战格斗时，因滚转率不够而对歼7不能占优势，因此要求歼8Ⅱ型飞机提高副翼的效率。601所根据歼8飞机搞过增稳系统的经验，决定采用电传操纵差动平尾，这在国内是首创。经过各分系统主管设计师的努力及充分的地面试验后，进行了试飞。飞行员评价：采用差动平尾后，滚转效率明显提高。实测表明，亚声速滚转效率比歼8高45%，突出了低空机动性。

为提高歼8Ⅱ型飞机的作战效能，采用了数字式火控计算机和大气数据计算机，加装了可以定飞行高度、自动改平、俯冲自动拉起、对飞机三轴人工增稳的自动驾驶仪。

为适应新装系统的要求，加装了两台自行研制的6千伏安电磁恒频交流发电机。液压系统改用210大气压、流量80升/分的液压泵。由于系统的变化，新研制和改进的成品达158项，占成品总数的30%。

同时，根据空军关于改善飞机使用维护性的要求，歼8Ⅱ型飞机在结构设计上加大了口盖面积，使用维护口盖总面积已达全机表面积的22.8%。在设备安装上采用相对集中、分层布置的方法，并配备方便的随机工具，做到维护省时省力。在地面设备上，配套研制了牵引车、雷达通风车、交流电源车、液压泵车和压力加油车等。所有这些措施使歼8Ⅱ型飞机再次起飞准备时间缩短到25分钟以内。

歼8Ⅱ型飞机从外表看仅在进气道和腹鳍上与歼8不同，但飞机内的系统则有很大改变，所以重新设计的生产图样达80%，可以沿用歼8原形的生产图样也因国标化的要求而重新绘制，导致设计图样的工作量几乎和全新飞机一样，由于进气形式的改变及外挂武器种类的增多，高低速风洞试验也做了1.8万多次。为了保证飞行安全，飞机结构、系统及武器等做了将近100项的重大地面试验。

歼8Ⅱ型飞机虽属改型，但实质上其设计工作量相当于研制一架新歼击机。

现场总指挥

歼8Ⅱ试制任务落在了当时称为松陵机械公司的112厂。

112厂的前身是张学良在1930年建的飞机厂。1951年6月正式创建，被命名为国营第112厂。1956年12月，启用厂名国营松陵机械厂。1979年6月，改称松陵机械公司。1986年1月，更名为沈阳飞机制造公司。1994年6月，经国家经贸委批准，在原沈阳飞机制造公司的基础上，组建了沈飞工业集团，公司更名为沈阳飞机工业（集团）有限公司（简称沈飞公司）。

为了加强松陵机械公司对歼8Ⅱ型飞机研制的指挥调度能力，强化型号总设计师系统技术责任制，确保型号设计生产问题得到及时的协调和处理，加速歼8Ⅱ型飞机研制进程，1982年9月，上级决定将601所副所长管德调入松陵机械公司任第一副经理兼总工程师。

1983年，彭真（右二）视察沈阳112厂，左一为管德

杨凤田在一篇回忆文章中写道：

> 由于历史原因，沈飞和601所关系存在一些问题，为了协调好厂所关系，更为了强化歼8飞机的研制，航空工业部党组在1982年年中酝酿对沈飞公司领导班子进行调整，据说在北航召开了专门会议，拟由管德出任公司总经理，唐乾三出任公司党委书记。会上，管德说服了部领导，由唐乾三出任总经理，吕一力任党委书记，管德出任公司总工程师并兼任歼8Ⅱ研制现场总指挥，这在航空工业是没有的，一般现场总指挥都由试制厂的总经理担任，由此可见部党组对管德同志的信任和期望。
>
> ——杨凤田《管德与歼8Ⅱ》

为适应新机研制的需要，松陵机械公司新的领导班子对一些不合理的管理体制进行了大胆的改革，把一些延续了几十年的仿制体制，初步改造为能够适应自行研制的体制。为了协调好厂所关系，有效推行以总工程师为首的生产技术责任制，加强对歼8Ⅱ型飞机研制工作的领导，公司决定组建新的组织机构。

首先成立了歼8Ⅱ型飞机研制领导小组，管德担任了领导小组的组长，副组长为顾元杰（公司副经理）、顾诵芬（公司总设计师），在领导小组下设立了现场工作组、成品工作组、材料工作组和计算机辅助制造工作组（CAM工作组）4个小组，职责为协助领导小组抓好各项具体工作。

此外，在总工程师领导下，1983年松陵机械公司组建了主管工程师室，作为总工程师、总设计师、技术副经理的办事机构。主管工程师室的人员构成由厂所共同选派，其主要职责是：对厂所和厂内各生产技术单位的新机研制工作进行协调、督促、检查；进行设计，试制信息反馈处理。主管室在总工程师、总设计师和科研副经理的领导下，做了大量的工作，成为厂所研制工作的纽带，有利地促进了歼8Ⅱ型飞机的研制。

进入1984年，歼8Ⅱ型飞机的研制已进入地面系统联试和总装配阶段。航空工业部按国防科工委1983年11月召开的重点武器装备总设计师系统和行政调度指挥系统会议的精神，结合部内的具体情况，除继续加强从部到公司、厂所的纵向指挥系统外，还要建立以型号为中心的横向协调指挥系统，形成矩阵管理体制。为此部决定在沈阳建立歼8Ⅱ型飞机研制现场指挥部，作为航空工业部的派出机构。其主要职责是：根据国防科工委、总参谋部批准的飞机研制总方案（其中包括战术技术性能、技术状态、研制总进度、研制经费概算等），在研制现场对部属承担本型号任务的公司、厂所实施横向协调指挥，直到生产定型为止。

指挥部的任务有以下几项：

1. 按照部级总网络图，编制本型号的专项或分阶段工作网络图，编制与之相适应的专项工作措施，并发有关单位执行。

2. 及时检查了解有关研制单位任务完成情况（包括协作项目），并向有关主管单位反映情况。航空工业部在考核、调整有关单位完成年度、季度科研新机计划时，要充分听取指挥部的意见。

3. 定期或不定期发出本型号的研制工作通报，通报以航空工业部下达的计划和主、辅机厂所之间签订的协议或合同为依据，按照执行情况的不同进行表扬和批评，同时对有关单位反馈的信息和提出的问题，指挥部要及时组织处理。

4. 部在新机奖金分配时要征求指挥部的意见。指挥部对型号任务研制有显著贡献的单位，可提出给予奖励的建议。奖金统一由部核定下达。

5. 协同航空工业部有关司局检查有关研制单位的科研试制费使用情况。

1984年1月，航空工业部确定了歼8Ⅱ型飞机研制现场指挥部组成人员。管德兼任现场总指挥；副总指挥由王若松（兼）、顾元杰（兼）担任。

杨凤田回忆：

现场指挥部是航空工业部的派出机构，有权对有关参研单位实施协调指挥，沈飞公司和601所共同组建了指挥部办公室，在管德的领导下，与总设计师系统密切配合，很多问题都及时得以解决。如02架静力试验机，设计做出两处重大设计更改，工厂要付出一定的经济损失，但为保证试验万无一失，管德同志果断做出重新加工制造的决策，保证了试验的质量和进度。

——杨凤田《管德与歼8Ⅱ》

1984年2月8日，现场指挥部在松陵机械公司召开了第一次工作会议。管德主持了会议。会议首先研究分析了歼8Ⅱ型飞机研制形势及任务，为确保歼8Ⅱ型飞机优质安全"七一"上天，要求各有关单位积极行动起来务必在6月10日前完成开飞前的各项准备工作，留下20天请领导机关审查批准放飞。会议还讨论了指挥部的人员构成及歼8Ⅱ型飞机的评审安排等问题。

为了加快歼8Ⅱ飞机研制步伐，按计划首飞上天，在管德的组织下，现场指挥部认真总结了过去新机试制的经验教训，发现过去一直采用的横道图（周期表）、框图（装配顺序图）等方法组织飞机研制有明显的缺点。一是把整个研制过程分割成若干独立阶段，看不清主次工程及大量相关因素的交叉关系，不利于合理地计算和分配时间；二是容易漏项，造成失误。因此，指挥部决定采用系统工程的管理方法，应用网络技术实施新的管理模式。先后编制有118个管理点的Ⅰ级网络图、8份Ⅱ级网络图、14份Ⅲ级网络图。网络图的应用不仅便于指挥部及时组织协调，也使各执行部门有了明确的目标、全局观念和紧迫感。网络图的应用也使成品供应和总装前的试验工作紧张而有序地进行。

为了充分发挥试制费的使用效果，调动广大职工的积极性，管德和公司总会计师朱克俊领导组织了技术经济承包、制定了《歼8Ⅱ飞机技术经济合同考核办法》，与7个系统、13个科室、28个工艺室、32个车间签订了合同。承包制的实施调动了职工的积极性，确保了研制进度，抢回了耽误的时间，同时也节省了大量研制费，据不完全统计，仅生产准备阶段就节约了140万元。

管德在领导歼8Ⅱ试制中，始终坚持"军工产品，质量第一"的方针，不断强化质量控制，制定了《歼8Ⅱ型飞机研制质量保证大纲》，对研制的各个方面提出质量要求和责任制。为了确保首飞安全，管德亲自出任质量复查小组组长，对飞机专用零件，特别是关键件、重要件、部装、总装逐项进行检查，对检出的问题都进行了妥善处理。

管德在领导试制中身体力行，哪里有问题，他就出现在哪里。大锻件有问题他到北京找部里协调解决，沈阳没有车票，他跑到鞍山上车，办完事连夜赶回沈阳是常有的事。

——杨凤田《管德与歼8Ⅱ》

对于管德在歼8Ⅱ研制中解决诸如大型锻铸件问题，顾诵芬也有很深的印象。他回忆：

> 管德抓住了加快歼8Ⅱ飞机研制进度的关键。
>
> 一个就是用数字化的模线样板。这件事112厂已经弄了好几年，也买了一些必要的设备，但还不能完全满足实际应用的需要。管德去后采取的办法是：利用601所的计算机，算出外形数据，算完以后派人带着数据赶到北京625所，利用625所的大型绘图机，画好图再带回沈阳。最紧张的时候，晚上出发，第二天到北京，工作一天，晚上再赶回沈阳，一天两夜跑一个来回，就这样加快了模线样板的工作。
>
> 还有一个是大型锻铸件，这是关键，需要与部外的单位协调。为了保证协调工作顺利，都是管德亲自到北京来办。经常也是头天晚上从沈阳出发，第二天一早到北京，到北京就到北兵马司找相关部门，有时候直接到部长那儿批，解决问题，晚上再回来，经常只能买到晚上12点以后的火车票。
>
> 回到沈阳，大概是上午9点不到一点儿，他还有一个特权，工厂会派车接他，到厂以后，9点半准时开生产会。管德就是凭这么个精神才把歼8Ⅱ研制进度推上去的。
>
> ——顾诵芬谈话（2012年5月）

"唐管二顾"

在这个庞大复杂的系统中，管德身兼数职。型号研制现场总指挥、型号副总设计师、试飞领导小组组长。型号行政总指挥何文治曾经诙谐地将歼8Ⅱ研制工作的主要负责人称为"唐管二顾",即沈飞公司经理唐乾三(注),现场总指挥、公司总工程师管德,公司总设计师顾诵芬,公司副经理顾元杰。

1991年,中国航空工业创建40周年的时候,由时任航空航天工业部副部长姜燮生任编委会主任、周日新任主编,组织编辑了《中国航空工业四十年》大型纪念文集,其中收录了唐乾三撰写的《歼8Ⅱ飞机的系统工程管理》。

文中写道:

> 1982年11月,在参加航空工业部计划会议期间,我就在想:有一个厂也在研制新机,比我们早动手一年半左右,如果我们和兄弟厂来一个竞赛,说不定就可以极大地调动广大职工的积极性。会议期间,我就把这个想法向王其恭副部长做了汇报。我说,这个想法还要向公司常委汇报,和干部职工商量一下,采取背靠背地赛。当时得到了王副部长的赞成和支持。
> ——唐乾三《歼8Ⅱ飞机的系统工程管理》

在"唐、管、顾、顾"和有关部门领导互相配合下,歼8Ⅱ飞机从设计开始,3年半首飞;从设计部门发完结构图开始,1年5个月首飞;首飞之后,100天完成不带外挂物的调整试飞。唐乾三写道:"1984年6月12日,也就是在兄弟厂的新机上天的45天之后,歼8Ⅱ型飞机首飞成功,研制周期缩短了一年多,从而赢得了竞赛的胜利。王其恭副部长对我说:'当时你们提出要竞赛,我真替你们捏了一把汗。现在看来,沈飞公司的职工真能打硬仗,是一支特别能战斗的队伍。'

1989年,歼8Ⅱ飞机开始装备部队,在我国航空装备史上掀开了新的一页!"

歼8Ⅱ的研制过程,证明了管德不但是一位优秀的飞机设计

师,同时也是一位出色的系统工程管理者和实践者。他回忆:

> 在歼8Ⅱ项目上,我担任了副总设计师,后来还担任了现场总指挥。
>
> 我抓得比较紧的是工厂、车间。原计划年底首飞,我们用了很短的时间,1984年6月就实现首飞了,比计划早了3个月。
>
> 试飞也进行得很快,属于工厂试飞要做的工作,大概3个月就全飞完了。以后就转场到了阎良的试飞院。
>
> 我和老顾说好,那时候他当总设计师我当副总设计师,我说你就去干你的技术,剩下的事你不用管,我替你顶着,这样他就好办多了。
>
> ——管德访谈(2011年10月)

现场总指挥,顾名思义,就是研制现场的计划、组织和出现的问题都需要由他领导、组织、研究、处理、解决。

在管德领导下,松陵机械公司在歼8Ⅱ研制中采用了计划评审技术,按飞机制造程序编制计划网络图,使整个试制工作形成一个整体,全面有序。同时,在执行计划中采取高度平行交叉作业,尽最大可能缩短试制周期。

在原型机试制过程中,除加强行政指挥外又实行了经济承包责任制,把质量、进度、费用三位一体进行承包,极大地调动了职工的积极性。

新机研制是制造厂和设计研究所共同的任务,搞好厂所关系,相互支持、密切配合,是保证新机研制的重要条件。管德领导下的现场指挥部以及联合的办公室、联合工作组发挥了巨大的作用。

1983年春节后,601所重新调整了跟产队,加强补充了跟产队的力量，与公司的试制人员一起工作，深入现场及时处理试制中出现的问题。而松陵机械公司主动承担了601所各项试验所需试验件、工装设备、试验台的加工，保证了601所试验顺利进行。由于601所与松陵机械公司紧密团结协作，加快了飞机的试制进度。

顾元杰在一篇回忆文章中写道：

> 歼8Ⅱ研制过程中，厂所互相帮助，积极配合，关系密切的程度，解决问题的程度，都创造了国内的最高水平，被誉为航空工业部系统厂所结合的典范。
> ……
> ——顾元杰《新的突破——歼8Ⅱ型飞机研制回忆》

对于管德在松陵机械公司的工作，顾诵芬有很高的评价：

> 112厂是航空工业创建之初就有的老厂、上万人的大厂，有多年的光荣传统。要领导这样一个厂子是很不容易的，但管德去了，与原有的厂领导班子，尤其是唐乾三同志的关系处理得很好，技术人员、干部职工都接受他的领导，厂所关系也处理得很好，为歼8Ⅱ的研制工作创造了很好的环境和条件，这说明了管德的领导、管理能力是很强的。
> ——顾诵芬谈话（2012年1月）

对此，管德谈得很简单，对自己在担任112厂第一副经理、总工程师的工作也是轻描淡写，评价只有一句话——"大家还是比较满意的"。

> 部里让我去112厂，我说我干不了，那是2万多人的一个大厂，从解放初期就创建起来的，那么多年形成的体系，我一

个外来户，想去管人能管得了？我说也就管协调厂所关系行，这我能协调好，保证不打架。后来我这个现场总指挥就负责厂所关系的协调。

我管厂所关系，大家还是比较满意的，因为我比较公平，不偏向这个，也不偏向那个。原来工厂、设计所两家矛盾很大，老觉得对方占自己便宜了，后来我负责这事以后就好了，一个礼拜开一次会，什么事都没有了。

当时成立了一个主管工程师办公室，负责联络。下面就几个人，每个人联络几个车间，几个科室，发现问题就往上报。

——管德访谈（2011年10月）

112厂派到主管工程师室的许德祥，1958年毕业于南京航空学院，是1956年4月28日，中央人民政府高等教育部决定南京航空工业专科学校改为南京航空学院以后具有大学学历的毕业生。1983年，经过唐乾三厂长亲自过问，才得以从34车间调至主管工程师室工作，就此有了一年多在管德总工程师直接领导下工作的经历。这一段时间里，歼8Ⅱ的研制从设计发图到完成总装，历经除试飞外的研制工作全过程。他总结了自己在管德领导下工作的体会：

一、班子团结，组织严密，敢于领导，善于协调。
二、抓住时机，做好政治思想动员，经济责任承包跟上。
三、实事求是，深入一线，抓住重点，解决矛盾。

——许德祥访谈（2012年3月）

许德祥质朴、干练。在112厂，上自一把手唐乾三，下到普通的工人师傅，都亲切地称他"祥子"。他回忆：

现场总指挥主要是协调总设计师与总工程师两个系统的。

> 管总他是搞设计出身,对工厂不是很熟悉,生产流程不一定很熟悉。但他到了工厂以后,和各位副经理(我们那时候不叫总经理,叫经理)相处都很好,工作中相互支持、相互理解。
>
> ——许德祥访谈(2012年3月)

许德祥回忆,按歼8Ⅱ型飞机一级网络图要求:1982年底601所已完成结构图发图工作;1983年1月—1984年6月完成首架飞机首飞工作;1983年1—10月完成生产准备工作;1983年10月部装车间开工。

根据当时研制进度,公司经理办公会要求部装车间特别是前机身车间提前一个月开工。这时,前机身车间于9月20日八大组合件全面开工,并于10月7日在管总主持下召开决战四季度大干歼8Ⅱ型飞机誓师大会。

正当前机身车间研制工作紧张有序地展开之时,从601所传来设计更改消息:歼8Ⅱ型飞机模型在高速吹风后发现进气道载荷有变化,需要在进气道15~19框段进行设计更改4处:一处是加强18框下部,增加4根型材、2个角盒;一处是加强15框上部,增加2个角盒;一处是更改蒙皮歼8Ⅱ-0220-0-73厚度,从1.2改为1.5;一处是15~18框段、18~19框段增加纵向长桁、隔板。增加和更改零件涉及20多项,这样大的更改,使得前期10个月生产准备工装均要做出相应更改,虽然不是全部推倒重来,但这么大的更改工作量使工厂生产调度部门、车间都很难决断,这严重影响了生产准备和生产进度。

许德祥说:

> 主管办迅速将此事报管德,管总将当时系统工程理论、并行工程做法创新地结合起来,他组织601所飞机设计人员和沈

飞公司生产、工艺、工装设计人员联合进行技术交底。实质上就是将飞机研制网络图上许许多多串行的工作流程原来是分步骤、分周期进行的工作，尽可能地通过系统工程管理、并行工程运行，使得后期串行的工艺审查、工艺设计、生产准备、甚至零件制造等提前并行运行。这样一来，虽然由于设计更改造成工厂已开展的工作几乎推倒重来，按过去的管理办法肯定推迟研制进度，推迟飞机首飞时间，但由于管总采用系统工程新力量、并行开展研制工作，使得这次大量设计更改严重影响生产进度的矛盾得以解决。

——许德祥访谈（2012年3月）

许德祥列举的这一类的例子很多。

有工厂工作经验的人都能够体会到，生产过程尤其是新机试制中，设计、生产、质量等部门经常会闹矛盾。由于各部门、单位承担的责任不同，必然就会有不同的立场、观点和意见，冲突和争执也时有发生。在这种情况下，只有领导深入实际，亲自听取各方意见，从大局出发，妥善协调和处理质量与进度、设计与工艺以及任务和经济利益之间的复杂关系。这需要领导者有高超的工作技巧和方法；统筹、驾驭全局的魄力；充分考虑各方面意见、加以判断的敏锐；也要有长期积累起来的与各方面的干部、技术人员、管理人员、工人群众之间的友好和谐的关系、亲密无间的感情和崇高的威望。

在许德祥心目中，管德具有解决问题和矛盾所需要的这一切，"所以这些矛盾也就都解决了。"

在601所派往112厂跟产队的贾鑫看来，管德与顾诵芬的密切配合也是歼8Ⅱ在最短时间里取得成功的关键因素之一。

歼8Ⅱ的时候，管总调到112厂去了，顾总是总设计师，他是112厂副经理兼总工程师，是歼8Ⅱ现场总指挥。我觉得他们俩配合得很好。

我一直是所里派到112厂的歼8Ⅱ跟产队的,跟了一年半。他们俩人共同的特点都是深入现场,总在车间里头,尤其到最后首飞期间处理技术问题。

以前搞歼8,我也跟产。那个时候处理一些问题,厂所之间总是有一些不太好处理的问题。这时候管总是112厂总工程师,处理起问题特别爽快。

这两个人对歼8系列的快速提升是起了很大的作用的。不是他们两个人更好地配合,我们这个进程不会那么快。

——贾鑫访谈(2012年3月)

对这一点,时任型号总设计师助理的杨凤田也有同感,他曾经回忆:

由于种种原因实验室的土建工程于1983年底才全部竣工,离1984年"七一"上天的目标只有半年的时间,而试验设备仍在制造中,能否按时建好试验台并做出一定飞行小时的试验,一时成了歼8Ⅱ研制的关键。歼8Ⅱ现场总指挥管德和型号总设计师顾诵芬,采取了非常措施,经过松陵机械公司62车间和601所实验室同志的共同努力,终于在4月份完成试验台的组装和调试,并于5月份完成了50个起落的试验。

——杨凤田《难忘的历程——歼8Ⅱ型飞机首飞前纪实》

对于管德的领导才能,顾诵芬由衷表示佩服,在一次谈话中,他讲到了管德的讲话水平:

1983年底,航空工业部在成都召开了一次歼7Ⅲ、歼8Ⅱ研制工作会,也是一次动员会。会议由副部长王其恭、高镇宁主持。

那次会议很隆重,四川省里的领导也出席了,规模还是相当大的。会上要求各厂领导表态,管德根本没好好准备,也没有打印稿,就在一个信封上,用钢笔写了一个简单的提纲,然后就上台讲了。

王其恭听了以后很感叹,说管德你就拿这么个提纲,讲得这么好,就说他的才能很明显会动员。

——顾诵芬谈话(2012年5月)

注释:

唐乾三,1933年出生于湖南省长沙市。1952年毕业于湖南工业学校,同年分配到112厂(今沈飞公司)。在112厂,他从总装车间主任做起,历任公司总检验师、总调度长、副总经理、总经理、董事长兼总经理。在飞机制造的大型企业担任一把手工作13年,是航空工业系统在主机厂厂长职位上工作年限最长的。他先后荣获辽宁省、沈阳市、航空工业部劳动模范称号,全国"五一"劳动奖章,国家级有突出贡献的科技管理专家,全国"军转民"优秀企业家和全国科技实业家创业奖银奖,第五届全国优秀企业家(金球奖)等奖励和荣誉称号。

歼8Ⅱ首飞

1984年3月1日,航空工业部以航飞函〔1984〕307号文,发出了关于成立《歼8Ⅱ型飞机试飞领导小组的通知》。为搞好歼8

Ⅱ型飞机的试飞组织领导工作，部决定成立"歼8Ⅱ型飞机试飞领导小组"，职责是在部直接领导下，负责歼8Ⅱ型飞机定型试飞工作。

现场总指挥管德又有了一个新的职务——歼8Ⅱ型飞机试飞领导小组组长。

型号总设计师顾诵芬、型号试飞指挥员王昂、部试飞处副处长郭玉斌担任了副组长。成员有：型号试飞副总设计师张克荣，空军第一试飞大队大队长、型号试飞员兼指挥员曲学仁，型号试飞副总设计师钱家骦，空军试飞团副团长、型号试飞员兼指挥员黄炳新，部新机办副主任工程师郭志孟，部试飞处型号试飞主管王勇。

按照航空工业部的决定，试飞领导小组的任务是：

1. 组织领导0批飞机试飞前全部准备工作，首飞放飞报告由型号总设计师、型号现场总指挥、型号试飞指挥员签字，报部审批后放飞。

2. 协调沈阳、阎良两地的试飞工作，并组织落实。

3. 审定需要协调确定的技术文件。

1984年2月11日，航空工业部与空军司令部共同发出了关于成立歼8Ⅱ型飞机试飞员小组的通知：为搞好歼8Ⅱ型飞机首批试飞员理论改装和飞行改装，完成首次飞行和调整试飞阶段试飞任务，决定成立"歼8Ⅱ型飞机试飞员小组"。

组长由科研试飞英雄王昂担任。

1984年3月23日，航空工业部与空军司令部联合发出关于成立"歼7Ⅲ、歼8Ⅱ型飞机试飞顾问组"的通知。为保证新机试飞工作顺利进行，经研究决定：成立"歼7Ⅲ、歼8Ⅱ型飞机试飞顾问组"，成员中有空军著名的飞行员、空司科研部部长葛文墉（任组长）、空军十一航校校长栗世训（任副组长）、空一师副师长鹿鸣东（任副组长）、空十师巡视员苏国华、空军学院教员吴克明、空军十一航校研究员蒋德秋、空军十一航校副团长何新民。

为了保证歼8Ⅱ型飞机按时、优质上天，并顺利进行试飞，经601所研究决定成立歼8Ⅱ型飞机跟飞组，负责歼8Ⅱ型01架调整试飞阶段的外场试飞技术工作。跟飞组的行政和政治工作均由601所二十九室（外场试飞室）负责。现场的业务工作由歼8Ⅱ型飞机型号副总设计师宁树权同志直接领导。跟飞组由二十九室主管工程师吴宏猷同志任组长。组成人员有：贾鑫（总体专业）、李兵（性能专业）、刘守仁（进气道专业）、潘祥生（操纵专业）、高云凯（液压专业）、孙卫航（燃油专业）、裴国钧（电气专业）、王瑞卿（仪表专业）、张德魁、吴宏猷（外场专业）。

经过精心组织安排，首飞前的准备工作一切就绪。1984年6月9日，管德与型号试飞指挥员王昂共同签署了"同意歼8Ⅱ型飞机01架首飞"的报告。型号总指挥何文治副部长批准同意放飞。

歼8Ⅱ型飞机首飞指挥员王昂、歼8Ⅱ型飞机现场总指挥管德、歼8Ⅱ型飞机总设计师顾诵芬和歼8Ⅱ型飞机总指挥何文治分别签字同意歼8Ⅱ型飞机首飞

6月12日7时正，管德、顾诵芬、王昂等有关人员准时到达试飞站。气象台报告能见度只有2千米，飞机没法起飞，只好等待天气。大约9时30分，气象台报告本场能见度4千米，试飞指挥员下令歼教6升空看天气。10时左右，试飞员刘刚、彭迪宇驾驶歼教6起飞，10时20分两名试飞员报告空中天气情况后，试飞领导小组决定10时30分所有人员进场，11时起飞。

歼8Ⅱ首飞前，管德（中）与何文治（左一）在机场

11时，首席试飞员曲学仁进入座舱，开车检查，在得到试飞员报告飞机一切正常后，指挥员命令起飞。

1984年6月，歼8Ⅱ首飞前与试飞员曲学仁（右一）

1984年6月，歼8Ⅱ首飞前与许焕刚（左）、杨凤田机场合影

11时14分，歼8Ⅱ型01架飞机腾空而起，机场顿时欢声雷动。飞机升至高度1500米，速度500千米/时，试飞员报告飞机、发动机及其他系统工作正常，飞行感觉良好。

总参、空军、海军、航空工业部和辽宁省、沈阳市的领导及参加放飞评审会的全体代表，以及有关厂所的领导干部、部分科技人员代表观看了这次首飞。

飞机完成规定任务后，试飞指挥员命令返场着陆。11时28分，身姿矫健的飞机安全着陆，机场一片欢欣鼓舞，人们用掌声和欢呼迎接试飞员走下飞机。领导同志接见了首席试飞员曲学仁，少先队员献上了鲜花。那一刻，现场每一个人的心情都激动无比，记者和工作人员跑前跑后忙碌着，用摄像机、照相机真实地记录着这令人难忘的场面。

歼8Ⅱ飞机首飞，少先队员献花

杨凤田回忆：

在总设计师顾诵芬的密切配合下，在总经理唐乾三的大力支持下，管德充分发挥了他的组织才干。1984年3月31日，经过沈飞公司全厂的努力，总装车间胜利地完成了总装任务，将飞机交给试飞站，试飞站经过周密安排，仅用一个多月的时间，于5月初使飞机处于待飞状态。在此期间，试飞员、试飞指挥员也做了认真的准备，在座舱内做了实地操作演示，并于6月初进行了十余次滑行演练。经过首飞放飞评审，6月12日上午11时12分，试飞员曲学仁大队长驾驶01架歼8Ⅱ飞机风驰电掣般地滑过跑道，直插云端，十几分钟后，飞机轻盈平稳地着陆，首飞成功。

歼8Ⅱ整个试制周期仅用17个月，比航空工业部的计划（1984年10月1日首飞）提前了110天，是我国新机研制史上质量最好、周期最短的飞机，确实"创造了一个奇迹！"管德为此付出了心血，功不可没。

——杨凤田《管德与歼8Ⅱ》

歼8Ⅱ01架飞机首飞成功后，在松陵机械公司办公楼三楼会议室召开了歼8Ⅱ型飞机首飞成功祝捷大会。航空工业部副部长何文治代表部领导，向试飞员、指挥员及参加飞机研制的各工业部门、各厂所的工程技术人员、干部和工人表示热烈的祝贺和亲切慰问，并就歼8Ⅱ型飞机的研制情况、基本经验和首飞后的工作安排做了重要讲话。

歼8Ⅱ型飞机首飞成功引起中央的高度重视。6月17日，总参谋长助理谭旌樵、国防科工委主任陈彬、副主任邹家华、空军副司令员王定烈、海军副司令员李景以及有关工业部的领导，由航空工业部部长莫文祥、副部长崔光炜陪同，亲临沈阳检查飞机的研制工作。17日上午听取了型号总设计师顾诵芬的汇报。下午总参谋长助理谭旌樵，沈阳军区司令员李德生，辽宁省委第一书记郭锋，省长全树仁及省、市委其他领导，空军、海军等领导，观看了歼8Ⅱ型飞机的飞行表演。20日，各位领导亲临601所视察。21日，在松陵机械公司文化宫召开沈阳地区军工单位厂所干部会，各位领导向参加飞机研制的工程技术人员、空地勤人员、广大干部和工人表示热烈祝贺和亲切慰问，对歼8Ⅱ型飞机首飞成功给予了高度的评价。

6月23日，国防科工委向党和国家领导人胡耀邦、叶剑英、邓小平、赵紫阳、李先念、陈云、彭真等同志及中央军委、中央办公厅、国务院办公厅、军委办公厅、总参、总政、总后、空军、海军及有关部委发出了"歼8Ⅱ型飞机首飞成功"的简报。

歼8Ⅱ首飞成功比原定计划大大提前，比力争"七一"上天提前18天，这是歼8Ⅱ型飞机研制的一个伟大胜利。

歼8Ⅱ型飞机首飞成功后，为了表奖在歼8Ⅱ型飞机研制过程中做出突出贡献的单位和个人，1984年11月航空工业部做出了《关于为歼8Ⅱ型飞机研制首飞阶段做出重大贡献的单位、集体、人员立功的决定》。

松陵机械公司、601所等16个单位荣立集体功。管德、顾诵芬、肖模何等10名同志荣立一等功。

重点项目的工程验证

歼8Ⅱ型飞机在设计、试制、试验和试飞过程中，曾出现一些技术复杂，一时难以解决的问题。这些问题被列入关键技术项目，由行政指挥和总设计师系统组织了技术攻关。在30个技术关键问题中，机翼外侧挂装的1400升副油箱在高度1千米时达不到颤振速度1000千米/时的要求成为8项重点项目之一。

歼8Ⅱ型飞机原配套状态是挂装3个1400升副油箱，在副油箱挂飞前，对机翼外侧挂装两个1400升副油箱的颤振速度能否达到1000千米/时没有把握。为此，自1982年以来，601所先后进行了三轮计算分析，两轮全机地面共振试验，两轮低速颤振模型风洞试验。601所气动弹性室全面开展了摸清机翼1400升副油箱颤振速度问题的技术攻关工作。

在沈飞公司的密切配合下，利用在副油箱外表捆绑铅袋的办法，模拟飞机在不同高度、不同飞行姿态下，副油箱的质量分布、质心位置和转动惯量，开展全机地面共振试验。对应每个状态，测量了全机的频率形态和广义质量，并以此为依据，检查调整了数学分析模型，设计了低速风洞试验模型，进行了低速风洞试验，用地面共振试验的结果和理论分析方法进行颤振计算。

在设计状态飞机高度为 1 千米时，允许最大平飞表速基本接近，地面共振试验结果是 887.4 千米/时，理论分析结果是 852.02 千米/时，风洞试验结果是 844 千米/时，均不能满足 1000 千米/时的指标要求。

在此情况下，总师系统及时向空军、航空工业部进行了汇报，请求终止机翼 1400 升副油箱的配套挂飞工作。在航定委第 40 次会议决定之后，歼 8 Ⅱ 飞机更改了机翼副油箱配套状态，重新开展挂装机翼 800 升副油箱的计算、试验工作。

在 164 厂、291 厂、沈飞公司、试飞大队、601 所的共同努力下，在充分开展攻关工作的基础上，04 架飞机挂装机翼 800 升副油箱、机身 1400 升副油箱，安全突破了表速 1000 千米/时难关，满足了战术技术指标要求。沈飞公司仅用 10 天就圆满完成了副油箱大表速和强度试飞任务，为歼 8 Ⅱ 飞机的定型试飞赢得了宝贵时间。

第十章

航空工业部

科技局长

1984年,航空工业部任命管德为部科技局局长。

> 1984年底,就是歼8Ⅱ首飞以后,部里也是想提拔我,部领导说你到北京去吧。这样就把我弄北京来了,就是歼8Ⅱ飞机搞完了以后,就把我调到科技局当局长去了。
> ——管德访谈(2011年10月)

当时的航空工业部,是国家主管航空工业科研、生产的政府部门。"文化大革命"后新成立的部科技局不仅要直接主管标准、情报、材料、工艺、测试等基础技术研究所,还要代表航空工业部对部属科研院所担负起政府部门对科技工作的管理职责,一方面要组织有关院所为生产一线做好技术服务性工作,协助处理生产、新机研制中出现的问题,为生产企业完成试制生产任务提供技术服务。同时,就航空工业科研生产与各民口工业部门建立密切联系,例如,向相关单位就为新机研制设计需要的新材料做好技术交底,提出供应状态,商定新材料技术标准等。另一方面要抓预先研究,为新机发展提供技术储备,负起"粮草先行"的责任。

管德担任航空工业部科技局局长以后的1985年,中央对科学技术发展的重视达到了一个新的高度。

3月2—7日,全国科学技术工作会议在北京召开。会议对科技体制的改革问题进行了讨论。邓小平在会上发表重要讲话,指出:经济体制,科技体制,这两方面的改革都是为了解放生产力。

新的经济体制，应该是有利于技术进步的体制。新的科技体制，应该是有利于经济发展的体制。双管齐下，长期存在的科技与经济脱节的问题，有可能得到比较好的解决。

3月13日，中共中央做出《关于科学技术体制改革的决定》（简称《决定》）。《决定》指出：现代科学技术是新的社会生产力中最活跃的和决定性的因素。全党必须高度重视并充分发挥科学技术的巨大作用。当前科学技术体制改革的主要内容是：在运行机制方面，要改革拨款制度，开拓技术市场，克服单纯依靠行政手段管理科学技术工作，国家包得过多、统得过死的弊病；在对国家重点项目实行计划管理的同时，运用经济杠杆和市场调节，使科学技术机构具有自我发展的能力和自动为经济建设服务的活力；在组织结构方面，要改变过多的研究机构与企业相分离，研究、设计、教育、生产脱节，军民、部门、地区分割的状况；在人事制度方面，要克服"左"的影响，扭转对科学技术人员限制过多、人才不能合理流动、智力劳动得不到应有的尊重的局面，创造人才辈出、人尽其才的良好环境。

这一年的1月，航空工业部企事业单位领导干部会议和科技委全体会议在北京同时召开，会议的中心议题是贯彻落实中央关于经济体制改革的决定，研究部署航空工业的改革，军民结合体制，实行保军转民，大转快转全面转的问题。

时任部长莫文祥在讲话中强调：要解放思想、锐意改革、实现"加速飞机更新，大上民用产品，提高经济效益"的目标。

这是一个改革的年代，在十一届三中全会改革开放精神鼓舞下，全国上下都在以饱满的政治热情、大胆探索的精神思考着、行动着。这一年的4月25日，中央书记处201次会议听取了姜燮生关于航空工业部党组整党情况的汇报。5月11日，中央办公厅秘书局以通字〔1985〕47号文将汇报会决定的事宜通知了部党组，指出：党的十一届三中全会以来，航空工业加快了建设步伐，科研和生产形势越来越好。但是航空工业的现状同国防现代化和国民经济建设的要求相比，差距仍然很大。必须加快步伐，按照服从于和服务于党的总任务、总目标的要求，端正业务工作指导思想，努力开创航空工业新局面。

5月下旬，部党组对《通知》精神进行了传达，8月召开了紧急会议，做了贯彻部署。在这两个时间节点的中间，7月1日，航空工业部连发4项制度性文件，均为科技局职责范围——《航空工业部科学技术研究成果管理暂行规定》《航空工业部发明成果管理暂行办法》《航空工业部科学技术进步奖管理暂行办法》和《部级科学技术进步奖奖励范围和评审标准实施细则》。

管德主持下的职能部门，用实际行动回应了中央书记处对航空工业部工作提出的要求，他的工作也得到部党组的充分肯定。

> 我觉得在科技局的工作还可以，因为我胆子比较大，所以什么主意都敢出，好像工作还可以，不久又让我当总工程师了嘛。那时候就是总工程师、部科技委主任、航空研究院的院长，那也是登峰造极了。
>
> ——管德访谈（2011年10月）

严格的要求

管德在航空工业部科技局任职时间不是很长，但在他领导下的人，包括当年四局调研科的小伙伴蔡美生在内，都觉得他很严厉。

在离开调研科以后，蔡美生到了四局的第三生产处，以后就一直在航空工业领导机关工作，长期担任三机部辅机局的主管工程师，负责所主管的企业与部机关上下联系并协助企业解决发展中遇到的问题。她工作作风严谨，认真负责。在管德上任科技局局长的时候，她是科技局计划处处长。

> 我记得我们搞了一个10年科研发展规划。
>
> 其中有八大技术关键。为什么老记得这个"八"字呢？我是计划处的，八大技术关键，各专业处搞的计划都要到我这来汇总。我跟管德说开会汇报，就让他们谁主管谁说吧。管德说："不行，你是计划处长，问题不弄明白怎么管人家呀？"他就这么跟我说的。没办法，我把要汇报的内容记在小纸条上随想随看，晚上回家还得看。因为第二天要汇报，你不汇报不行。汇报会开得很顺利。
>
> 管德那人尅起人来不留面子，很厉害的。现在看来，领导厉害一点还是有好处的。
>
> ——蔡美生访谈（2012年4月）

601所原副总设计师黄德森还听到过301所的一位同志对他说起与管德有关的一件事。

301所是中国航空工业的标准化所，是专门从事航空标准化研究与发展的专业机构，业务涵盖标准研发、装备标准化服务、企业标准化咨询、国际标准化开拓、标准化理论研究、标准衍生品开发、标准信息研究、标准培训等多个领域。

> 有一次，301所的一位同志对我说，管局长要求该所提出报告，说明航标编制了多少，已经贯彻了多少（即贯彻率）。这个要求给了当时所里的领导很大的压力。因为要了解航标的贯彻情况，难度是很大的，要全面掌握航标的具体实施情况，有些工作是超出该所的业务范围的。

> 当时我感到，管总很厉害，给301所出了大难题。
>
> ——黄德森访谈（2012年3月）

标准是对重复性事物和概念所做的统一规定。

随着人类社会的发展，尤其是进入工业化时代以后，在经济、技术、科学及管理等社会实践中，人们越来越认识到不管是物的交换还是思想的交流，都必须对重复性事物和概念通过制定、发布和实施标准来达到统一，只有这样，才能获得最佳社会秩序，取得社会活动的最大效益。

为了发展社会主义商品经济，促进技术进步，改进产品质量，提高社会经济效益，维护国家和人民的利益，使标准化工作适应社会主义现代化建设和发展对外经济关系的需要，国家制定有《标准化法》。法律规定：

对需要在全国范围内统一的技术要求，应当制定国家标准。

对没有国家标准而又需要在全国某个行业范围内统一的技术要求，可以制定行业标准。行业标准由国务院有关行政主管部门制定。

航标，即航空工业的行业标准。科技局下设有标准化处，对航空工业行业标准实施归口管理。301所就是航空工业制定行业标准的主管机构。

在标准化工作中，有一句非常经典的口号——贯彻实施标准是企业标准化工作的永恒主题。管德是务实的，他不满足于只是组织制定标准，而更关心标准的贯彻实施。对于这一永恒的主题，他也不是只停留在喊口号上，他注重的是落实、检查。

但标准的贯彻毕竟是一件十分复杂的工作，尤其是在有着中国特色的工业化过程中。西方的工业化过程是出于经济活动自然规律的作用，而中国则带有很强的计划经济和行政命令的色彩，缺乏自觉性的企事业单位在推进标准化工作的过程中总有着很大的被动性。因此标准化工作的典型经验是——对标准实施的监督即对标准贯彻执行情况进行监督、检查和处理,这被认为是促进标准贯彻执行的最有效的手段。

与我国实行的国家统一管理、各级政府主管部门条块分割分工负责的政府主导型计划经济管理模式不同,美国、日本及欧洲共同体等发达国家的标准化管理体制已经完成了由政府主导型向学术团体主导型的过渡,建立和完善了适应市场经济和国际贸易的标准化管理体制。这也许应该列为中国与西方发达国家工业化的差距之一。

管德向下级单位提出了要求,但执行有很大的难度。长期从事情报、资料管理和标准化工作的黄德森有体会——管总给301所出了个大难题。

在管德任职期间,难题没有得到解决,因为他很快就离开了这个主管部门的领导岗位。贯彻实施航标依然是一个永恒的主题。

"自留地"里结硕果

1978年3月全国科学大会召开之后,在吕东任航空工业部部长、徐昌裕任副部长兼航空研究院院长时期,那一年的7月22—8月2日,由徐昌裕主持,召集航空工业系统各厂所院校的专家学者在天津召开了航空科学技术工作会议,提出了科研先行的方针和飞机发展"更新一代、研制一代、预研一代"的目标,制定了《1978—1985年航空工业科学技术发展规划纲要》,确定围绕未来新型航空武器系统——第四代歼击机,有组织、有计划地开展8个关键研究项目、10个专业方面的199个重点课题和4项基础技术的预先研究工作。

时任科技局材料处处长的侯印初对徐昌裕主持制定《1978—1985年航空工业科学技术发展规划纲要》记忆很深。她回忆：

> "文化大革命"以后，徐部长（徐昌裕）开始抓科技规划。期间，我向徐部长汇报了若干次。他留住我，说你要给我仔细讲讲，要讲清楚。他说："我觉得很多东西我还不知道。"
>
> 我还记得他问了我一个问题，他说你们嘴上老说PPM，PPM，什么叫PPM？我告诉他说，PPM是Parts Per Million的缩写，就是百万分之一，我说就是要精确到这样的精度。
>
> 他说："你们现在为什么仪器也要达到这一级？"我就给他讲，现在国外已经提到高温合金，百万分之一就是PPM级的夹杂物，我们现在根本没有办法来鉴别。
>
> 他说："行了，你留下，你再给我讲讲。我还要给你提出问题。"
>
> 对那一次与徐部长的谈话，我记忆特别深。
>
> ——侯印初访谈（2012年4月）

1983年后，不再单独编制航空科研发展规划，而由航空工业部集中编制包括生产和科研统一的"五年计划"。

在管德任科技局长期间，航空工业部开始编制"七五"（1986—1990年）计划。

侯印初，1953年考入北京航空学院发动机系发动机工艺专业，1958年毕业后被分配在三机部六所（航空材料研究所），1974年调到部科技局。她是一位典型的技术型干部，虽然处在政府部门的主管处长位置，但她很关注材料科学技术的发展动向。在科技局，侯印初主抓的是冶金技术，负责工艺处的是另一位处长——屠德彰。

与侯印初一样，屠德彰也是1953年考入北航的，他学的是飞机制造专业。1954年，屠德彰被选拔为留苏预备生，到北京俄专学习了一年。1955年赴苏，进入莫斯科航空学院飞行控制专业学习。1960年，由于中苏关系恶化，他和一批留苏学生提前回国，被留在航空工业领导机关工作。那一年，一机部一分为二，组建为一机部、三机部，三机部为国防工业部，原一机部四局（航空工业局）改为了三机部四局。

屠德彰与蔡美生同在辅机局工作过，以后又都被调到科技局。

在当年的科技局，蔡美生、屠德彰、侯印初三位处长相互配合、支持，工作关系融洽，成绩突出，很得管德局长的信任。在离开工作岗位多年以后，他们感到最为自豪和欣慰的就是当时安排的技术发展项目取得了很大进展，在今天的重点型号任务中还在发挥着巨大的作用。在他们支持下，企业和科研院所取得了成就，科研、技术人员获得了荣誉，他们为之高兴、骄傲。

回忆这一段时间的工作，蔡美生很有成就感：

这个科研规划搞出来之后，我觉得有作用，为什么？我记得从那个时候开始，我们科技局有了专项科研经费了，我们一年有2000多万的科研经费，这可是大家盼望已久的大好事。

有人说我办事有点不撞南墙不回头，我是有点倔强。

比如，我向姜燮生副部长请示工作，请他签字，赶上他正在吃饭。我说："我等你。"我就坐在他旁边。他问我："你吃了没有？你也来一份。"我说："我不要，你签完了字我才吃得下，你不签我吃不下。"

还有一次，我请另一位领导签字，他在开会，我就坐在楼外台阶上等着。他们开完会出来看到我，很惊讶，"你怎么坐这儿？"我说："我等你签字。"

我觉得这都是在调研科的时候培养了我们有这么一个劲吧。

所以我们科技局从那个时候拿到经费了，这是有史以来老技术局、老技术处没有过的。有了这个规划，上级才考虑给你经费。一年给我们2000万呢，我们有钱了。

——蔡美生访谈（2012年4月）

侯印初回忆，管德任局长时间不长，他上任以后，具体是抓"七五"计划的编制。当时侯印初是科技局材料处处长，跟管德接触得比较多的是组织和制定规划。

当时编制规划中，侯印初遇到的一个很突出的问题就是一些在她看来应该上的项目，由于上级主管部门不太了解情况，加之经费有限，所以无法列入。她说，经过努力，有一些大的项目还有可能被认可。但有的项目，尤其是较长远的一些新技术，因为大家都不熟悉，又涉及和各民口工业部门协调关系比较复杂，很难说服上级部门同意编入计划。

除了大的、能把上面说服同意的可以保留，有些立项很困难。

我印象最深的，就是我跟他讲完这个道理以后，他明白了，拍板允许给我们留下一块自留地。一个很典型的就是铝锂合金。

——侯印初访谈（2012年4月）

铝锂合金是近十几年来航空金属材料中具有较好发展潜力的一个领域。

锂是世界上最轻的金属元素，把锂作为合金元素加到金属铝中，就形成了铝锂合金。加入锂之后，可以降低合金的密度，增加刚度，同时仍然保持较高的强度、较好的抗腐蚀性和抗疲劳性以及适宜的延展性。铝锂合金主要为飞机和航空航天设备的减重而研制的，因此也主要应用于航空航天领域，还可应用于军械和其他兵器结构件方面，此外在汽车、机器人等领域也有充分运用。从20世纪30年代开始，德国、美国、英国、苏联对铝锂合金进行研制，但是真正具有商业价值的是1957年美国Alcoa公司研制成功的含锂1.1%的2020合金，用于制造海军TA-5CVigitante飞机的机翼蒙皮和尾翼的水平稳定面。

侯印初的职业敏感使她意识到，中国航空工业的发展需要对铝锂合金进行深入的研究。

铝锂合金项目往上面报，包括科工委也不一定会批，就觉得这个太超前了，现在钛合金才开始进入应用研究，复合材料刚起步，你现在又抓这个，一下难于批准。

但是我就是觉得将来复合材料覆盖不了航空材料，不可能把金属材料都取代。钛合金好不好？但也不可能把其他材料都取代。

我对管德说起我的看法。

他说，你给我讲讲铝锂合金是什么玩意儿？我就给他讲，我说在所有的金属材料中，除了镁合金以外，铝锂合金密度最小，比强度高。随着我们深入研究，有可能它的疲劳裂纹扩展门槛值还比较高。

我说咱们要继续往上报，肯定还是通不过。另外，现在和冶金部、有色总公司都是打着架呢，所以一报到科工委，肯定把我们"枪毙"。但是我们不提前走，不提前认识它，将来飞机上不去。

他一听就明白了，他说歼8也有选材这个坎过不去。他说你就列吧。所以他就同意这个就作为你小侯的自留地。你看现在上来了，如果那个时候不做，到飞机等着用的时候，没有10年时间是上不来的。

只要你把道理讲清楚，他敢冒风险。他点头了，一旦我出错的话，肯定他会担当的。所以我觉得跟他接触、合作以后，心情很舒畅。

——侯印初访谈（2012年4月）

对侯印初的体会，蔡美生、屠德彰都有同感。他们说，有些东西，他虽然不懂，但是你说透道理，让他听明白了，他在方向上会给予无保留的支持。尽管管德是从事飞机设计的出身，但他的知识面不可能覆盖全部的航空科技，不可能全懂。但他们高兴的是，毕竟有了一位有长期技术工作经验的领导，一说，他就听明白了。

他明白，歼8他搞了那么长时间了，跟他是学技术有关系，一听就明白了。

我看见铝锂合金用在现在咱们的飞机上，心里高兴。重要的是搞规划的人就要有预见，要往前看，要有前瞻性的眼光。

——侯印初访谈（2012年4月）

从621所的所史中可以看出，"七五"期间军用新材料预研项目中未见有铝锂合金，而在"八五"（1991—1996年）预研项目验收中，"铝锂合金应用研究"赫然列在A级项目的第六项。621所史记载着，"历经10年努力，完成了合金熔铸、型材挤压、热处理、表面处理、型材成形工艺研究，制出了8090合金型材，装于歼7Ⅱ后机身7项长桁零件代替LY12CS型材，减重20%。飞行193个起落115小时，未见异常。装于新机主起落架舱上翼面长桁40项零件代替LY12CZ型材，减重9.6%。飞行25个起落23小时，未见异常。"

管德留给侯印初的"自留地"里结出了丰硕的成果。621所"八五"期间的"863"计划和"九五"计划新材料预研中，铝锂合金的应用已经占有重要位置。1992年，621所铝锂合金熔铸设备与工艺及8090合金研制获航空航天工业部科技进步奖二等奖。

一代材料一代飞机。航空工业的发展没有新材料作为基础不行，我跟他接触好像没有太多的磕磕绊绊或者是怎么，你只要把他说明白了之后，好像一两次就拍了板了，决心还下得很快。

我们后面的行动也就快，就作为自己的一个小自留地，一直坚持了5年，在621所搞个小设备，小炉子里面研究出来铝锂合金。把这个锭子开坯出来的时候，很多厂里都挺惊奇。

所以我们感觉到管德虽然在科技局时间不长，但搞了这段计划，对后面的工作开展就有具体的指导意义了，作用还是挺明显的。

——侯印初访谈（2012年4月）

三位老处长的一个共同感觉是——与管德在一起工作的一年左右的时间里，虽然大家的任务很繁重，也曾遇到过一些沟沟坎坎，但应该说心情还是很舒畅的。

"向中央组织部门推荐一位优秀人才"

曾任601所党委书记兼所长的刘春义1960年毕业于北京航空学院发动机设计专业，毕业后被分配到空军工程部，在那里穿上了军装。1961年调入601所，从设计员做起，历任课题组长、专业组长、研究室主任，在歼 8 Ⅱ 研制任务中，他担任系统主任设计师，并走上了党委副书记的领导岗位。

1985 年，时任 601 所党委副书记的刘春义接受了上级交给的一项任务，写一份有关管德的介绍材料。他敏锐地意识到，管德将会有新的任用，而且这一次将不由航空工业部党组决定，要这份材料的肯定是中央组织部门。于是，他在打印好的材料前认真地手写了这样一个标题——《向中央组织部门推荐一位优秀人才》，材料落款为 1985 年。摘录如下：

> 该同志从事歼击机设计和研究工作 30 多年，是国内公认的气动弹性专家之一。他把自己全部心血都投入了颤振专业的建设与研究之中，不但解决了歼 8 白天型、歼 8 Ⅱ 的设计难题，而且也为国内相当多的机种指明了解决问题的方向。他提出先抓气动弹性人才的培养，后建立专业队伍，然后全国配套，把分散在各地的人员逐步集合起来。在气动、强度、结构、外挂、计算机等专业上协调综合发展，不但抓设计技术，而且抓计算和试验技术，引进大型计算机，筹建实验室，这些都为我国气动弹性专业建设打下了坚实的基础。他发表的《高速歼击机气动弹性分析》论文，获全国科学大会奖。在西德工作中，他把在国外学到的知识运用到国内的专业建设中，发表了《地面共振试验技术》一文，获航空工业部科技成果奖。
>
> 管德同志知识渊博、门类旁通、注重实践、严于律己，加之勤奋好学，因此逐步锻炼成为具有综合技能的优秀人才。他能将知识、才能、修养、党性融为一体，具备了现代优秀干部的基本素质。他坚定、果断，既有远大抱负又有实干精神；既能技术决策，又能实现最佳管理；既能自己动手，又能带领一班人去完成艰巨的任务。在我所任职期间，他首先积极推行改革方案，在设计室实行考核和运用经济管理手段，发表了

"改革者视为信心、决心、私心"的讲话,抨击"官商作风"和"不正之风",为改革者指明了方向。在担任松陵机械公司第一副经理期间,正确处理了复杂的厂所关系,提出了"厂所互为依存,经济上互惠互利"的准则,号召厂所干部"团结、支持、谅解",因此促进了厂所关系发展,推动了歼8Ⅱ的设计、生产工作。

在担任歼8Ⅱ现场总指挥期间,在十分困难的条件下,他推行了将技术责任制和经济责任制相结合的方法,把以总设计师为首的技术指挥线与行政指挥线联系在一起,强化指挥权威、强化横向联系,抓住龙头,摇摆龙尾,一环跟一环,变死龙为活龙,按系统工程要求,由主机带动了辅机的研制。在处理厂所设计和生产的关系上,采用紧密结合、互相重叠、高度平行交叉的办法,缩短了生产周期。在处理设计和试验关系上,采取试验先行、走一步看三步的办法(即设计时就看到生产、试验和试飞),把问题暴露到试验阶段,保证了试飞的安全。由于正确运用了现代管理并且充分地调动了各级人员的积极性,他提出的"紧迫感、危机感、人和、更上一层楼"的口号,也激发了广大职工的责任感和事业心,因此使歼8Ⅱ研制工作进展顺利,创造了三年半内便首飞上天的奇迹。由于管德同志的卓越贡献,荣立部颁发的一等功。

管德同志在领导复杂的技术工程中总是把技术、管理、信念结合起来,提倡"最佳技术原则""最深厚人和原则"和"最少领导环节原则",自己站在金字塔的塔尖,而总是活动在关键环节上。因此深受大家爱戴。他处世不计好恶,知人善任,经常告诫大家,好朋友不等于好人才,总是力求选择最合适的人放在关键岗位,因此能带出整齐的队伍。

他提倡对复杂事物要在运动中来领导。他说:"开始组织某项系统工程时,总是要乱一阵的,但是要正点开车,车开后各人自己再找座位。"他从来不把计划看成死板的东西,只有不断调整和平衡,最后才能正点到达。他有敏锐的头脑,善于捕捉时机,抓住事物本质,迎刃而解。

2012年3月,刘春义将这份保存多年的材料送给了管德传记编写组,在空白处,他认真地写下了这样的字句:"这是管德同志调往民航局之前,我代表601所基层党委起草的推荐信,限定不多于1500字。在'拨乱反正'时期,管德同志的科研管理思维,无疑极大地推动了我所的前进步伐,为我所的科技进步打下了基础。"

在这份材料的最后,仿佛意犹未尽,只是由于要求字数限制在1500字,所以戛然而止。看到这份材料,上级组织部门一定能体味基层党委对管德的充分肯定和急切希望他走上更重要领导岗位的心情。

对于选择管德到民航局担任领导职务,中央组织部做了很细致的工作。当时顾诵芬已经调到北京,担任了航空工业部科技委副主任。他还记得,中组部专门约他谈话,了解管德的情况。

> 把管德调到民航去,详细情况我不太清楚。调走之前,中组部找人谈了,调查管德的情况。那时候我正好出差回来,中组部叫我去西四大街中组部大院,问了我一些管德的情况。后来不久就把他调走了。
>
> 管德对我说起过,当时部里还在考虑,是否提他为总工程师。
>
> ——顾诵芬谈话(2012年5月)

1985年10月24日,航空工业部下发文件,任命管德为航空工业部总工程师兼科技委主任。此后一个月,管德的名字出现在中国民航总局副局长的名单中。

第十一章
中国民用航空局

服从组织决定

1985年3月19日中国民航局领导班子调整，胡逸洲任局长、党委常委，郭允中任党委书记、副局长，阎志祥、郭浩任副局长、党委常委，周世贤任党委常委。1985年11月30日中国民航局领导班子增加管德、李钊、柯德铭为副局长、党委常委。1986年7月24日，中共中央组织部组任字〔1986〕73号文任管德为民航局党委副书记。

这是中国民航事业大发展的时期，也是民航管理体制迅速变革的时期，管德、李钊、柯德铭3位干部从航空、航天系统司局级领导干部位置上调到民航局，显然是为了加强和充实民航局领导层的力量。当时民航局在政府中的级别是副部级，所以对新调进的副局长来说，应属平级调动。对此，管德等人没有提出任何个人要求，无条件地服从了组织决定，离开了熟悉的航空制造业专业岗位，来到一个相对陌生的主管民用航空运输的政企合一的部门。

管德记得，是时任中央组织部部长的尉健行找他谈的，明确中央决定要他到民航局工作。

> 是尉健行找我谈话，说决定要我到民航局去。
>
> 其实我更愿意在航空继续工作下去，但那时候就是要服从组织决定嘛，我也没说什么，就到民航局去了。
>
> ——管德访谈（2011年10月）

上任伊始

管德没有想到，上任以后的第一项工作是解决民航局职工的住房问题。

在计划经济体制下，政府部门工作人员和国有企业的职工住房是由国家统一解决的，各单位要给职工建住房，需要有上级的资金拨款、房屋建设指标。而在"先生产、后生活"的原则指导下，几乎全国绝大多数地区的职工和城镇居民住房都处于欠账过多、人均住房面积过小的高度紧张状况。

管德回忆：

> 那时候民航局的职工几乎没有一个人住房是达到标准的。那时候国家机关和企事业单位都有规定，处级干部住房是多少，科级干部是多少。
>
> 当时民航局有2000户没房子，于是我就决定买房子。
>
> 资金怎么解决呢？我刚去的时候，各航空公司还没有独立，是民航局下属的单位，当时是北京、上海、广州、西安、成都、沈阳6个民航地区管理局，航空运输业务都归民航地区管理局管，我就收他们的调节费。那时候东北、华东、中南赚钱，西南差不多平，西北就赔钱。我为他们收调节费，明确指标，一年收多少钱，这样我手里就有了钱。
>
> ——管德访谈（2011年10月）

民航局机关有2000户的住房没有达到标准，这自然是一个大问题。管德此举肯定是民航局领导班子的决定，但对于具体负责这项工作的管德，这绝对是一项极具挑战性的任务。

管德的特长是善于处理复杂棘手的问题，他用程序、制度和严格执行、一视同仁，将复杂问题最大限度地简单化。

> 我那时候住房分配就是按职工的工龄、年龄排队。
>
> 在许多单位，分房子的做法是分一回房子排一回队，分一回房子排一回队，这样一来，那些有后门的、有关系的人就总是排在前头，一般职工群众就老也分不着房子。我的原则就是排一次队，排队以后再也不准变动，所有的人就那么一个一个排。
>
> 所以我负责分房子很轻松，也很快。过去一到分房的时候，这负责分房的领导家里全是人，都来找，想要向领导说明自己的情况，无非排队排得靠前一些。我的方法简单，排好了队，到你了，你就去拿钥匙，不到你，甭管你说什么理由，都没用。就是严格的按工龄、年龄排。有一点我不是吹牛，我心眼好，我不偏向谁，你跟我近也好，远也好，咱们公事公办。
>
> 就这样，到我从副局长位置上退下来的时候，民航局所有人的房子都达到了标准。
>
> ——管德访谈（2011年10月）

在讲到这项工作时，管德还是举重若轻，显得很放松。但细想一下，从1985年底上任，到1993年离任，彻底解决这个问题，让机关"所有人的房子都达到了标准"，前后用了8年的时间，应该说实际上不会轻松。

公事公办，这是管德的一贯作风。

地处北京东四西大街155号的民航局办公楼始建于1959年，1962年投入使用，在20世纪六七十年代，也是为北京市民认可的地标性建筑。20多年以后，管德在任的时期，这座大楼与当时许多政府部门和国有企业的办公设施有着共同的特点——职工住房问题得不到合理解决的情况下，万不得已，职工宿舍挤占了办公用房。

民航大楼也进行了彻底的整顿。原来民航局的职工没有住房，有的就住进了办公大楼，一层楼里，这边是政治部办公室，旁边就有小孩哇哇地哭，职工宿舍和办公室混在一块了。还有空管局等好多基层单位也都挤在这栋大楼里，后来买了房子，就都给搬出去了。

高德仲同志花了不少力气，办了不少事，他到处寻找房源，买了相当多的房。

——管德访谈（2011年10月）

"华航事件"

1986年5月4日，全国各大报纸都刊登了这样一条消息：

新华社北京5月3日电 本社记者从中国民用航空局获悉，台湾中华航空公司波音747货机机长王锡爵驾机飞回祖国大陆，于5月3日15时10分抵达广州白云机场。机上还有副驾驶董光兴，机械师邱明志二人，以及货物22万磅[①]。现在飞

---
① 1磅=0.4536千克。

机和货物已被妥善保管。王锡爵本人要求在大陆定居，和家人团聚。中国民用航空局邀请台湾中华航空公司尽早派人来北京商谈飞机、货物及其他人员的处理问题。

据报道，1986年5月3日，台湾中华航空公司（简称华航）56岁的机长王锡爵执行飞行任务。此次的飞行路线是从泰国曼谷经香港飞往台湾，与王锡爵同行的有副驾驶董光兴及机械师邱明志。

中午12点53分，载有10万千克货物的华航B198货机从曼谷起飞。

途中，王锡爵改变航向，飞向广州。在距离广州不远的上空，王锡爵主动与地面的白云机场联系；得到许可后，15时10分，飞机安全降落。

……

自十一届三中全会以后，中国共产党在以邓小平为核心的第二代中央领导集体的主持下，一系列开明的对台政策相继出台。1979年新年，全国人民代表大会常务委员会发表了《告台湾同胞书》，第一次具体地提出了和平统一祖国的设想；1981年9月30日，叶剑英委员长发表了关于台湾的重要讲话，提出了著名的"叶九条"。1981年10月9日，中国共产党召开了规模宏大的纪念辛亥革命70周年大会。之前，时任中共中央总书记的胡耀邦发函邀请蒋经国、宋美龄、蒋纬国、何应钦、陈立夫、张学良以及其他台湾各界人士来北京参加纪念大会；1982年7月24日，全国人大常委会副委员长廖承志致信蒋经国、蒋方良、蒋纬国等，呼吁台湾当局依时顺势，毅然和谈，达成国家的统一。

在大陆方面做出政策方面的重大调整的时候，台湾方面还在犹疑之中，很长一段时间里没有做出正面回应。而王锡爵的这一举动，无疑是为中国共产党和大陆方面提供了一个有利的契机，台湾方面则又一次陷于被动。

从以后的新闻报道和综述中可以看到，当晚，中共广东省委书记林若、省长叶选平，在广州珠岛宾馆会见并宴请王锡爵，欢迎他驾机飞到祖国大陆。王锡爵激动地说："我很想念大陆的山河和亲人，现在见到你们很高兴。台湾同胞都盼望两岸能够通商、通邮、通航。"

王锡爵驾机到祖国大陆的消息传到海峡对岸，在台湾引起了轩然大波。台湾当局既恼怒，又无奈。

这是一件引起全世界关注的大事。在党中央、国务院直接领导下，相关单位迅速组成了专门工作机构，由中国民航局出面与台湾方面接洽，作为副局长的管德具体负责该事件的处理工作。

管德（左）在欢迎王锡爵（中）起义的酒会上

5月3日，民航局在第一时间发出了一份电报：

台北

中华航空公司

你公司的波音747货机一架，于5月3日15时10分飞抵广州白云机场。机长王锡爵要求在大陆定居。我局邀请你们尽早派人来北京同我局协商有关飞机、货物和机组其他成员的处理问题。

中国民用航空局

这封电报表明,在这一事件中,大陆方面一开始就处于主动,并表明了灵活的处理意见。对这封电报,华航手足无措。派人去北京?违反台湾当局"不接触、不谈判、不妥协"的"三不政策",没有这个胆量;请示最高当局?得到的答复是:不正面接触。

5月4日,台湾"交通部政务次长"朱登皋表示:这个事件应由华航通过第三者处理,与"政府"无关。5日,台湾"国防部长"宋长志在"立法院"表示:"台湾将通过香港国泰航空公司、英国保险公司和国际红十字会3个途径同大陆交涉华航货机问题。"然而,大陆方面一再申明:"中国人的问题,中国人自己能够解决",无须经过第三者处理。

"华航事件"陷入僵持状态。管德回忆:

> 那一段时间,我们每天要写报告向中央汇报事态变化、进展和我们的处理意见。
>
> ——管德访谈(2012年5月)

事情过去了26年,回头看,在处置这一事件中,民航局在有关方面密切配合下,按照中央领导意图,打出了一张又一张好牌。《民航大事记》中记载:

> 5月6日,中国民航局局长胡逸洲及局机关有关方面负责人在首都机场迎接驾机从广州飞抵北京的王锡爵,田纪云副总理在人民大会堂四川厅接见王锡爵。
>
> 5月11日,中国民航局两次致电台湾中华航空公司,邀请他们尽快派人来北京或选择其他地方,商谈并办理接回飞机、货物及机组其他人员的具体交接事宜。

中国民航局5月11日第二次发出的电报,全文如下:

台北

中华航空公司

5月3日我局曾致电贵公司，邀请你们尽早派人来北京商谈波音747货机的处理问题，但至今未见答复，海峡两岸对此深表关切。

贵公司这架飞机的机长王锡爵先生希望在祖国大陆定居，董光兴、邱明志两位先生表示愿回台湾。我们的态度十分明确：飞机、货物及愿回台湾的董光兴、邱明志两人都交回台湾，请贵公司派人来商谈并办理具体交接事宜。

我们早已申明，这纯属两个民航公司之间的业务性商谈，并不涉及政治问题。既然是交接，就应由当事双方直接地、负责地办妥交接事宜，以确保飞机和愿回台湾的人员安全返回台湾。因此，请你们还是派人来商谈解决为好。不必经过第三者，如果你们觉得不方便，那么，你们认为什么地方合适，也可以提出来商量。

我们这一要求是合情合理的，是对贵公司的处境和困难做了充分考虑后提出的。如果贵公司仍不愿意来办理接收事宜，则人和货机不能迅速返回台湾，责不在我，请贵公司三思。我们再次吁请贵公司速做出决断，并尽快答复我们。

中国民用航空局

电文情真意切，不亢不卑，既谈及民族大义，又申明原则立场。用词温和，言简意赅，合情、合礼、合理、合利，立意明确，态度坚决。

鉴于岛内民众的广泛呼声以及大陆方面合情合理的正当态度，台湾当局最高领导人再也拿不出什么像样的理由来拒绝与中国民航接触了。经反复考虑之后，蒋经国亲自做出指示，改变不正面接触的初衷，华航可以出面与中国民航局会商。消息传出，世界舆论为之一震,灵通人士意识到,台湾海峡的冰冻有了破裂融化的迹象。

经过一场高层次、高水平的博弈,该事件得到了圆满解决。《民航大事记》中记载:"5月17—23日,中国民航局代表和台湾华航代表在香港就交接事宜进行4次商谈,于20日全部达成协议,23日顺利完成交接。6月16日,国务院总理赵紫阳在中南海紫光阁接见了已被任命为中国民航北京管理局副局长兼副总飞行师的王锡爵,国务院秘书长陈俊生、民航局局长胡逸洲和副局长阎志祥等参加了接见。"

在由马振犊主编的《台前幕后1949—1989年的国共关系》一书中写道:

> 在这次事件得到妥善处理之后,一个"自由还乡运动"在台湾老兵中掀起,继而成立了"外省人返乡探亲促进会"。促进会在台北举行集会,与会老兵身穿写满汉字的衣衫,满眼皆是令人百感交集的心里话:想家,想回家。
>
> 1987年6月,台湾'立法院'通过《动员戡乱时期国家安全法》。7月,蒋经国正式宣布解除在台湾及澎湖地区实施了38年之久的戒严令,同时,决定适当放宽出入境限制。紧接着,台"交通部""内政部"共同宣布,解除台湾居民前往港澳地区观光必为第一站的限制,同时还放宽大陆出版物进入台湾发行的限制,台湾的学术教育机构开始被允许进口大陆出版物。
>
> 1987年11月2日,台湾红十字会开始受理探亲登记。探亲潮的兴起,自然而然带动了两岸的经贸、文化、学术等领域交流。

在处理这一突发事件的过程中,管德是参与领导的主要人员之一,负责具体工作的国务院副秘书长王书明对管德非常满意,不仅对他的果敢、机敏和灵活的处理问题的思路、方式方法留下深刻记忆,对他亲笔书写的"每日一报"中清秀的书法和简明扼要的文字也有很好的印象。管德回忆：

> 在平时工作中，我们与王书明副秘书长的直接联系并不多，但那一次任务结束时，他一再表示，要和我加强联系，并说，希望下一次还有机会合作。
>
> ——管德访谈（2012年5月）

民航的改革与发展

20世纪80年代初，民航开始踏上体制改革的道路，到目前已基本形成政企分开、航空公司与机场分设的管理体制格局。"七五"期间，民航管理体制改革取得实质性进展，打破了旧的管理体制，成立了华北、东北、华东、中南、西南、西北6个民航地区管理局，成立了中国国际、中国东方、中国南方、中国西南、中国西北和中国北方六大骨干航空公司和新疆、云南、上海、厦门、海南、四川、深圳、山东、中原、武汉、福建、长安、贵州、山西、通用、新华、联合等区域性航空公司。一些主要机场已成为独立经营的企业，负责对机场进行建设和管理，为各航空公司提供服务。

中国民航业20世纪80年代初形成独立产业。"七五"和"八五"期间，中国民航取得了高于国民经济2倍的发展速度，成为发展最快的产业之一，其年均增长速度约为20%。在这些成绩中有管德的贡献。

1990年，民航局工会召开第二届全国委员会，管德代表局党委讲话，在这个讲话中，他总结了民航局经历"七五"大发展取得的成就，也谈到了自己的感想：

在民航工作会议上

我是1986年1月到民航工作，正好经历了第七个五年计划。我觉得在党的领导下，经过全体职工的努力，民航确实是个大发展、有了很大的进步、值得自豪的行业。1980年，"六五"计划开始的时候，民航的运输总周转量是4亿3千万吨公里；到了1985年"六五"计划完成时，达到12亿7千万吨公里；今年完成预计数大约为24亿吨公里。差不多是1980年的6倍，比1985年翻了一番。这10年我们翻了两番半。从生产量上看，我们的发展速度超过了全国平均发展速度……从我们在世界民航业的地位来看，1978年我们的运输总量排在38位，到了1980年排在35位；经过第六个五年计划上升到第21位。今年的有关资料还没有公布，我估计可以排到第16位……从飞机上来看，也发生了很大变化，到今年年底我们可以达到204架运输机，不仅是增加了数量，更重要的是我们新增加的都是大飞机、新飞机。我们拥有的客座数量是1985年的188.5%，差不多翻了一番。我们拥有的吨位至今年年底要比1985年增加96.8%。我们的机队还有一个特点，几乎全是一些新飞机，称得上是世界一流的机队。我们新建立的300座以上的远程机队，以波音747为中心，有11架；新建立的200～

300座的大型机队是以空客A300、A310型和波音757、波音767为代表；150座的机队也全部都是新的，主力是波音737、MD82，再加上图154，所以说从150座往上，我们的飞机都是第一流的，构成了我们民航机队的主力。

这几年我们扩建、改建的机场接近30个，空中和地面的协调能力有了很大的进步，到今年年底我们可以落波音737的机场有56个；机场一共96个，有一半能落波音737，有53个机场有仪表着陆系统，地面配套状况有了很大改观。

再说说我们的教育系统。飞行学院翻了个个儿。过去我们培训飞行员，都是先飞运5，再飞伊尔14，出来一段时间才能飞安24、运7，再飞一段时间才能飞波音737，转机型。现在我们买了28架初级教练机，运输航空的初级教练机全部是新的；高级教练机也不再是伊尔12，而是新买的夏延ⅢA高教机，座舱同波音737一样。这样学生学习4年，一出校门就是波音副驾驶，就可以领商用飞机副驾驶执照。我们还买了模拟机和练习器。这些都靠我们自己投资，合起来大概有1个多亿人民币。

……

从效益上看，我们也还算可以。比如我们今年的总营业额可以达到70亿元。我们民航只有8万人，差不多一个人可以达到8万元的营业额。今年我们的利润少说有20亿，平均每个职工是不少于2万元。我们今年要交给国家大概6亿多，接近7亿，平均每个职工要向国家交8000元钱。我们今年可以收入外汇8亿美金，平均每个职工收进来1万元。这都说明民航确实是个大发展的行业，是个值得自豪的行业。

——管德《在民航工会第二届全委会上的讲话》（1990年）

管德（右）、阎志祥副局长在民航工作会议上

在管德的这个讲话中，也讲到了中国民航事业存在的难题。在将中国民航与国外发达国家的民用航空进行了比较之后，他说："从效益上看，好像我们在国内还差不多，但同世界先进水平比，差距也不小。"他列举了几个方面的数据：

> 从吨公里看，我们的航空公司平均每个职工完成10万吨公里；国际航空公司多一点，大概是12万、13万吨公里（今年）。而国外一些航空公司平均每个职工是20万或30万吨公里，我们的差距还比较大。波音747的利用率，我们大概10小时左右，而其他国家能达到12～14小时。我们干线飞机的利用率一天是6～7小时，国外能达到7～8小时……还有一个系统平衡的问题，我们是天上飞得好一点，地面配套设备还不行。大的机场还好一点，小机场就比较困难，装备陈旧。有个客观原因，一下子对外开放，对民航的要求比较高，但民航的出发点比较低，只有3亿多吨公里，国家投资一下子又跟不上。怎么办呢？先把飞机买来，先把跑道修起来，先飞起来再说。这是历史造成的，客观有这个需求，主观上又没有这么多钱，你又得去满足这个需求，当然就不平衡。
>
> ——管德《在民航工会第二届全委会上的讲话》（1990年）

1990年，管德（中）陪同乔石（左）、习仲勋（右）参观民航展览

1990年，李瑞环（右一）等中央领导参观民航展览

这个讲话中涉及到的成绩和问题，反映出管德对在民航局工作中的思考和经过努力所获得的回报。可以看出，从踏进民航局的第一天起，他就开始认真地履行职责，为解决中国民航事业当时存在的难点、重点、关键问题全身心地投入到工作中去了。

重视飞行员的培养

在接手民航局副局长的工作以后，管德分工规划建设工作。他按照系统工程的原理,对民航系统进行了分析。他把民航的建设划分为10个子系统,调整和优化对各子系统的固定资产建设投入,加强了原来相对薄弱的子系统,使系统呈现协调、均衡的发展态势。

经过调查研究和仔细分析,管德认为有2个子系统最薄弱:

> 第一个就是教育系统。那时候民航飞行员几乎全指望空军,但空军已经精简完了,以后再也没有飞行员转民航了。民航学校一年只能培养70个飞行员,一架飞机要4个机组,就是8个飞行员,70个人连10架飞机都顶不了。所以我说,要把这个学校扩大成每年700个人。人家都说我疯了,加10倍?
>
> 现在怎么样,一年有800名毕业生。这在当时是一个薄弱环节。
>
> ——管德访谈(2011年10月)

在管德到任的时候,民航系统仅有一所中国民用航空飞行专科学校,始建于1956年。1987年12月15日,经国家教委批准,飞行专科学校升格为中国民用航空飞行学院,飞机驾驶专业学制改为4年。1987年12月18日,中国民航局任命边少斌为中国民用航空飞行学院院长。中国民航局党委决定,富允弼任中国民用航空飞行学院党委书记。

当时分管飞行员培训工作的是副局长李钊。

李钊,1935年出生于上海。1961年毕业于捷克布尔诺军事工程学院。1961—1982年先后任七机部一院设计员,设计室副主任、主任。1982—1985年先后任航天工业部科研生产司副处长、司长。他在火箭发动机方面有很深造诣,先后主持、参加"东风"3、4、5号火箭发动机涡轮泵,YF-11、YF-73发动机涡轮泵等项目的设计、研制、试验及技术攻关工作,获得多项国家及部委科技成果奖。

20世纪80年代末，管德代表民航局接待陈香梅一行访华

1987年9月，管德在国际会议招待会上致辞

1989年，管德在民航局工作期间接待外宾的酒会上

飞行员的缺乏成为民航事业发展的瓶颈，李钊记得：

> 教育在民航系统不是很受重视。但我们民航发展，必须靠飞行员。当时民航规模是很小的，我们一来以后就面临民航爆炸式的发展。当时一个方面就是大量的引进飞机，因为我管航空器材进口这一块，经我手进来的波音飞机，恐怕前前后后不下200架。不管是波音公司，还是麦道公司飞机，确实量很大。但买飞机是要花钱的，那个时候是由计划部门统管，许多事找到管德那儿，他都是通情达理的。
>
> 再一个就是需要大批的飞行员。
>
> 刚开始的时候，飞机来了没有飞行员，就靠改装，就是把

很多农用飞机的飞行员经过突击性训练，改飞客机。但是这些人基础差，都是当兵的出身，尤其不懂外语。为此也付出了血的代价。有一年在福建摔了一架波音737。我记得很清楚，那架飞机的两个飞行员，英文都很差，飞机已经出现问题，飞行高度急剧下降，飞机上是装有近地告警系统，当时有语音提醒飞行员——"Pull up, Pull up……（拉起来，拉起来）"。我们在事故分析时，听到黑匣子里，飞行员还议论"Pull up？是啥玩意？"话音未落，飞机就撞山了。

那些转业来开民航飞机的飞行员最大的问题是不懂英文，临时突击英文解决不了问题，急需培养新的飞行员，也就是要建立民航的飞行学校。

管德和我们一起研究如何解决这个问题。

——李钊访谈（2012年4月）

为了解决这个薄弱环节的问题，管德和李钊投入了大量的精力。时任民航局计划司副司长并主持工作的李军回忆：

民航在快速发展的形势下，一直非常重视飞行员的培养。中国民用航空飞行学院在四川广汉本部有一个分院，原有绵阳、遂宁、新津3个分院。由于四川雨雾天气较多，培训能力受到很大制约，因此决定在洛阳建立川外的第一个分院。洛阳分院从1992年开始建设，1993年11月投入运行，承担了大量的飞行人员训练任务。"十五"期间又对绵阳分院进行了迁址新建。目前中国民用航空飞行学院4个分院共有234架训练飞机，2008年飞行训练达到20万小时，为2000年的2.6倍，年均增长12.9%。

对洛阳分院建设，至今我清晰地记得随两位局领导去洛阳争取地方政府支持。大约是在1992年5月的一个周末，民航局分管规划的管德副局长和分管科教的李钊副局长带机关部门和中国民用航空飞行学院领导到了洛阳，与市领导商谈建院合作。民航局两位副局长为一个建设项目同时出差，过去从未有过，足见对飞行员培养的重视与倾心。我当时任民航局计划司副司长并主持工作。由于正值牡丹花节，住宿十分紧张。我与时任科教司司长的李振达同志和中国民用航空飞行学院一名领导挤住两人间，我睡在临时加设的钢丝床上，用浴巾卷叠当做枕头。那天我整夜没有入眠，与两位室友打鼾也不无关系。第二天在洛阳玻璃厂职工食堂请市府和机关领导吃饭，当时地方认识很不统一，记得白副市长明确表态支持。后来与机关和中国民用航空飞行学院同志谈起洛阳分院的建设，大家都感谢这位开明的地方领导。

——李军《核心资源看短长——我对民航飞行员培养的了解和分析》

李军，1952年11月出生，河北省满城人。他是一个很优秀的人，义务兵出身，但通过自己刻苦努力，自学成才。2006年9月任中国东方航空集团公司党组书记、副总经理；2011年11月任中国民用航空局副局长、党组副书记。

1988年，中国民用航空飞行学院飞行人员培养从专科改为本科。"八五"时期开始扩建改造中国民用航空飞行学院，更新教练飞机，改善教学设施。

1993年4月19日，中国民用航空局改称中国民用航空总局，属国务院直属机构。7月30日，民航飞行学院所属1、2、3、4分院分别更名为中国民用航空飞行学院新津、广汉、洛阳、绵阳分院。8月12日，中国民航总局批准中国南方航空公司和北京航空航天大学联合组建飞行学院。

被管德视为民航建设短板的飞行员培训工作在"七五""八

五"的基础上得到了长足发展，培训能力大为提高，从初期每年培养百余人，"十五"期间达到每年500人。2008年，中国民用航空飞行学院的毕业生达到800余人。

2003年12月12日下午2点，管德来到中国民用航空飞行员学院图书馆小报告厅，他和王知作为该校新任特聘教授，应邀来为师生作学术报告，报告厅内座无虚席，院长吴桐水亲自主持。

管德报告的题目是："航空百年话科技"。

他从莱特兄弟造第一架飞机谈起，结合历史的发展和飞机在一些战争中的需要，分阶段讲解了飞机是如何发展到今天。从中归纳出航空发展史事实上就是一个航空科技发展史。

他说，航空的发展归根到底是空气动力学、材料学、控制论、电子学等学科的发展所带来的，也就是科技的发展带来的。

接着，他又讲了自己多年从事科研工作的体会。他总结了两句话："塌下心来，善于学习"。他以个人45年的科技生涯告诉大家应该有怎样的治学态度，如何积累材料，怎样和同事相处。（引自《民航飞行学院信息》）

在从民航局领导岗位退下来以后，管德希望学生们记住的是自己作为航空科研事业参与者的体会。

空中交通管理

管德认为当时民航建设的另一个薄弱环节是空中交通管理（Air Traffic Management，ATM）。

我到民航局的时候，全民航只有三部雷达，一部在北京，一部在上海，还有一部在广州。

——管德访谈（2011年10月）

空中交通管理就是从保证飞行安全和有序出发，对飞行进行监视和控制。

民用飞机在空中的飞行是按管制区进行监控的。在我国，由于对空域的管制非常严格，民用飞机的数量、飞行的范围、频次都很有限，一直实行的是程序管制方式。这种管制方式对设备要求低，不需要雷达等监视设备，主要靠地空无线电通话设备。管制员在工作时，通过飞行员的位置报告分析、了解飞机间的位置关系。飞机从一个管制区到另一个管制区需要交接，飞行员在飞行至某管制区边缘时，须通过通信设备报告，离开原管制区，进入下一管制区，以此完成两个管制区的交接。

这种管理方式要求机长必须按照批准的飞行计划飞行。飞行计划包括航线、使用的导航台、预计飞越各管制区的时间等。管制区的管制员收到机长报告的位置和有关资料后，要同飞行计划的内容校正，发现有偏差，要立即采取措施进行调配。这种方法速度慢、精度差、限制很多，如同机型飞机在同一航路、同一高度的间隔时间必须在10分钟以上。

我到民航以后，很快就把北京、太原、西安、成都、桂林、广州以东这一线全部摆满了雷达，全改变为雷达管制，用不着飞行员自己报告，管制员可以看见飞机了，直到飞机安全降落。

——管德访谈（2011年10月）

雷达管制（Radar Control）是空中交通管理的巨大进步。
采用雷达管控方式后，飞行航线的空域被划分为不同的管理空域，包括航路、飞行情报管理区、进近管理区、塔台管理区、等待空域管理区等，按管理区不同使用不同的雷达设备。根据雷达显示，管制员可以从雷达显示屏上直接观测到本管制空域雷达波覆盖范围内所有航空器的精确位置，从而使管理工作由被动指挥转变为主动指挥，大大提高了空中交通管理的安全性、有序性、高效性。

民航管制使用的雷达种类为一次监视雷达和二次监视雷达。一次监视雷达发射的一小部分无线电脉冲被目标反射回来并由该雷达收回加以处理和显示，在显示器上只显示一个亮点而无其他数据。二次监视雷达是一种把已测到的目标与一种以应答机形式相配合的设备协调起来的雷达系统，能在显示器上显示出标牌、符号、编号、航班号、高度和运行轨迹及特殊编号。

程序管制和雷达管制最明显的区别在于允许航空器之间最小水平间隔的不同。在区域管制范围内，程序管制要求同航线同高度航空器之间最小水平间隔10分钟，对于大中型飞机来说，相当于150千米左右的距离，雷达监控条件下的程序管制间隔空域缩短至75千米，而雷达管制间隔仅需20千米。允许的最小间隔越小，意味着单位空域的有效利用率越大，飞行架次容量越大，越有利于保持空中航路指挥顺畅，更有利于提高飞行安全率和航班正常率。

国外空中交通管理发达的国家已经全面实现了雷达管制。

> 以前民航的惯例是修机场、买飞机。其他的机场设施、设备配置不考虑。我去了以后，在这些方面做了一点工作，从系统工程角度把薄弱的系统加强了。
> ——管德访谈（2011年10月）

1990年3月16日　民航局发出《关于在北京进近和上海—广州航路进行雷达管制试点的通知》，12月1日在北京实行雷达监控试点。

1989年10月6日,中国民航开通广州—吉隆坡国际航线。中间手持花束者为管德

1990年4月7日,"亚洲一号"发射成功,4月8日,应邀参加庆祝酒会,恰逢管德与王露瀛(左二)结婚纪念日,管德伉俪与长城公司总经理等合影

全国政协委员

  1990年9月26日,民航局根据国家人事部人专发〔1990〕1号《关于1990年度选拔有突出贡献的中青年科学、技术、管理专

家的通知》精神，经单位推荐、学术团体评议，推荐了管德、李钊、李岑、张嘉森4人为1990年度有突出贡献专家。

1991年7月1日，民航系统8名有突出贡献的工程技术专家管德、李岑、张嘉林、林立仁、刘仁、刘明治、邢学祥、吴问涛荣获1991年政府特别津贴。

如同当年在飞机设计事业中一样，管德在民航建设事业中同样取得了令世人瞩目的成就。同一时间调入民航局的李钊对比自己大3岁的管德非常敬重，他在一次与友人的谈话中讲道：

> 管德是很优秀的。一到民航局，我们对他印象就很好。他给人印象，说话有根有据，态度不卑不亢，学者风度，应该说是中国优秀知识分子的一个典型代表。管德确确实实是高水平，各方面都值得人尊敬。
>
> ——李钊访谈（2012年4月）

1993年，全国政协面临换届，按照政协章程，民航局向中央人事小组提交了推荐管德为全国政协委员的函。其中写道：

> ……为使民航更好地为国民经济改革开放服务，充分发挥民航在国家事务中参政议政的作用，同时考虑我局副局长管德同志是我国飞机气动弹性力学专业的奠基人和带头人（兼任北京航空航天大学教授、气动弹性力学研究室主任、中国科学技术学会全国委员会委员、中国航空学会副理事长等职），具有很高的学术造诣，被评为国家优秀中青年专家，获得政府特殊津贴，为发展我国航空和民航事业做出重大贡献，在国际航空界

全国政协委员管德

享有盛誉。经研究,推荐管德同志为下届全国政协人选。

——民航局党函〔1993〕1 号

1993 年,管德担任了全国政协第八届委员。1998 年政协换届,他连任第九届委员至 2003 年。

第十二章
干线客机

第十二章 干线客机

"沉默之海"

我国干线客机研制是国家"七五"(1986—1990年)期间研究讨论的重要项目,但我国为研制生产干线客机的努力从1970年就开始了。1970年8月,中央军委、国家计委向上海市下达了大型客机的研制任务,代号"708工程",该飞机型号后命名为运10飞机。

在1985年2月,运10飞机停止研制。

1986年初的航空工业部开始了"拨乱反正、全面整顿、落实政策、深化改革"的工作。在航空工业部党组向中央书记处的整党汇报中,提出了从中国的现实出发,要从支线飞机做起的意见。1986年1月4日,国家计委等六部委向国务院上报的《关于民用飞机发展"七五"计划的报告》中,重点是新支线客机和专业飞机。

1967年毕业于北京航空学院飞机制造专业、曾长期担任中国航空工业第一集团公司民机部部长、巡视员、现任中航工业科技委顾问的王启明回忆:

> 根据国务院领导的指示精神,1986年1月4日国家计委、财政部、国家经委、国防科工委、民航局、航空工业部等以航计联〔1986〕17号文向国务院上报了《关于民用飞机发展"七五"计划安排的报告》。报告提出"七五"期间民用飞机发展的重点是两个:一是通过国际合作、引进先进技术的途径,研制一种水平较高的新支线客机……二是研制一种多用

途农林专业飞机。

——王启明访谈（2012年5月）

1986年7月30日，航空界4位老同志——中国科学院学部委员、北京航空学院名誉院长沈元、中国航空学会理事长、西北工业大学名誉校长季文美，中国航空学会副理事长、南京航空学院副院长张阿舟，原中国航空研究院副院长、航空工业部原飞机局局长胡溪涛联名给邓小平同志写了报告——千方百计尽早提供和使用国产干线飞机——致邓小平同志信。由此，中央关于发展民机的方针发生了重大变化。

……这个建议实际上要改变1986年1月4日六部委达成一致的《关于民用飞机发展"七五"计划安排的报告》，不搞支线客机而搞干线客机。4位老同志给中央写信，情况发生急剧变化。

——王启明访谈（2012年5月）

1986年12月4日，赵紫阳总理、万里副总理主持国务院第125次常务会议。国务院办公厅1986年12月11日发出会议纪要，其中提出：从战略上考虑，现在着手研制国内干线飞机很有必要。

"七五"飞机发展计划由年初的发展支线客机调整为发展干线客机。

王启明讲起这一段历史，有着自己的感受：

翻过运10的一页，干线飞机项目是我们自己要搞大型民用客机的第二次努力。干线飞机项目从1986年开始论证，到2000年结束共14年时间，可以从中总结出不少的经验和教训……

——王启明访谈（2012年5月）

2008年12月2日，《中国航空报》以罕见的方式，开始连载新华社解放军分社记者刘济美深入航空工业历时一年，采访各阶层人士70余人撰写的《为了中国》——ARJ21新型支线飞机深度报道，全文长达20余万字。

这篇深度报道写到了中国民机产业发展历史上的一个重大事件，"1986年12月4日，国务院第125次常务会议决定，抓紧发展干线飞机。从项目论证开始，到1999年波音公司宣布关闭MD90系列飞机生产线为止，中国干线飞机项目又开始了历时14年的探索……"

文中简要回顾了这14年的历程：

> 1987年1月，原中国航空工业部与中国民航局联合向波音公司、麦道公司、空客公司等国外6家飞机和发动机制造公司发出联合研制干线飞机的邀请。
>
> 漫长的谈判持续了6年……
>
> 1992年3月，最终只有麦道公司同意了中方将MD90-30飞机的两轮起落架改装成四轮起落架的要求，这既达到了中国民航局提出的"提高中国国内机场的起降能力"的要求，又满足了中国航空工业部"牢牢抓住设计主动权"的要求。这一年，麦道公司在飞机行业的收益下滑了62%，华尔街开始担心麦道公司是否还能在这个行业支撑下去……
>
> 当中国工业部门与民航部门正在为一些琐碎而毫无价值的事情相持不下的时候，另一个能真正决定MD90-30飞机命运的交易，也在一种不容置疑的强势力量推动下紧张地进行着。1993年的夏天，美国国防部副部长威廉姆·佩里与美国国防

产业的 12 家公司的首席执行官共进晚餐，席间威廉姆告诉他们，他即将掀起军工企业合并浪潮……1996 年 12 月 15 日，波音公司用 133 亿美元合并了麦道公司，实现了在商用飞机领域的统治地位……

1997 年 11 月，波音公司宣布 MD11、MD80 和 MD90 系列飞机生产线将随着 2000 年 2 月最后一架飞机的交付而关闭。随后，本来就不喜欢 MD90 飞机的中国民航总局明确提出：国内 MD90-30 飞机也应该与波音公司同步停产……

在这段时间里，中国民航总局购买波音 737 飞机的总数超过了 150 架，波音公司也完成了波音 737 飞机的系列改型……

1997 年，中国航空工业总公司的"三步走计划"被佩里在"最后的晚餐"上掀起的合并狂潮所彻底湮没……

中国商用飞机的产品链断裂……

——刘济美《为了中国》

1986 年 12—1999 年底，在波音公司兼并了麦道公司以后彻底关闭 MD90 客机生产线的这 14 年的历史中，从 1985 年 11 月 30 日到 1993 年底，管德担任民航局副局长 8 年。

这是一段颇具争议的历史，来自社会多方面的议论中，中国航空工业和航空运输的主管部门经常被放在了一个不十分光彩的位置。

刘济美在文中曾引用了这样一段话：

法国年鉴学派布罗代尔这样认识历史："历史是阳光永远照射不到其底部的沉默之海，在巨大而沉默的大海之上，高踞着在历史上造成喧哗的人们。但恰恰像大海深处那样，沉默而无边无际的历史内部的背后，才是进步的本质，真正传统的本质。"

——刘济美《为了中国》

年鉴学派在法国有着悠久的历史渊源，最早可以追溯到18世纪的伏尔泰。伏尔泰主张历史不应当是君主和伟人的历史，而应当是所有人的历史。《高校世界史配套教材·现代卷》（高等教育出版社）

在与中国民机发展息息相关的这一段历史中，管德作为与此有着密切关联的人物，他这8年的历史自然会为人们所关注。

MD82

在1980年9月26日运10飞机首飞之前，上海航空工业公司已与美国麦道公司开始接触并进行了合作探讨。

1985年4月13日《解放日报》曾刊登出一则报道：《中美在沪合作生产大型客机经国务院批准协议十五日生效》：

> 本报讯　上海航空工业公司、中国航空器材公司与美国麦克唐纳·道格拉斯公司签署的《合作生产MD82及其派生型飞机、联合研制先进技术支线飞机和补偿贸易总协议》及其5个分协议，经国务院批准，将于4月15日正式生效。
>
> 这项合作是中美两国之间迄今为止规模最大、内容最为广泛、技术先进、有效期最长的一个合作项目。其主要内容包括如下几个方面：
>
> 由麦克唐纳·道格拉斯公司向上海航空工业公司转让先进技术、提供在中国生产和销售MD82飞机的独占许可权，以供上海航空工业公司在购买配套件的基础上生产MD82飞机。麦克唐纳·道格拉斯公司将为此以优惠条件提供技术资料、人员

培训、现场协助、专有技术、项目管理以及必要的设备和装备。按照预定计划，上海航空工业公司生产的第一架MD82飞机将在1987年推出，并在5年中陆续生产25～40架飞机供我国民航使用。整个生产过程将由美国联邦航空局委派的代表监督检查，最终由美国联邦航空局为每架飞机颁发准予合格飞行的适航证。

麦克唐纳·道格拉斯公司为协助中国民航运输的发展，将为上海航空工业公司生产的飞机提供产品售后支援服务，包括为中国民航建立一个飞行和维护的培训中心。双方还将立即联合开展满足20世纪90年代国内外市场的先进技术支线飞机的研究工作，并将更广泛地开辟新的、未来的合作领域。

麦克唐纳·道格拉斯公司将无偿地提供先进管理技术、派遣管理专家协助对上海航空工业公司及其所属工厂进行技术改造和管理改革，并直接负责MD82项目的联合管理，通过这一过程，将在短期内把已经具有研制运10大型运输机经验、并拥有一支有经验的技术专家队伍的上海航空工业公司，建设成为一个具有先进技术和管理水平的航空工业企业。

麦克唐纳·道格拉斯公司还将为上海航空工业公司安排相当数额的航空产品和其他工业产品的补偿贸易，以补偿上海航空工业公司的外汇支出。

……在上海合作生产MD82，将为我国航空运输的发展做出贡献，也将为在上海建立起一个现代化的民用飞机制造工业奠定基础。

为了庆祝MD82合作项目生效，上海航空工业公司、中国航空器材公司和美国麦克唐纳·道格拉斯公司昨天晚上在上海锦江俱乐部举行招待会。上海市市长汪道涵、副市长李肇基等出席了招待会。

报道中讲到的中国航空器材公司即中国航空器材进出口有限责任公司，是民航局所属的第一家专门从事航空产品进出口贸易的公司。上海航空工业公司则是在上海市政府领导下的"地方办航空工业"的基础平台，是在当年"地方办航空"热潮中，由原属于军方的5703厂（飞机修理厂）和几个上海市属企业组建。

王启明回忆：

> ……
>
> 根据上海市的要求，航空工业领导小组于1970年7月26日向军委国防工业领导小组提出《关于上海、广州地区制造飞机问题的请示》。7月30日，国防工业领导小组原则同意航空工业领导小组的请示，并上报国务院。经国务院总理周恩来批准，国家计委、中央军委国防工业领导小组于8月27日发出《关于上海市、广州市、济南地区制造飞机的批复》，同意在上海试制运输机，并纳入国家计划。……据此，上海市革委会于9月15日决定成立大型喷气旅客机会展组，由市革委会工交组领导。
>
> ……
>
> 1973年6月27日，国务院、中央军委批转上海市革委会《关于研制大型客机问题的报告》和国家计委《关于上海研究试制大型客机问题的报告》，……同意上海市以现有三机部、航空研究院、空军来沪的600多名设计人员为基础，组建大型客机设计院；同意将空军5703厂下放给上海市领导；同意海军航空兵和5703厂共用大场机场，有关机场跑道延伸和总装厂房等建设由上海市负责等。
>
> ——王启明访谈（2012年5月）

在江泽民任上海市市长期间，上海市政府领导意识到，航空科研和制造业必须举全国之力、集国家科学技术之精华，在材料、电子、高端制造等基础工业高水平、全方位支撑下才能得到发展。"地方办航空"，不仅资金、人才和基础设施等方面有着地方政府无法解决的困难，仅协调、调动全国相关的部门和行业，也绝非地方政府所能为。

在江泽民主持上海市工作期间，1986年7月19日，上海市召开了市长办公会议，决议将上航公司及两厂一所划归航空工业部。1986年8月22日上海市与航空工业部以沪府〔1986〕81号文、航办联〔1986〕710号文联合向国务院请示，"认为仅由一个地区组织MD82这样大型的先进飞机的生产是有困难的"，建议调整管理体制。1986年10月8日，国务院办函〔1986〕61号文批准将上海航空工业公司及其所属厂所，实行部市双重领导，以部为主的管理体制。

——王启明访谈（2012年5月）

2008年8月，由孙礼鹏、周日新主编的《大飞机风云》一书出版。该书的主编单位为航空工业软科学小组，由原航空工业部副部长姜燮生、原中国航空工业第二集团公司科技委副主任金击强、归永嘉及周日新、孙礼鹏等航空工业界有影响的人物组成。主编孙礼鹏，1967年北航研究生毕业，曾任中国航空技术进出口总公司（简称中航技）副总经理兼航空工业部第一任机电产品出口办主任、中航技美国公司总经理。周日新是一位资深的航空工业历史研究者，曾任航空航天工业部政策法规司副司长、《中国航空报》总编、现任《航空档案》总编辑。

其中第九、第十章"中国大飞机征程漫漫"（上）和（下）两章由原航空工业部民机司副司长、曾任运10工程设计组组长的中国航空工业集团公司科技委顾问郑作棣撰写。

这本书记载着更为详尽的历史。其中写道:"早在运10飞机首飞上天之前,上海航空工业公司就与美国麦道公司接触,实行互访,开始进行合作探讨。""……1979年2月初,美国麦道公司代表团一行5人,在该公司总裁约翰·布里逊达因率领下,来中国谈判。……6月下旬,经邓小平批准,美国麦道公司副总裁郭洛克斯随带1架DC-9(即后来的MD82)来中国,先在北京进行飞行表演,王震副总理看了飞机。6月23日到上海,在大场机场进行飞行表演。""从1979年2月算起,直到1985年4月签订合作协议,合作谈判前后整整经历了7个年头。"

在国务院做出发展干线飞机的决策后,1986年12月,国家科委副主任吴明瑜、航空工业部副部长何文治、民航局副局长管德联名向李鹏副总理请示:"根据'立足国内,充分利用对外开放的条件,走与外国合作研制、生产的道路,逐步实现现代化、国产化'的方针,并充分利用我国今后十几年要购买大量飞机这一有利条件为筹码,货比三家,在欧美寻找稳定的研制民用科技的合作对象。"

李鹏副总理批示:"我看基本上应搞引进成熟型飞机技术,当然也不排除研制和改进。同时要总结MD82的经验,到现在为止究竟在技术上我们已得到了什么。不一定先正式招标,搞意向性试探和初步报价。但不要形成大批出国考察,因为情况我们技术人员基本掌握。我们资金怎样筹措是问题的核心。"

按照李鹏副总理指示,1987年1月3日,何文治、管德联名向波音、麦道、空客、通用电气、普·惠、罗·罗等国外6家主要干线客机和发动机制造公司发出了《征求合作研制干线飞机建议书》。

在此后就干线飞机的国际合作开展对外洽商、谈判和国内的论证、请示等工作的过程中,上海航空工业公司与麦道公司的合作在顺利进行着。1987年,上海航空工业公司划归航空工业部第二年的8月1日,《文汇报》刊登了《中美航空史上成功合作的一页首架 MD82 客机昨交付中国民航》的消息。管德作为民航局副局长参加了剪彩仪式。

本报讯（记者朱光明　通讯员徐永龙　施冠雄）上海航空工业公司和美国麦克唐纳·道格拉斯公司在华合作生产的首架 MD82 客机昨天在沪交付中国民航，将于 8 月初在沈阳投入国内航线使用。这一为国际航空界人士关注的项目，以成功的记录载入了中美航空史册。

下午，停在大场机场上的 MD82 客机，在阳光下闪发出耀眼的银光，45 米长的机身显得分外矫健。这架可乘载 147 名乘客的客机于去年 4 月开铆装配，经过机翼机身对接、全机功能试验、喷漆、试飞等阶段，终于如期交付用户。装配质量和性能完全符合要求。担任试飞机长的麦道公司首席试飞员佩登说，这是一架好飞机。美国联邦航空局也于日前为该机颁发了适航证。

在飞机前，举行了隆重的交付仪式。美国客人向中方赠送了 MD82 客机的模型和水晶鹰。上海航空工业公司第一总经理在欢乐的气氛中，剪断了沈阳民航局总飞行师的领带，并交付飞机钥匙。麦道公司代表介绍说，剪领带是公司起源于 20 年代的传统，表示每当新飞机交付用户时，接受者也总得留点东西下来。接着，航空工业部副部长王昂、上海市副市长李肇基、美国驻华大使洛德、中国民航局副局长管德为飞机交付剪彩。

作为民航局主管领导的管德虽然为首架 MD82 飞机的交付剪了彩，但在他的心目中，发展我国干线客机理想的合作伙伴并不是麦道公司。

1987 年 9 月，何文治与管德带领的由航空工业部 6 人、民航局3人联合组成的调研小组到美国波音、麦道公司调研考察。考察结束后,他们一致的建议是:波音在民用飞机技术上实力比较雄厚,与波音合作对我们更有利一些。

1987年,管德(左二)与何文治(左一)在美国考察MD82

1987年,管德(右二)、何文治(左三)一行在美国考察MD82

在1987年12月23日,由国务院代总理李鹏主持的专题会议上,何文治就为什么选择波音737-400做了说明。李鹏在会议总结中讲道:"我比较同意他们(指航空工业部)的意见,以波音737-400为原准机。"

敢 讲 真 话

2010年第11期《南都周刊》的封面是一幅漫画：一位身着笔挺西装的木偶，长长的鼻子上已经枝分多杈，花开数朵，一只小鸟秀立枝头。这显然是18世纪意大利作家卡洛·科洛迪（Carlo Collodi）留给世人的经典童话故事《匹诺曹》（又称《木偶奇遇记》）的寓意——匹诺曹说谎，鼻子便会不断地变长。在已经变得很长的鼻子下是几个醒目的大字——谁在讲真话。

该刊物封面报道中有这样一段话：

"讲真话"……这3个看似直白平淡，却兼具道德、政治、思想等多种内涵的文字，在我们社会的变迁过程中，经历了怎样的嬗变，又折射出怎样的社会生态、官场规则？对于我们建设幸福而有尊严的生活有什么意义？

熟悉管德的人都有这样的印象，他是一位敢讲真话，敢在高层领导面前直抒己见的人。每谈及管德的这一特点，人们几乎都会与这本刊物封面报道一样，提出相近、相似甚至完全相同的问题。

1989年8月19日，国务院干线飞机研制领导小组召开第一次会议，由领导小组组长邹家华主持，副组长林宗棠，顾问叶正大，小组成员李绪鄂、刘仲黎、周正庆、管德、何文治参加。会议决定：关于干线飞机选型问题，可考虑波音737-300和MD90（装四轮起落架）为合作对象，要按货比三家和技贸结合的原则,抓紧与美国波音、麦道两公司进行商务与合作谈判,尽快择优选定。

但在"择优"的问题上,航空工业部与民航局发生了分歧。

1990年1月16日,航空航天工业部干线飞机总指挥、总设计师何文治主持,部机关有关人员与干线飞机总设计师单位——上海飞机设计研究所研究了干线飞机的主攻方案并提出了"进可攻、退可守"的建议。这个建议以书面形式报告了时任国务委员的邹家华并抄报国务院干线飞机研制领导小组的各位领导。

经过长时间讨论及与波音、麦道的谈判和对比后,航空航天工业部把干线飞机的选择定在了MD90-30改四轮起落架的机型上,合作对象也基本定为麦道公司。这个建议事先没有与民航局沟通协商。王启明感慨道:"而自此后民航局与航空航天工业部的分歧就慢慢地加大并公开化了。"

1990年3月31日,何文治与管德联名向邹家华书面汇报了航空航天工业部、民航局各自对干线飞机选型的意见。报告写道:"我们两人经过几轮交换意见,都坦率地讲了我们各自的意见,现将我们两人与航空航天工业部、民航局机关同志对干线飞机的选型意见分别以附件1、附件2向您报告于后。"

> 从两家的意见可以看出,航空航天工业部从工业的角度力主与麦道公司合作,还要快。而民航局更多是从飞机价格考虑力求通过两家的竞争获得便宜的飞机,并不在乎你生产什么样的飞机。理念的不同在报告中充分反映出来。后来麦道就抓住航空航天工业部,波音公司就抓住民航,参与竞争,在选型上意见完全相左。
>
> 此时麦道公司和波音公司的竞争也进行得如火如荼。
>
> ——王启明访谈(2012年5月)

1990年5月12日，邹家华在何文治、管德的报告上批示："文治、管德同志：此事（指选型一定要抓紧）请注意不要让外国人拖了我们的时间。从目前来看，似乎麦道公司的可能性要大一些，我看这方面多做一些工作，即使单机购进价会高一些，但是抓紧国产化，最终也会便宜。有两点建议特别考虑：（1）MD82改四轮的工作要抓紧实施；（2）发动机问题的决策，请认真研究提出。"在航空航天工业部、民航局争持不下的天平上，高层领导的砝码开始向航空航天工业部一方倾斜。

航空航天工业部的意见是"对比波音737和MD82两个系列飞机情况来看，中国干线飞机选型MD90-30（四轮型）比较好"，而民航局的意见则是"目前决定合作生产MD90-30DTG（四轮型）飞机条件尚不成熟"。

1991年，王启明赴美学习回国后即借调航空航天工业部民机司工作，对当时两个政府主管部门之间的意见纷争有着自己的认识：

> 从两家分别上报的意见，可以分析各种的复杂背景和内容。关于干线飞机合作选谁的问题，两家分歧已经非常明确，一个是麦道公司，一个是波音公司。真是公说公有理，婆说婆有理。问题是波音公司对合作研制生产干线飞机并不热心，连民航局也看出波音公司不如麦道公司积极，要再了解波音公司的诚意。但直接买波音公司的飞机便宜，民航局并不肩负发展民用航空工业的责任，而是满足航空运输的需求还要赚钱，当然要买便宜的飞机了，如何符合国家发展中国干线飞机的要求是航空航天工业部要解决的问题。选麦道公司对航空航天工业部发展自己的干线飞机有利，但与麦道公司合作的风险较大（后来的历史证明民航说的是对的，但10年后的事谁也说不准，也不能说当时航空航天工业部的选择就错了）。选波音公

司对民航有利，航空航天工业部充其量不过是风险供应商，也许也正是某些人早些时候说的走日本的路。因此两家就不可能走到一起。

——王启明访谈（2012年5月）

航空航天工业部的意见非常明确："现在下决心选MD90-30，即使麦道公司合作谈不成，也完全可以利用MD82这套图样，以我为主进行研制"。民航局的意见也非常明确："MD90-30飞机技术成熟性不如波音737-300飞机"。"民航现有机队以波音系列飞机为主，并形成了与机队相适应的飞机维修体系和飞行人员培训体系。从这方面考虑，我们不倾向合作研制麦道系列飞机"。

两家意见可谓针锋相对，就在以后的一次会议上，管德居然与国务院主管该项工作的副总理邹家华发生了争执。

我到民航局的时候，局长是胡逸洲，他将MD82这项工作交我分管。这个项目矛盾很大，民航局不要MD82，航空工业部又非要上MD82，我们和航空工业部的负责人整天吵架，一直吵到1991年，最后跟邹家华都吵起来了。

我记得他那天开会，一上来就说，就定了——MD82。我说，你根据什么定的？我们还没把情况说完，你就定。

就这样我们俩就吵起来了。

那时候，邹家华是国务院副总理，是国务院干线飞机研制领导小组的组长。而当时，民航局是副部级单位。我与副总理吵起来以后，参会的人看着都有些紧张。会开完以后，邹家华就追着我，一直追回局里头来了，意思是要民航局转变态度，也是要我们局长好好管管我。那时候已经是蒋祝平当局长了，他的意见是向着我们的，以后也就不了了之了。

——管德访谈（2011年10月）

对这一件事，分管飞机采购工作的副局长李钊记得很清楚：

> 那时是邹家华同志任副总理，主管航空工业，还担任国务院干线客机领导小组组长。有一件事我印象很深，就是采购MD82的事。
>
> 当时民航局领导分工，我分管中国航空器材公司，我要去美国买MD82。美国生产的MD82，价格比国产飞机要便宜，航空工业部与麦道公司合作生产的MD82比这个价格高得多。当时家华的态度是要我们买国产的。我对家华说，我们买飞机的钱不是国家给的，是经营性的。我们替航空公司买飞机。航空公司在营运中要把买飞机的钱赚回来。现在国产的飞机，每架比国际市场上贵了1000多万美元。既然国家支持航空工业，这笔钱应该由国家给予补贴，不能够让我们民航系统来负担。家华站在国务院的立场上，不同意我的意见，我与他谈得很不愉快。
>
> 管德在民航局分管计划、财务，后面的一些工作就由他出面了。他跟我的想法是一样的。管德是一个很讲理的人，而且他不卑不亢。国产飞机贵，不能为了发展航空工业，就让民航买贵的飞机自己来消化。
>
> 家华跟我谈得已经很不愉快。
>
> 后来他与管德谈，管德也接受不了，结果俩人干起来了，比跟我谈时的火药味大多了，家华跟着一直到管德办公室，我就听到那边屋里面拍桌子，吵得很厉害。
>
> 管德这人非常正派，不是那种见什么人说什么话的人。而是中国知识分子那种很典型的士可杀不可辱，满身正气。他待人非常谦和，没一点架子，没有一点盛气凌人，但你别惹他，他谁也不怕。我觉得他是很值得你们颂扬的一位知识分子。
>
> ——李钊访谈（2012年4月）

在熟悉管德的人们的记忆中，管德还有过顶撞高层领导的事。

601所《歼8飞机研制史》中收录了参与歼8飞机研制全过程的著名飞行员鹿鸣东的一篇回忆《难忘的历程》。对于某些反对歼8飞机的人和他们的态度、说法，鹿鸣东说自己曾反复想过："为什么在有些人眼里，国外的飞机什么都好，感情那样深？而对我们自己研制的飞机就认为什么都不行，一出现事故就百般挑剔，甚至置之死地而后快！这是不是一副地地道道的奴才相呢？"文中，他设问："面对歼8飞机的种种责难和压力，究竟应该怎么办？"

> 原沈阳飞机制造公司副经理、歼8Ⅱ现场总指挥管德，不屈服压力，敢于说话的精神，对我教育很大。有一次，一位中央首长在听取我们汇报后，提出要仿制米格-23。管德说："我们的歼8能打过米格-23，如果再仿制米格-23，还需要4~5年的时间。"因此，他不同意仿制。那位首长听了火气很大，甚至还拍桌子、瞪眼睛。而管德以向党、向国家、向人民负责的精神，还是不同意仿制。管德的这种实事求是、坚持真理的精神，是我们每一个共产党员必须具备的品质，否则就不称其为共产党员了。
>
> ——鹿鸣东《难忘的历程——回忆歼8机的科研试飞》

鹿鸣东讲到的这件事，在许多人心中留有深刻的印象。

《中国航空工业大事记》记载："1977年7月10日，以唐乾三为组长的飞机技术组一行10人去××接收米格-23MC飞机一架，8月份运到112厂。"

唐乾三回忆：

> 这架飞机运到112厂后不久，王震副总理到该厂视察。在

我汇报时，他突然问道："飞机生产情况怎么样？"我听到他的问话，愣住了。因为从来没有说过要生产这一型号的飞机。情急之下，我只好说，还没有得到部里的指令。王震一听就发火了："还要什么指令？邓大人（邓小平）都定了，还要谁发话？"

视察工厂后，我们陪同他回到宾馆，继续向他汇报。这时601所副所长管德也参加了，管德向他讲，这架飞机不需要仿制。王震副总理更加生气，火气也更大。大家都熟悉，他发起火来很厉害，是要骂人的。但管德还是坚持着把自己的意见讲完。

我原来与管德不是很熟悉，但那一次，当时我就很佩服他。

以后，厂所的一把手到北京，反复陈述了意见，最后还是没有仿制。

——唐乾三访谈（2012年3月）

管德敢于坚持自己的意见是出名的。他始终认为，不管对方来头多大，只要有讲话的机会，就应该讲自己真实的想法，决不能迎合上级、人云亦云，更不能畏首畏尾、敷衍塞责。即便是在高层领导人面前，也绝不应该只从个人利益得失考虑，不讲真话。

即便与国务院副总理一级的领导意见不同，管德还是谈出了自己真实的想法；而即便态度不够冷静，与领导人发生争吵，管德没有因此受到责难和打击报复，更没有影响组织对他的任用和以后的工作。领导者有宏大的气度和胸怀、下级敢于直言和不盲从以及由此形成的彼此相容、互相体谅、勇于批评和自我批评的上下级关系，是事业成功的基础，也是队伍团结、基业常青的前提。

"屁股决定脑袋"

管德对麦道公司的看法形成于1985年，那时，他在航空工业部担任科技局局长，他回忆说：

> 1985年，我在航空工业部工作期间，到国外考察的时候，就有这个观点。当时我有过一篇稿子，就是说为什么我赞成与波音公司合作搞波音737，不赞成MD82。
>
> 但那时候矛盾没这么尖锐，到后来要决策了，就尖锐了。
>
> 对这个问题，我是下了功夫的。首先MD82的性能确实不如波音737，但是波音公司不卖波音737，那个飞机的翼型是波音公司专有的，不转让。所以没办法了。最后也同意生产MD82了，但刚要生产，麦道公司被波音公司买去了，我们中方的生产线都建起来了，就在上海飞机制造厂。
>
> 我认为麦道公司存在问题，就是它的经营和财务状况不好。后来麦道公司干不下去了，被波音公司兼并了。
>
> 当时我想了6条意见，就是波音737和MD82的比较，最后一条我记得很清楚，就是波音公司的经营状况要比麦道公司好得多，没想到麦道公司很快就黄了。
>
> ——管德访谈（2011年10月）

以何文治副部长为首的航空工业部与以管德副局长为首的民航局在选型的问题上争论了很长时间。有意思的是，这两位在会议桌旁唇枪舌剑的政府两大部门负责人，同出于清华大学，而且是同班同学。

何文治，1931年2月1日出生于陕西省乾县阳洪村。与管德不同的是，何文治高中毕业后，考入西北工学院电机系学习，后转航空系，在解放后的第一次院校调整时转到了清华大学。1952年毕业后，他被分配到南昌飞机制造厂工作。到厂不久就参加了我国自己生产的第一架飞机试制的全过程，接着又参加了我国第一架自行研制的多用途飞机（运5）的工作，担任试飞组长。我国第一架自行设计的初教6飞机研制时，他又任试飞组长并负责质量保证。

何文治1953年加入中国共产党。1952—1980年在南昌飞机制造厂导弹分厂任设计研究所技术员、技术室主任、科长、主任工程师、导弹分厂厂长。1978年12月调任直升机设计研究所所长兼党委书记。

1980年起，何文治担任三机部副部长兼飞机局局长，历任新飞机研制系统工程办公室主任、大型客机（运10）首飞组长、歼8Ⅱ飞机研制总指挥、8号导弹工程研制总指挥兼航空航天工业部科学技术委员会主任、航空航天工业部科学技术研究院院长。

何文治是一位事业心极强的技术型领导干部，曾成功主持过多项重大型号的研制。可以想见，两位老同学之间的争吵，尽管相互难以说服，但肯定都是出于自己对问题的深入理解，同学的关系、情谊又使得他们之间可以坦诚相见，毫无芥蒂。

刘济美的文章中引用了中国航空技术进出口总公司一位知情者的话，并将航空工业部坚持选择麦道公司的原因归结为"技术诱惑"。

> 商用飞机制造业内很少有什么秘密，但是当时，面对技术诱惑，我们最终放弃了对商业风险的谨慎态度。中国航空技术进出口总公司陈启南回忆说："其实，早在几年前，当我们选定MD90飞机时，就有外商中的华人提醒我们，麦道公司的财政状况非常糟糕，和麦道公司进行长期合作的项目将会有很大

的风险。但是当时，我们对此置若罔闻，直到麦道公司被合并，我们才感到惊讶。"

——刘济美《为了中国》

民航局方面对麦道的财政状况有着高度的警惕。在1991年第（4）期《民航简报》刊登了题为《美刊报道1991年是麦道公司生命攸关的一年》的摘要。其中写道：

美国商业杂志 Forbes 于1991年1月7日刊载了一篇署名文章《麦道生命攸关的一年》。该文透露，麦道公司"正面临着三重困难：过度紧张的资产负债表，收益下降和不断出现的生意上的丑闻"，"债务已达30亿美元，几乎等于其全部资产"，"1991年麦道至少要再借10亿多美元"，"民用项目投资不足是长期以来笼罩麦道公司头上的阴影"，"麦道公司参与的每一个大项目几乎都有问题"，"1991年是其面临重大抉择的一年"。

该期简报附上了由 R. L. 斯特恩（Richard L. Stern）和托马斯·班克罗夫特（Thomas Bancroft）合写的文章译文——《麦道生命攸关的一年》。文中起首的设问是：麦道公司是否会像唐纳德·特朗普（Donald Trump）、联邦百货商场和一些大银行一样，成为1990年经济衰退中被淘汰的下一个主要受害者？

遗憾的是，如此振聋发聩的警告并没有引起航空工业部门的重视，处于航空工业世界市场前沿的中航技居然"置若罔闻"。

在这场争论中，管德是认真的，他对自己要解决的问题有主见并敢担当，不会轻易改变自己的主张，更不会退缩。他已经是级别很高的"官"，但无论是面对私情还是面对"官场"，他的言行举止表明了他的人生原则是做一个有良知和原则的人。

在一次有民航局和航空工业部双方人员参加的很正式的会议上，管德说了一句让与会者永远不会忘记的话——"屁股决定脑袋"。

曾经在管德领导下工作的侯印初回忆：

因为我是搞材料的，航空工业部与民航局有关干线机论证工作的对话，我参加了多次。

那个时候管德与航空的关系就不一样了，对不上话。他说要这个，咱们马上就组织我们这帮人往他的那个要求上转，适应他的要求。因为我们当时想尽快搞出来，不失时机地争取这个机会，推进航空技术水平的提高和发展，基于这一种心情，他提出这个技术要求，我们马上按照他说的往这方面拐，我刚拐，他又往那边拐，所以双方的关系挺紧张的，咱们的大飞机一直跟他们没对上。

有一次我就不客气地跟管德说："我们赶不上你，你脑子也太灵了。"

他在一次大会上讲："屁股在哪儿，脑袋就跟着走。"

那时候我觉得好像管德实在无法解释清楚，就脱口而出说了一句话："屁股决定脑袋"。是在大会上，他坐在主席台上讲的。

——侯印初访谈（2012年4月）

对于"屁股决定脑袋"这句大俗话，一个比较斯文的说法是"位置决定想法"。意即"一个人所处的特定位置，会决定其眼界、判断和价值取向"。在大多数的场合，此俗语带有贬义，但也有人将其解读为"站稳立场"。

侯印初讲到管德代表民航局"提出这个技术要求，我们马上按照他说的往这方面拐，我刚拐，他又往那边拐"的说法，在航空工业系统很有代表性，多数人谈到这一点，都会举这样一个例子：民航局一开始提出"两轮起落架改装成四轮起落架的要求"，而在航空工业部做了多年努力，按此要求改装成功之后，又以"航空公司不再需要'两轮改成四轮'的 MD82T 飞机"为理由，撤回了要求。

中国的机场跑道不能全部适应MD82飞机是民航局1983年发现的问题（见《大飞机风云》），从1987年开始的对外合作谈判中，民航局和航空工业部对麦道公司的要求中一直有改为四轮起落架的要求，直至1992年3月，最终选定与麦道公司合作，在与中航技签订的合作生产40架MD90飞机的协议中，麦道公司方面正式同意将两轮主起落架改为四轮。该合同，民航局未参与签字。

1992年5月23日，民航局以函〔1992〕566号《关于干线飞机采购谈判签约问题的函》提出："据悉，目前MD82飞机改四轮起落架的方案设计已完成即将投产。在此之前，我们多次提出，应该注意听取用户意见，以使方案更加符合使用要求，但至今贵部还没有向我局正式介绍改四轮起落架的情况。希望能尽早与用户沟通，介绍MD82T的技术、经济状况及飞机价格等。"

王启明的看法是：

> 以现在的眼光看过去，民航有意见是完全正常的，而航空航天工业部当时也是一级政府，他的责任是发展民机产业而不是航空运输，没有把民航当用户，做起事来自然想不到一起。
>
> ——王启明访谈（2012年5月）

1993年2月3日，民航局以〔1993〕21号文报国务院称："在1987年我局曾提出MD82改四轮，现已时过6年，机场变化很大，再增加四轮飞机不便于使用和维护，现根据各航空公司的意见，确定民航局购买的25架MD82飞机均为两轮型。"后经国家批准，航空航天工业部中止了进行多年的四轮改型工作。

看过古书《说岳全传》的人一定会记得，在其中第十回"大相国寺闲听评话　小校场中私抢状元"中讲到牛皋在小校场与杨再兴、罗延庆比武，岳飞前去解围："杨、罗二人见了，即丢了牛皋，两杆枪一齐挑出。岳大爷把枪望下一掷，只听得一声响，二人的枪头着地，左手打开，右手拿住枪钻上边。这个武艺名为'败枪'，再无救处的。"

当年民航局与航空工业部之间争论激烈，双方各执一词，也各有自己的充分理由。在激辩而难以达成一致的情况下，管德说出了这样一句大俗话，与岳飞的"败枪"异曲同工，此话一出，断了航空工业系统对管德和民航局的不切实际的想法，也没有了继续争论下去的余地。侯印初的说法是："我觉得好像管德实在无法解释清楚，就脱口而出说了一句话，'屁股决定脑袋'。"

当年两大政府部门争持，民航局原副局长李钊是参与者之一。20余年之后，他冷静地回顾了这一段历史：

> 我本来是航天领域的，大家都是支持国产的。但话说回来，如果质量差，价格又贵，要我来完全消化这个东西就有难度。我们觉得航空工业部还得再努力一点，不能现在就推销，那个东西还不行。那时候我管航材公司的，管采购的，跟何文治打交道也很多，他年纪比我们大一些。他是代表航空工业部，推销飞机。我们买飞机很慎重，当时是民航局管采购飞机，采购回来，要给各航空公司去经营。所以这个事我们也很慎重，不然下面骂你，说我们没代表他们的利益。
>
> 那时候的民用飞机不仅有MD82，还有运7飞机。
>
> 运7后来全线都停了，因为摔了一架。那时候朱镕基直接管航空，他是副总理。他对我们都是很厉害的。有一次，航空工业部运7试飞，请我们去。我去了，正好赶上那次飞的过程中，一下把一个窗户飞掉了。在天空中一扇窗户掉了，风一下子往里吹。我也没说别的，只是说，现在你这个飞机还不能成为商品，只能算一个试验产品，得赶快把质量做扎实了。
>
> 管德是一个很认真的人。他也不是说我现在坐在民航一方，就六亲不认，但他对航空的要求是严格的。因为民航要对

乘客负责任，人民群众的生命是不能开玩笑的。

那时候我也跟他们说，你想我是航天过来的，我们都在搞国产产品，都对自己国家充满信心的。如果没有问题，你不让我用，我也非用不可。航天的人对国产东西情有独钟，我们的东西百分之百的国产率。

——李钊访谈（2012年4月）

2003年，中国航空工业第一集团公司下发了《关于学习中航商飞公司经验，开展以市场观、客户观为主要内容的市场意识教育的通知》，在时任集团公司总经理刘高倬的大力倡导下，中航商用飞机有限公司"市场需求是我们的动力，乘客满意是我们的宗旨，客户赢利是我们的目标，一流服务是我们的承诺"的经营理念成为中国航空工业第一集团公司"两观（市场观、客户观）教育"的中心内容。

《大飞机风云》的作者从这一观念出发所阐述的观点非常明确：

选麦道还是波音？民航与航空工业部门有不同意见是很自然的。航空工业部门从延续上海已有的MD82生产线出发，加之麦道公司对合作比较积极，当时感到麦道公司所给的合作条件比较好接受，就倾向选麦道公司。航空工业部门明明知道民航倾向于选波音公司，但以为自己与民航局是国务院下属的平起平坐的两个部门，有不同意见可以各自找上级。后来国务院领导裁决选了麦道公司……在这漫长的选型谈判过程中，民航局——中国干线飞机的未来用户所发出的倾向性信号是足够强烈和明确的，航空工业部门对用户第一、顾客至上这个根本性问题，如果有现在这样的认识，就不会背离用户意见走到这一个选择上去。这可以说是个极大的教训。

——孙礼鹏、周日新《大飞机风云》

这也许应该是对管德"屁股决定脑袋"说法给出的一个最好的解释。

MD90

1987年，李鹏担任国务院代总理，1988年，担任总理。

在表决通过李鹏担任国务院总理的七届全国人大一次会议上，全国人大批准成立航空航天工业部。1988年4月12日，国家主席杨尚昆以第2号令任命林宗棠为航空航天工业部部长；5月3日，国务院任命姜燮生、刘纪原、何文治、孙家栋为航空航天工业部副部长。7月5日，航空航天工业部正式成立大会在北京召开，宣布航空工业部与航天工业部合并。

李鹏任副总理期间，对中国航空工业的发展给予了高度关注。"1985年底运7-100型改装完成，李鹏副总理乘坐了运7-100，接着就在首都机场主持召开了第九次国务院民航工作现场办公会议，决定'七五'期间由民航购买50架运7投入国内航线使用。从此，运7系列飞机正式进入民航装备系列，并成为国内支线客机机队的主力。"（孙礼鹏、周日新《大飞机风云》）

干线飞机的争执，被李军以人民来信的方式报到总理那里。

> 李鹏总理把航空工业部和民航局都叫到他那里，我们是局长蒋祝平和我去了，航空工业部是何文治副部长等人，就五六个人。
>
> 李鹏总理问何部长，你们不是说自己可以搞吗？对这个问话，何文治不敢说行，也不敢说不行。我心里知道是不行。何

文治后来还是说:"行。"听他这样回答,李鹏就说:"到2000年,你们搞出一架跟MD82一样的飞机来。"

说到这儿,会就散了。会议的结论是要航空工业部门自己搞。

我们就等这个会议纪要,但会议纪要就是下不来。等于开了这个会,但没纪要。

最后口头解释说,所谓的到2000年搞出跟MD82一样的飞机,就是MD90,应该说这是一个正式的会议,但没有会议纪要,就是说搞MD90。

——管德访谈(2011年10月)

《大飞机风云》一书中记载了这次会议的缘起:

在航空工业部和民航局与外商几轮谈判后,1989年8月2日,航空航天工业部林宗棠、何文治和民航局胡逸洲、管德、李钊等同志会商,根据5个候选机型(波音737-400、波音737-300、波音757、MD82和MD90)的性能综合情况,考虑到对我国机场适应性的要求,确定干线飞机的选型集中到波音737-300和MD90(装四轮主起落架)两个机型上,最终机型须经商务谈判和进一步细化工作后择优选定。

一年以后的1990年9月12日,显然是由于双方长时间的"会商"无法达成一致意见,航空航天工业部索性单独行动,以航民机〔1990〕1368号文向国务院干线飞机领导小组上报了《关于干线飞机的再次选型报告》,提出干线飞机的选型条件已经成熟,从飞机综合性能、使用经济性等方面,提出中国干线飞机选型MD90-30(四轮型)比较好。

对此,民航局当然不能坐视。次日(1990年9月13日),"民航局即以民航局函〔1990〕1110号文向国务院干线飞机领导小组上报了《关于干线飞机选型工作情况和意见的报告》，报告提出：'支持合作研制生产干线飞机，与麦道公司合作应取谨慎态度，目前决定合作生产麦道 MD90－30DTG（四轮型）飞机条件尚不成熟。'"

王启明、郑作棣在为航空工业史撰写的民机史稿中有更为详尽的记述：

> 1991年3月11日，根据航空航天工业部和民航局对干线飞机的意见，国务委员邹家华写信向李鹏总理说明情况，信中写道："关于干线飞机如何进行的问题，经过近两年的工作，情况已经清楚，应该决定，以利下一步工作进行。我拟于今日找蒋祝平和管德二同志按照你所指示的，向麦道倾斜，也给波音留一个小口子的精神谈一次，然后再开领导小组会议做出决定。
>
> 具体的步骤内容设想：
>
> 1. 搞好 MD82 两轮改四轮的工作。
>
> 2. 与麦道会谈下一步合作，包括进一步要降低单座价格和长期合资办厂的方案等。
>
> 3. 总装继续在上海，而整个工作量，要尽可能发挥航空工业等全国的力量，减少新搞一套。
>
> 4. 根据需要还可以购买部分波音的飞机，包括国际航线及国内航线所用。
>
> 这样逐渐展开我国自己的干线飞机的设计、制造和应用的工作，经过若干年到21世纪，就可以形成自己的系统。"
>
> 李鹏总理当天在此信上批示："同意按此精神进行工作。但我民航对麦道与波音都不能承担购买飞机的义务，买飞机只能一次一定，还要看有无租赁条件。制造麦道飞机定在上海，

但不要过分依靠麦道，必须发扬自力更生精神，立足于依靠我们自己掌握的技术，尽快做出样机。领导小组决定后，事关重大，还要提交办公会议审定批准。"

——王启明 郑作棣《中国民用飞机发展史（待定稿）》

航空航天工业部与民航局都以最快的速度就贯彻李鹏、邹家华指示做出反应。3月19日，航空航天工业部何文治副部长向邹家华递交了贯彻执行李鹏总理、邹家华国务委员指示的汇报提纲。4月6日，民航局〔1991〕108号《关于贯彻执行中央领导同志对于干线飞机问题指示的汇报》上报邹家华。两个汇报各有侧重。航空航天工业部强调的是建议国家计委尽快批复干线飞机的可行性研究报告。为了合作的需要，建议与麦道的合作2000年前按50架飞机安排计划。民航局则强调："在与麦道会谈下一步合作生产时应在以下两点上提出：（1）按相同的座位排距和相近的人均服务设施面积计算的全经济舱每座价格，不高于民航实际采购的波音737-300。（2）……同麦道的合作生产、合资经营谈判、签约，宜请航空航天工业部进行。民航局作为使用订货一方，届时可以不受合同、协议的制约，灵活自如……我们合同只承诺2000年前的使用25架和配套件15架，剩下的待1995年再谈，到那时视情况再作处理。"

同属国务院领导的两个部门，意见尖锐对立，而且"事关重大"，1991年4月20日，李鹏总理亲自出面主持了讨论研制干线飞机问题的会议。《大飞机风云》中用了一个词——"裁决"——"后来国务院领导裁决选了麦道公司。"

民航局的意见显然更多的是管德的意见，既然总理表示了最终的决定，他还是接受，但仍明确表示了自己的担心。

> MD90就MD90吧。当时我说过自己的意见，我说，麦道公司经营状况不好，咱们得小心点。结果刚定下来与麦道搞

MD90，波音就把麦道兼并了，波音把麦道买到手，就把MD90枪毙了。波音的说法是，150座飞机波音已经有737，用不着再搞MD90。

这个事吵了足足两年，就散伙了。后来这些事没有了。

主要的原因是咱们航空工业部自己没搞出来，你要搞出来不就没事了？但最后的结果是我们没搞出来。航空工业部想搞，李鹏也答应了，最后没做出来。

MD90是已有的飞机。

这可以说是美国人压制，但也不能算。我觉得这事还是赖我们自己没看准。没看准，可以不和麦道合作，就自己弄你自己的。

咱们那时民用飞机没有规范，运10的毛病就是因为咱们没有民用飞机的规范，你要飞出去，人家不让，就是适航的问题，咱们没有这套东西。运10飞机没弄成，就不能飞，然后就是MD90是被波音买走的，就没了。

咱们是想干，但是麦道弄没了，就不好办了，这个闹了至少两年。

——管德访谈（2011年10月）

管德在这里讲道"可以不和麦道公司合作，就自己弄你自己的"，是民航系统的一个重要观点。

1992年2月28日，民航局简报《国产干线飞机不宜选用JT8D发动机》，JT8D发动机技术性能、经济性与可靠性皆与当时广泛使用的第二代发动机CFM56有较大差距。简报详细说明了其技术性能、经济性、可靠性等方面的情况。邹家华在该简报上批示："请航空航天工业部专门来汇报一次干线飞机工作的进展情况"。王启明很敏锐地觉察到：

MD82 选用的是 JT8D 发动机。

虽然只是一份简报，但民航实际上是通报航空航天工业部，干线飞机不是简单的合作生产 MD82 或 MD82 改四轮，而是应新研制自己的干线飞机。

……

1992 年 6 月 23 日，邹家华副总理主持召开干线飞机研制领导小组会议，会上李钊也讲道："要不失时机搞自己干线飞机……建议你们缩短战线，不要搞 MD90，搞 20 架 MD82 后就搞装 10A 发动机的自己的干线飞机，也许好一点。

——王启明访谈（2012 年 5 月）

1996 年 12 月 15 日，波音公司用 133 亿美元合并了麦道公司，实现了在商用飞机领域的统治地位。1997 年 11 月，波音公司宣布 MD11、MD80 和 MD90 系列飞机生产线将随着 2000 年 2 月最后 1 架飞机的交付而关闭。

2000 年 3 月 6 日，上海航空工业公司生产的第二架 MD90 取得 FAA 颁发的适航证。交付北方航空公司运营，至此，合作生产的合同执行完毕。中国航空工业与麦道公司的合作画上了句号。

对民机发展的这一段历史，至今仍有不同的说法和评价。但其中涉及的一个关键问题就是国家和政府高层的决策如何才能尽可能保证不出现大的失误。

"管理就是决策、决策就是选择"，这是管理学的一句名言。决策需要在多种方案中进行选择，或者集合多个方案的长处拟定新的方案并做出决定。要做到决策的科学、正确，就必须准确把握管理的科学规律。

社会主义的优越性之一是集中力量办大事，发挥这个优越性，可以创造人间奇迹，但前提是要科学地做出以后被历史和实践证明是正确的决策。在中国，决策科学是可以办成其他国家不能办到甚至想都不敢想的大事；但如果决策不科学，就会成为集中力量"办大错事"、"办大坏事"，会造成比别的国家大得多的损失。对此，中国共产党的高层早已经有过明确的要求：

> 社会主义的政治体制，作为社会主义的上层建筑，应该是为社会主义的经济基础服务的。随着我国经济体制改革向广度和深度发展，越来越显示出政治体制改革的重要性和迫切性。我国政治体制上的一个重要弊病，就是领导权力过分集中，决策制度不健全。因此，政治体制改革的一个极为重要的方面，就是要充分发挥社会主义民主，真正实行决策的民主化和科学化。
>
> ——万里《决策民主化和科学化是政治体制改革的一个重要课题》（1986年8月15日《人民日报》）

应该说，万里1986年这篇讲话所阐述的原则和精神，尽管得到当时中国共产党最高权威领导人邓小平、陈云的充分肯定，但在以后的实际工作中并没有得到彻底、认真的贯彻执行。

管德作为一个在飞机设计、研制中既有科学技术经验，又有系统管理经验；既有在航空工业部门工作的经历，又身处民航局这个干线飞机用户的重要位置；他在干线飞机的决策中理应发挥重要的作用。

1993年8月，按照中央关于干部任职年龄的政策规定并根据民航局建议，管德被免去了民航局副局长职务。此前的1992年，何文治被免去航空航天工业部副部长职务。1995年1月10日，何文治因病医治无效在北京逝世，终年63岁。

第十三章
温馨的家

王　露　瀛

1955年，在进入航空工业局机关工作3年以后，管德恋爱了，他心仪的女孩子是上海来的王露瀛。在管德的回忆录中这样写道：

> 我的爱人叫王露瀛，是当时第四局机关最美丽的女孩，而她的心灵美要比外貌高上百上千倍。
>
> ——管德回忆录

1951年刚参加工作时的王露瀛

1952年的王露瀛

在携手走过半个多世纪以后，管德写下这样柔情似水、含义隽永的语句，足见得王露瀛在管德心目中的位置。

王露瀛，1932年5月16日出生于浙江省绍兴市。她在家中排行第四，上有哥哥姐姐，下有弟弟妹妹，兄弟姐妹一共7个。她的父亲继承了爷爷经营多年的一间瓷器店，还有一些土地，所以尽管孩子多一些，但家道殷实，幼年是在无忧无虑中度过。不幸的是，在她6岁那年，父亲因病去世，全家的重担落在了母亲的身上。母亲不仅要照料在父亲生前已经不很景气的瓷器店，还要负责孩子们的教育、学习。由于父亲在生意上被人欺骗，身后落下了一笔沉重的债务，年幼的王露瀛已经懂得，每到年底，就是被逼还债的关头。她记得，这笔债还了十多年才还清。每到年关，母亲总要痛哭一次，是思念父亲，也是释放积郁一年的凄苦。

王露瀛的舅舅是母亲唯一的兄长，在上海经营一家书店。舅舅经营管理有方，书店业绩很好，所以舅舅每年都能给母亲一笔钱接济家用。

1949年，上海解放以后，王露瀛考取了上海立信会计高等专科学校（注1）。

1951年毕业后，刚过19岁的王露瀛与十多位女同学一起被分配到北京，进入创建不久的航空工业局工作，同学们被分到了计划、生产等多个部门，仅有王露瀛被安排在了财务部门，从那以后，她一生从事财务工作，成为了系统内财务会计方面的专家。

蔡美生回忆说："这一批女孩子中，王露瀛是最漂亮的。"她的记忆可以证明管德对王露瀛的评价并没有因为爱情而有失偏颇。

与管德多年共事的老朋友顾诵芬回忆：

> 老管的夫人王露瀛是上海财会学校毕业的，分配到航空工业局，在财务部门工作。
>
> 老管刚到局机关工作时，不住集体宿舍，住的是外面租的一处房子，离机关办公地很近，走路不过几分钟时间。他找了一位同事与他一起住。那时，他有些不修边幅，早上起来，经常不吃早饭，随便擦把脸就到了办公室，反正很近，总是在上班时间前一两分钟进办公室。
>
> 后来他与王露瀛谈恋爱了，就完全不同了，每天都很注意仪表举止了。

他的夫人很有个性,在机关也很引人注目。

有一次,她骑自行车上街。那时,大家骑自行车的水平都不高,都是刚学会的。结果她把警察给撞了,还把人家警服撕了一个口子,她就站在路边给警察缝衣服。

这成为当时大家笑谈的一个话题。

——顾诵芬谈话(2012年1月)

对于这一次交通事故,王露瀛也记忆犹新。她回忆:"我一进食堂,大家哄堂大笑,以后议论说我是二等英雄。当时的说法是'一等英雄撞汽车,二等英雄撞警察'。我这一次撞了警察,就是二等英雄了。"

王露瀛在局机关里引人注目。她不仅容貌秀丽,而且多才多艺,开朗活泼,无论机关年轻人一起唱歌跳舞,还是外出游泳滑冰,到处都可以见到她朝气蓬勃的身影。众多男青年被这位婀娜多姿的姑娘吸引,向她发出示好的信息,打电话的、当面约请外出的都有,但她始终没有动心。她回忆:

那时候,我们都很正统、很保守,甚至可以说是很封建的。把恋爱看得很严肃,觉得不能随便就接受人家邀请去看电影、逛公园。所以在机关工作三四年了,还没有谈恋爱。

——王露瀛访谈(2012年5月)

王露瀛回忆,当时指令检查室的大学生们一个个气宇轩昂,显得有些与众不同,人们议论说,这些大学生,在食堂吃饭都是打两个菜,一个大众化的——白菜粉条之类的5分钱一份,还必有一个高档菜,那就要2角5分钱一份了。但他们的穿着都很不讲究,衣服几乎都带补丁。管德尤为突出,他裤子的膝盖、上衣肘部、领口、袖口都打着补丁。王露瀛记得很清楚,管德在办《通报》时,会与机关各部门打交道,她所在财务部门也不例外。财务处长对经常到他们这里来的管德有很好的印象,曾对王露瀛说,这个小伙子不错,人很聪明。

1955年,23岁的王露瀛与同为23岁的管德建立了恋爱关系。

1955年,热恋中的管德、王露瀛

"郎才女貌"——男有才气,女子貌美,这在世俗的人们看来,管德与王露瀛正是这样的一对理想的组合。但在他们两个人心目中,比才貌更重要的是管德所说的"心灵美",这是一种基于爱情,又远远高出一般男女情爱的感情。他们以后半个多世纪的共同历程对"心灵美"这3个字做了最好的解读——是相互深刻地理解,是彼此无私的奉献,是精神上最可信赖的依托,是生活里携手度过困境最强有力的支撑……

1956年,112厂飞机设计室成立,管德做出了人生中最重要的一次选择——到沈阳、到飞机设计室去,离开机关行政事务性工作,在航空科学技术中探索钻研。局领导最终同意了他的请求,他热恋中的姑娘也给予他无保留的支持。

后来沈阳飞机设计室成立,我要去,她(王露瀛)毫无二话同意跟我一起去沈阳,离开了北京。

——管德回忆录

与管德建立了恋爱关系以后,王露瀛的经历就与管德紧密联系在了一起。1957年,她随管德到沈阳,被安排在119厂(注2)财务科,开始担任室主任,以后担任了财务科副科长。

自1965年4月1日起,119厂改变隶属关系。王露瀛也随之到了七机部。该厂现属中国航天科工集团,改名为航天新乐有限责任公司。以后管德调回北京,王露瀛也随之回到北京,在航空航天工业部所属长城公司的财务部担任总经理(副局级)。王露瀛业务能力强,加之工作需要,所以长城公司延长了她的工作年限,直至65岁才办理退休手续。

注释:

1. 上海立信会计学校是中国现代会计教育的发源地之一,由"中国现代会计之父"教育家潘序伦先生于1928年创办,1952年,全国院系调整时,学校同上海其他财经类校系合并为上海财经学院。1980年10月,为适应改革开放新形势,经潘序伦先生等人倡议,上海市人民政府批准立信复校。2003年9月,经上海市人民政府批准,在立信会计高等专科学校的基础上建立本科学院,即上海立信会计学院。

2. 119厂的前身是112厂的特设修理车间,1954年3月,根据二机部批复四局改建方案,从112厂独立出来建成为航空电气仪表厂,先定名为112厂分厂,后改为119厂,对外厂名为新乐仪表厂。由于119厂承担了地空导弹配套所需的自动驾驶仪研制任务,工厂被列为三机部基建重点项目。1965年1月,遵照国防工业党委《关于七机部组建中几个问题的决定》，三机部将包括119厂在内的6个单位移交七机部。

结 婚

20世纪50年代的沈阳，是国家重点建设的以装备制造业为主的全国重工业基地之一，具有极其重要的战略地位。被人们誉为"东方鲁尔（注）"。尽管沈阳素有"一朝发祥地，两代帝王城"的美称，而且由于近代日、俄的觊觎和外来文化的浸淫，在当时的中国应该是最具时代文明的城市之一，但在出生于旅顺、求学在沈阳的辽宁人冯家斌看来，沈阳与北京相比，还是显得保守。

回忆起管德与王露瀛刚到沈阳时的情景，冯家斌说：

> 我们那时候住一个大宿舍，二三十人住三楼的一间大屋子。从窗户就可以看到下面马路的行人。
>
> 管德刚来时，还没结婚，但与王露瀛已经明确了关系，是未婚妻吧，按现在说法就是对象，也从北京给调来了。
>
> 调来以后不久，他们俩人在马路上散步，是手挽手走。沈阳当地的人看不惯。那是20世纪50年代，男女在一起手挽手、胳膊挎着胳膊，那根本就没有见到过的。他们走在路上，谁都回头瞅。
>
> 我们从楼上看到，都说看管德他们俩多好呀！
>
> 那时候，大伙说，人家这是北京来的，跟咱沈阳人不一样。

——冯家斌访谈（2012年3月）

1957年，管德与王露瀛在沈阳结婚了。在回忆录中，管德写道：

> 在那里，我们结了婚。房间很小，仅12米^2，朝北。举行婚礼那天，设计室的人差不多都来了，很热闹，而且都签字留念。
>
> ——管德回忆录

1957年4月8日，管德与王露瀛结婚照

在那个讲求革命化的年代，婚礼都是非常简朴的，一般就是聚在一起，吃喜糖，吸喜烟。参加婚礼的多为同一单位的同事，基本上都是亲密的伙伴，本来就亲如一家，大家都会为新婚夫妻的结合而高兴，气氛自然会很热烈。来宾也有与新郎新娘开开玩笑的，但仅限于要求新人表演节目，如唱一两首革命歌曲或要新娘子为大家每人点一支香烟，而其中最为多见的是要求新郎、新娘介绍两个人的恋爱经过。

婚姻毕竟是人生的一件大事，设计室基本都是年轻人，已婚的很少，管德与王露瀛堪称天作良缘，当有人

1959年，管德、王露瀛在北京草厂胡同家的院中合影

提议让管德讲一讲自己是怎样追求这样一位美丽姑娘的时候，可以想见会是怎样一个欢声笑语的热闹场面。

冯家斌回忆起管德的婚礼，印象最深的是管德的"坦白"：

> 管德结婚的时候，大家参加了他的婚礼。那个婚礼很简单，买一些糖就行了。
>
> 大家吃了糖，就要管德介绍你这个对象怎么认识的？管德老半天也不说。大家逼他，你必须说！你管德在四局，人家王露瀛是搞会计的，与你的工作也搭不上边，你怎么认识的？
>
> 最后逼急了，管德坦白说："我告诉你们吧，我在四局的时候就看中了她。虽然看中她了，但我不想通过别人介绍，自己就琢磨着怎么才能认识她。后来，我就下决心给她写了一封信。这封信要写到什么水平呢？就是要让她看完以后，绝不能揉搓几把就扔到纸篓里。"
>
> 所以后来大家就说，管德的文笔那相当了不得。
>
> 他们就这样认识了。调到沈阳以后，他俩就成亲，后来生了两个女儿。

——冯家斌访谈（2012 年 3 月）

两个女儿的儿时合影

冯家斌没有讲到，除了文笔相当了不得之外，管德还写得一手好字。

几千年以来，中国封建社会的科举应试时，阅卷人多数是先看字，再看文章。字写得不好，文章再好也要受影响。考状元、翰林，就更加看重书法。

管德在民航局任副局长时，用毛笔写下的请示、报告、批示，现在还完好地保存在民航局档案室里，一页页清新秀丽的行楷小字，令人叹绝。当年的王露瀛，见到管德用心书写的情书，令她欣然打开心扉的恐怕不只是激情燃烧的情愫和甜美浪漫的文辞，一纸极具艺术价值的书法作品带给她的还有管德出众的天分、才华和灵气。

管德书法

苏东坡在《答张文潜书》中写道："其为人深不愿人知之，其文如其为人。"清人刘熙载说过："书，如也。""如其学，如其才，如其志，总之曰如其人而已。"约定俗成的说法就是：文如其人、字如其人。

管德的一封字文俱佳的情书，征服了局机关最美丽女孩的芳心，奠定了他们美满家庭一生幸福的基础。

注释：

鲁尔，位于德国西部、莱茵河下游支流鲁尔河与利珀河之间的地区的北莱茵－威斯特法伦州（Nordrhein－Westfalen）。是以煤炭和钢铁为基础、以重工业见长的重工业区。鲁尔区的工业是德国发动两次世界大战的物质基础。战后又在西德经济恢复和经济起飞中发挥过重大作用，工业产值曾占全国的40%。现在仍在德国经济中具有举足轻重的地位。

鲁尔区有着发展工业的优越条件。首先，鲁尔区的地理位置十分优越，位于欧洲经济最发达的"金三角"内，西距欧洲共同体（欧洲联盟）成员国法国、荷兰、比利时、卢森堡的工业区很近，北距共同体成员国丹麦以及瑞典南部工业区不远，东北、南面又邻近本国下萨克森的经济重心区汉诺威－沃尔夫斯堡－扎耳茨吉待三角工业区和北莱茵－威斯特法伦州的莱茵河下游以科隆－杜塞尔多夫为中心的工业区，便于工业区间以及与欧洲共同体成员国间的贸易往来。其次，鲁尔区有着丰富的煤炭资源。煤炭地质储量为2190亿吨，占全国总储量的3/4，其中经济可采储量约220亿吨，占全国90%。第三，水陆交通便利。第四，鲁尔区既是生产中心，又是消费中心。

品 味 幸 福

徐舜寿是一位极富爱心的长者和领导人，到沈阳初期，他没有将自己的家搬来同住，却积极地为飞机设计室来自全国各地的技术人员创造尽可能良好的生活环境。新婚燕尔的管德与王露瀛得到了一间属于自己的小房间。王露瀛回忆说:"虽然是几家合住,但厨房挺大,在当时这是很不错的条件了。"

婚后的管德与王露瀛,并没有沉湎于小家庭的安适,他们与航空科技工业战线上所有的青年人一样,全力以赴,在为建设新中国的伟大事业努力拼搏着。

工作中,王露瀛压力可能会小一些。财会业务是她的专业和长项,除了任务繁忙、需要经常加班加点以外,提高自身业务能力的要求更多的是表现在对工作对象的熟悉和处置上。而管德则不同,他所从事的是一个在当时多数技术人员还相当陌生的专业,首先需要的是学习,而在将学到的知识应用到实际中,去解决具体的技术问题,则还需要他深入地思考、钻研、计算、试验验证并最终给出确定的设计数据。

王露瀛理解管德,她曾经说过:"与冯钟越他们相比,管德觉得自己落后了许多,因为冯钟越虽然与他一样,在学校里没有学很多,但出校门后没有脱离技术,一直在学习和积累,而管德在机关做行政性工作5年,没有深入钻研技术,所以他认为自己必须付出更大的努力才能赶上大家。"

为了给管德创造学习和深入钻研的条件,王露瀛担负起了全部的家务劳动。时隔近60年,管德在回忆录中动情地写道:

> 王露瀛来沈阳后,分配到119厂会计科工作,工作还算稳定,但很忙。
>
> 王露瀛在我们这个家里,是负担最重的。她要上班,还要管家、做饭、给孩子做衣服,等等。
>
> ——管德回忆录

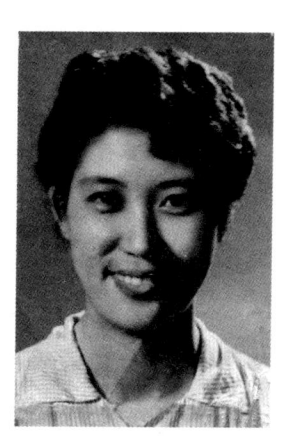

1959年的王露瀛

作为妻子，王露瀛基本放弃了自己最喜爱的业余活动——看电影。

王露瀛对电影有一种特别的爱好。她说，1951—1956年，在北京四局机关工作的那一段时间，每逢周末、周日，她去的最多的地方就是电影院。有一个星期天，她从机关宿舍出来，从东单到王府井，一连看了4场电影。

到了沈阳，建立了小家，原本小两口应该有更多的时间一起看电影，但管德太忙了，他与王露瀛约定，一周最多只能看一场电影。王露瀛还记得，一次，她告诉管德说自己有两张电影票。话音未落，管德就抱歉地对她说："这周已经看过一次，不能再看了。"

回忆这一时期的生活，王露瀛感到的是一种幸福。

有人曾经在一篇博文中探讨过，中文里"幸福"一词，对应的应该是哪一个英文单词？在英汉词典中，"幸福"是"Happiness"，但作者认为"Happiness"更恰当的翻译应该是"快乐"，而"快乐"和"幸福"在语义上是有区别的。作者的看法是：

"幸福"似乎更像是Satisfaction（满足）和Happiness（快乐）的结合。即便从字面上看，"幸福"也应该包含有"幸运"（Lucky）和"福气"（Fortunate）这样的语义；从心理学概念看，"幸福"不仅含有一种快乐的情绪（Mood or Emotion），更有一种对自己所处境况的满足感，后者是一种基于认知的判断（Perception and Judgment）。快乐可以是很短暂的，转瞬即逝的一种感受，而幸福却应该是一种有理性判断作为基础的，比较稳定的长期的感受。两者都有主观的感受成分，但幸福似乎更有一种价值判断和Assessment（评定）在里面。一般来说，一个幸福的人，应该也是快乐的。但反之就不一定成立。一个人可以很快乐（性格因素，或者是短暂的感受到快乐），但并不一定会感到幸福，就是因为这两者之间属性上的区别。

——引自《昭君的博客》

事业是有志者梦寐以求的，需要为之付出艰辛和拼搏。对于管德，为实现理想和事业的成功而奋斗是一种莫大的幸福。对于王露瀛，她需要来自丈夫的爱，这其中有无微不至的关心呵护，也有两个人心灵的交融。通过沟通、交融，管德在追求事业成功中所得到的幸福传递给了妻子，而王露瀛则通过自己的努力将简陋的小家营造成为丈夫的幸福港湾！

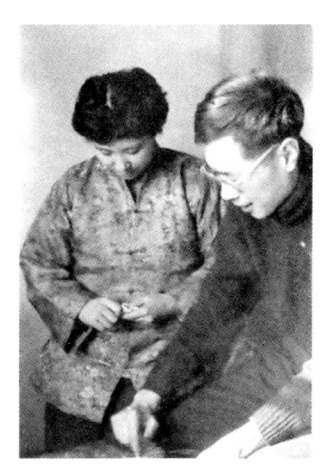

春节，在家中包饺子

他们的小日子，充实、满足并快乐，在那间小小的居室里，他们品味着属于自己的幸福！

"这是一只小小的船"

著名散文作家周国平曾经写道："对于我们，家又何尝不是一只船？这是一只小小的船，却要载我们穿过多么漫长的岁月。岁月不会倒流，前面永远是陌生的水域，但因为乘在这只熟悉的船上，我们竟不感到陌生。四周时而风平浪静，时而波涛汹涌，但只要这只船是牢固的，一切都化为美丽的风景。人世命运莫测，但有了一个好家，有了命运与共的好伴侣，莫测的命运仿佛也不复可怕。"

1964年哈军工毕业分配至601所的杨凤田对属于管德、王露瀛的那只"小小的船"有深刻的记忆：

> 我1964年哈军工毕业分配到601所工作，当时管德同志是气动力室副主任，他的技术专长是气动弹性，工作上我与他没有什么接触。1966年"文化大革命"，从大字报中知道他出身不简单，因他父亲是张作霖的军需副官而被整。1974年毛泽东主席对湖南省株洲市单位派带队干部管理知识青年的做法给予批示和肯定，全国掀起知识青年下乡的高潮。我们所当时也积极响应，在全所范围内优中选优，选了20几位带队干部，其中有管德同志和我。管德同志当时为总体气动力室第一任主任，我是科技处计划科副科长。他被分配到铁岭县依路公社，我被分配到铁岭县红旗公社哈尔边大队，带所里自己青年组成的创业队，这时我们俩才有近距离接触。
>
> 我记得，管德的大女儿管葆瑛也是应届下乡青年，为了给她办关系，我们俩一起跑过有关机关，我第一次去了他三台子的家里，是112厂分配给他的宿舍，只有一间住房，也就12.5米^2。当时他妈妈带着他的小侄子住在他家，他有两个女儿，一共六口人住在这么小的房子里，房子小只好住上下铺。管德是1952年清华大学的毕业生，当时也算是高级知识分子，由此也可看出国家当时的贫困状态。
>
> ——杨凤田《管德与歼8Ⅱ》

杨凤田与管德结识的时候，管德的家在地处沈阳三台子的112厂宿舍楼里，601所所址在沈阳市皇姑区的塔湾，此地得名于辽重熙十三年（公元1044年）初建、清崇德五年（公元1640年）重修的无垢净光舍利塔。

"文化大革命"中，管德与所里多数技术骨干一样，承受着政治上的压力，也经受着生活上的艰难。

我们陆续有了两个女儿——葆瑛和葆慧。

因为工作忙，我们也不会带孩子，于是就把葆瑛托给奶奶，葆慧托给了外婆。后来陆续接了回来，读书直到大学毕业，也都分配在沈阳工作。

——管德访谈（2011年10月）

1964年与小女儿的合影

他们的大女儿管葆瑛辽宁大学毕业后，到澳大利亚的新南威尔士大学（The University of New South Wales，UNSW）读博。二女儿管葆慧毕业于沈阳体育学院，以后一直在外企担任会计主管。现在两个女儿都已经移民至澳大利亚悉尼市。

1993年10月，管德、王露瀛与女儿在颐和园

从管德的回忆中,人们可以想象那时的艰苦,但艰苦的生活条件,并没有影响他与妻子女儿之间的亲情。管德认为,一家人只要能在一起,必然其乐融融,任何困难都能克服。

> 那时,601所在塔湾,家住三台子,还没有足够多的钱买自行车,我每天沿着乡间小路走回家,王露瀛已经把晚饭做好,带着两个孩子在乡间小路的路口等我。
> 夕阳西下,两个女儿喊着爸爸迎上前来,妈妈在后面笑,真是世界上最美的图画。
> 以后,在各种政治运动中,风风雨雨。只有家里坚定不移的温馨的支持。如在"文化大革命"中不能回家,要下放农村,家里都是坚强地共渡难关。要下乡一起下乡。在表态会上,只有我提出一家人一同下乡。别人说这种选择有点可笑,可当时全家人都确信,只要全家人在一起,任何困难都可以克服,幸福是靠全家共同创造的。
> ——管德回忆录

1968年全家合影

601所在塔湾,112厂在三台子,两地直线距离超过7千米。按照一般人步行速度5千米计算,这一段路需要走1个多小时。

管德简洁的语言，仿佛绘画中的白描，寥寥数语，勾画出一幅情景交融、温馨感人的画面，也映衬出他在厄境中襟怀坦白、豁达开朗的气度和胸怀。

第十三章 温馨的家

"扼住命运的咽喉"

1985年，管德调来北京工作，妻子也一同到了北京。他们的住房条件有了很大的改善。孩子们已经长大，有了自己的事业和家庭。老一辈人的离去也减轻了两人肩头的负担，就在他们即将步入被称为珊瑚婚（35年）的幸福日子的当口，管德被检查出患肾癌。

那一年，管德59岁。

中国古代将人的一生分为9个阶段。《礼记·曲礼上第一》记载："人生十年曰幼，学。二十曰弱，冠。三十曰壮，有室。四十曰强，而仕。五十曰艾，服官政。六十曰耆，指使。七十曰老，而传。八十、九十曰耄……百年曰期，颐。"

50岁称艾，"服官政"的意思是做官。60岁称耆，"指使"的含义应该是发号施令、领导、指挥别人。古人如此划分，显然是在总结经验的基础上对人生规律的认识。从"服官政"和"指使"的意义上讲，管德完全符合这一划分，但患癌症却是一个出乎所有人意料的变故。

管德冷静地接受了已经发生的事实，他开始了与疾病的顽强斗争。

医生为他采取了手术治疗，这是对局限性及局部进展性肾癌采用的最主要治疗方式。在做了肾切除手术后，管德又上班了，民航局领导在劝阻无效的情况下，限定了他的工作时间——每周6小时。

医学方面的专家认为，肾癌手术后的存活率是不能一概而论的，要是治疗效果好的话，会是几年，但另外部分患者很有可能因为手术带来的并发症而抬高死亡风险，因而会减少生存期。因此，对肾癌最好采取手术联合中医治疗的方式。医学界认为，以中医治疗为主的综合治疗，可以快速恢复手术造成的免疫损伤，清除术后微小残余的肿瘤病灶，防治转移与复发，在治疗的同时，有效调节患者的免疫功能，改善生活质量，延长生存期，从而提高肾癌的治愈率。

管德听从了医嘱，他在手术后选择了一位中医——胡功符。

胡功符，安徽芜湖中医学校高级教师、中国科技开发院芜湖分院肿瘤研究所所长、世界肿瘤研究会理事。他的父亲是安徽师范大学历史学教授，著名的甲骨文专家。"文化大革命"开始的时候，他是合肥一中的学生，随着上山下乡的潮流，他被安排在皖南的广德县插队。以后作为工农兵学员，进入了安徽师范大学化学系读书。

1976年4月，在波及全国的"四五"群众革命运动中，胡功符曾与芜湖一中的老师唐灏，在芜湖市最繁华的中山路贴出大标语"小平小平，为国为民"，以后被投入监狱。由此可见这是一位敢作敢为的人。

走出校门以后，胡功符潜心中医药治疗肿瘤几十年，在国内中医药界和病患人群中有着很好的口碑和声誉。

管德对胡功符非常信任，他严格按照这位医生的要求，一方面服汤药，一方面注意饮食和日常生活。

> 我有幸遇到一位肿瘤科的医生胡功符，他一方面给我开汤药，同时严格限制我的饮食。就这样，我坚持到现在。
>
> ——管德访谈（2011年10月）

许多医生和养生专家讲到，就目前的医学技术而言，肾癌的存活率并不是很高。他们对癌症患者进行心理辅导，要肾癌患者不要灰心，在手术后应保持良好的心态，做好术后康复护理。专家和大夫都会说相同的一句话——癌症治疗最怕悲观消极的患者，这很大程度上缩短了癌症病人的存活期；相反，患者心态乐观，正确面对癌症，积极配合治疗，这就是癌症病人能活到自然年龄的法宝之一。

说说容易，做到很难，但管德做到了。

与管德接触中，看到他硬朗的身躯、坦诚的微笑、沉稳的神态，听着他用浑厚悦耳的中低嗓音、坚定有力的语气，有条不紊地与人娓娓而谈，很少有人能觉察到他是一位多年的癌症患者。

从1991年发现患有肾癌起，已经过去了21年，管德步入了人生的耄耋之年。这是中国传统医药的功效，更是由于他以坚强的毅力、顽强的意志与病魔进行不屈不挠斗争取得的胜利。

冯家斌记得很清楚：

> 一次在沈阳请院士来开会的时候，我发现给他做的菜就是大头菜、胡萝卜，淡的。后来我听说他特别听医生的话，他的病是中医给他治的，后来中医也很惊奇，我出这个偏方对他这么有效呢？
>
> ——冯家斌访谈（2012年3月）

少食用盐，限制蛋白质的量，少喝水，这是医生对肾癌患者的要求。管德在外饮食是这样严格要求，在家里也毫不放松。在一次与来访者谈话时，客人们惊异地发现，整整一个上午，尽管他谈得很多，但没有喝一口水。

在与癌症顽强搏斗的过程中，王露瀛为管德营造了一个难得的治疗、休养气氛和环境，也成为了他精神上的一个依靠，她体贴入微地照料着管德，细心观察他的体温、体重、食欲和情绪的变化，担当起了医生的好助手和好参谋。家庭的温暖为管德的康复起到了良好的支持和辅助作用。

2007年，管德（中）、王露瀛（右二）与女儿、外孙在公园

王露瀛回忆：

　　管德得病的时候，我还在上班。单位的同志都说我"天不怕，地不怕，就怕管德来电话"。的确也是这样。我记得那一次是到美国，与休斯公司谈商业卫星发射合同的事，工作很顺利，完成任务以后，到了洛杉矶，原来安排是在那里休整两天的，结果接到管德电话，讲他颈椎出问题，要我赶快回国，于是我就匆匆忙忙赶了回来。还好，经医院检查，没有大问题。还有一次是在澳门，也是事情刚办完，接到他的电话，于是又一次提前回京。

　　不过，我还是觉得没有完全尽到照看他的责任，因为那时我还没有办退休手续。我们单位对我很好，工作对我也很有吸引力，所以照顾管德还是少了一些。

——王露瀛访谈（2012年5月）

第十三章 温馨的家

命运，自古以来就是人类探索的一个充满神秘意味的课题。除儒、佛、道以及玄学等对命运有着各种各样不尽相同的阐释外，科学界并无定论。传统的机械论认为宇宙初始时"因"已确定，相应地，"果"自然也就被限定，所以人的命运实际上也是确定的。而现代的量子力学则认为未来不可预测，也不承认严格的因果律，故而，命运是不可预知的。

无论人们怎样议论命运，读过《贝多芬传》（罗曼·罗兰著）的人，在了解了贝多芬一生中经历的坎坷际遇以后，无不为他的这一句话所展示的雄壮、宏大的精神力量感到震撼：

"我要扼住命运的咽喉！它决不能使我完全屈服！"

管德也是一位勇于扼住命运喉咙的人，他在航空科研事业取得骄人成就的同时，也成为世人战胜癌症病魔的榜样！

第十四章
教书育人

爱惜人才

第十四章 教书育人

管德一贯重视对人才的爱护和培养，尤其遇到有才华而又有事业心、踏实、肯钻研的年轻人，他会从心底喜欢而且不遗余力地给予支持、帮助。以后担任了沈飞公司副总经理的鹿道发是北京大学力学系1966届毕业生，谈到管德，他的说法是——既是领导，又是导师。

鹿道发大学毕业那年，正好赶上"文化大革命"开始，北京大学处于"文化大革命"风暴的旋涡中心，但他与力学系15名毕业生有幸被时任副校长的周培源先生组织起来学习数学，在全国66届大学毕业生推迟分配的一年当中，他没有在政治运动中荒废学业，反而有了更多的收获。他说，以后在批判周培源先生时，这成为一条罪状。

1968年，鹿道发被分配到了112厂设计科任设计员。当时，112厂正在研制歼教6。这是根据空军需求，在歼6基础上改型设计的超声速教练机，主要用于培训歼6飞机的飞行员，也可以用来培训其他超声速飞机飞行员，或执行其他双座飞行任务。研制工作始于1966年，1970年11月6日原型机开始试飞，1973年11月设计定型并投入批量生产。

他回忆：

> 管总对我来讲，是我的导师，又是领导。
> 我当设计员的时候，那时候让我搞气动弹性，就是管总的专业——颤振。沈飞公司设计部门过去没有这个专业，为什么

要开始设置这个专业呢？歼教6的方案中取消了原有的两门航炮，增加了翼根油箱、机翼前缘油箱和翼尖油箱，就怕发生颤振，所以领导就安排我去搞，说你是北大毕业的学力学的，你来搞吧。

接受任务以后，我就到601所找管总，管总让我先到图书馆找资料看。

——鹿道发访谈（2012年3月）

重视资料是管德、顾诵芬等老一辈专家共同的习惯。在601所，许多人都会讲起，在遇到技术问题向顾总、管总请教时，他们会告诉你，到资料室的第几个书架的第几隔去找什么样的技术刊物或书籍，在其中的哪一篇文章的第几章可以找到你所需要的、具有参考价值的信息。

管德让鹿道发去找资料看，应该也是对他的一次考察。

我回到112厂图书馆，查了好多资料，没有讲颤振的，图书馆的人也搞不清，最后还是厂里原来主管技术工作的一位领导告诉我，在第二个格最下面有一本指南，里面讲到颤振。

我借回去看了，对颤振有了一些了解，但还不是很清晰。我去对管总说，好像缺东西。他说："这样，我们的资料你拿回去看。"

听他这样讲，我就到601所的颤振组去了。一说明来意，人家说，这是保密的，你怎么能看呢？无奈之下，我又找管总，对他说了情况。他一听就说："这帮人不是玩意儿，对112厂保密？"

——鹿道发访谈（2012年3月）

601所的颤振专业是在徐舜寿任主任的飞机设计室时创建的，

开始只有管德、陈钟禄两个人，以后人员有了一些变化，但始终是管德负责。听到颤振组的人对鹿道发讲要保密，管德说了一句——"这帮人不是玩意儿"。是鹿道发的发挥还是管德的原话，难以区分，但从中可以看出，管德对颤振组的人有着一份超出一般同事的感情。

对于颤振组的说法，鹿道发很理解："一般情况下，单位的这些资料是不能给的，因为里头有一些学术上的东西，不完全是资料性的东西。形式上是保密，所谓的保密就是我整的那些资料是我的，你要拿去用了，我这个水平不就降低了？"但管德显然已经喜欢上了这位北京大学的高才生，他下令，把全部有用的资料拿给鹿道发，并明确表态："你先搞吧，搞不通的来找我。"

鹿道发从这些资料中得到了计算和解决问题的方法：

> 我把刚度的、惯性的、质量的、弹性的部分都拿出来了，最后要上计算机了，当时沈飞公司没有计算机，只能到601所的计算机上去算，就那么一个441-B数字计算机，那是咱们国家航空工业最早的一台中型计算机，到那儿去算。
>
> ——鹿道发访谈（2012年3月）

计算的结果让鹿道发大吃一惊——飞机解体了。

颤振的机理是：结构上的瞬时气动力与弹性位移之间有位相差，因而使振动的结构有可能从气流中吸取能量而扩大振幅。气动力能量必须有一定的相对气流速度。速度较低时，结构所吸取的能量会被阻尼消耗，速度超过某一值时，才会发生颤振。若吸取的能量正好等于消耗的能量，则结构维持等幅振动，与此状态对应的速度称为颤振临界速度（简称颤振速度）。当气流速度跨越颤振速度时，振动开始发散。发散意味着结构的破坏，也就是鹿道发所说的"飞机解体"。

这当然是一个绝对错误的结论，因为事实上，歼教6飞机正在试飞中，显现出的问题只是振幅较大，但并没有严重到解体的程度。

鹿道发说，自己又一次去找管总。那时的一个便利条件是管德正好住在112厂的职工宿舍——当年飞机设计室时期分配的住房。这一次，鹿道发带去的不是文字、数学公式和图表资料，而是计算机输入程序和数据的穿孔纸带。

"从20世纪70年代中到80年代中，我国的计算机工业发展很快，造出了不少计算机，被用于数学基础研究，石油勘探，天气预报和核工业等领域。计算机需要根据人给定的程序才能运行，但受于各种限制，当时还只能用穿孔纸带输入程序，很不方便。穿孔纸带大约一寸宽，中间有一排小孔，计算机用它来确定指令的位置。每条计算机指令用8个大孔中的若干个孔表示。一般最初的程序都是用手老老实实地把每一条指令都打在穿孔纸带上，输入到计算机里，一旦进到计算机里就不怕了：可以用计算机把已经输入进去的程序用纸带穿孔机重新打出来，作为修改用。"

这是一位老工程技术人员张晓明写的关于20世纪70年代应用电子计算机的琐忆，刊登在2010年11月3日的《新民晚报》上，对于今天在大型电子计算机上通过键盘熟练地编写和应用复杂程序、处理海量数据和信息的年轻人来说，那似乎应该是一段很久很久以前的历史。

"打指令时用一个特制的钢夹子把纸带夹住，夹子上有8个孔。根据预先约定的位置，用一个钢顶针在给定的孔位把计算机一条指令在纸带上钻成几个孔，有点像修鞋师傅给皮带打孔。一个程序少说也有几百上千条指令，穿在纸带上后纸带足有好几米长，没有个三五天是穿不完的。"（张晓明《计算机穿孔纸带琐忆》）

那是一个不寻常的晚上，管德给鹿道发留下了极为深刻的印象，几十年过去了，鹿道发记得还是非常清楚。

晚上我就到他家去了，就一间屋子，他把自己爱人和两个姑娘都撵出去了。

我们俩就撅着屁股在床上趴着，把一卷卷纸带打开，一行行地查，都查到半夜了。最后查出来，前机身后掠角的一个数据，我把sin（正弦）给写成了cos（余弦），就错在这一条。

——鹿道发访谈（2012年3月）

张晓明的琐忆中写道："当时打穿孔纸带是组里每个人的基本功，有时昏头晕脑地连穿几天孔，要不出错几乎是不可能的。另外，程序要经常修改，删减补充，这些都得在纸带上修修补补。所以过不了多久，每个人桌上都堆满了一卷卷被补得百孔千疮的穿孔纸带。"

这里所说的是在工作环境为自己的研究做这一类工作，应该比较容易理解。但这一次，管德是为解决兄弟单位的一位普通设计员的问题，在下班后的家里，做着这样耗时、精细而繁琐的事。工作的条件很艰苦，他们把长长的纸带摊开在床上，一行行地检查，直到夜深。

鹿道发感慨说："我讲这个例子说明什么？管总那时候学问算是很高了，"文化大革命"之前他是大尉工程师，那么高的职位，我算个啥？换别人，给你试一试就完了。但管总没有，他在学术上不保守，在细节问题上他和你非常细致地一点一点查，一般人不会跟你干这种事的。"

他还讲到一件令他感动的事：

他关心我到什么程度呢？

那时候计算机速度很慢，现在一道题半个小时就算完了，那时候得用一个晚上。我到601所算题，经常算到很晚。他对颤振组的人交代，鹿道发在那里加班，你晚上在家里烀（少水微火干蒸）点地瓜，煮点粥给他端去，让他吃点东西。

都半夜了，陈瑞禧（颤振组设计人员）端着一锅粥、两块刚烀出来的地瓜来到计算机房。我很诧异，你怎么来了？他说："老管交代我的，让我给你送来。"

那个时候沈阳的食品供应还是很困难的，能吃点地瓜也很不简单了。

——鹿道发访谈（2012年3月）

鹿道发回忆，从那以后管德对他的印象不错。在601所研制歼13的时候，点名要从112厂调3个人，其中一个就是鹿道发。112厂最后没有同意他去，而让他去了厂总师办。这也是鹿道发开始走上基层领导岗位的开始。

在以后的工作中，鹿道发表现出了他在领导管理、组织协调、技术业务和处理复杂问题方面的超强能力，厂领导开始有意安排他到多个部门和单位担任领导，工艺科、总装车间、技改办……他都没有含糊，只是到1984年，厂领导决定他去数控车间时，他有些打怵了。这是一个由多个部门和车间组成的庞大机构，是在歼8Ⅱ研制中，通过技术改造引进大批数控加工设备后新组建的单位。

在党委书记、副经理多次谈话后，厂总工程师管德找到了他。鹿道发说，管总这个人说话很实在：

最后是管总跟我谈，他说你不想改行，我也不想改行，我一心想干颤振，但组织决定了就应该去干，你就先去吧。

我将来还是想干我的专业，搞颤振。

我有个小九九，将来歼8Ⅱ搞好以后，我不再当这个总工程师，我想成立一个颤振研究所。如果你愿意，那时候一起来干。

我一听当然高兴。

——鹿道发访谈（2012年3月）

在鹿道发面前，管德袒露了自己心中的"小九九"（小秘密）。成立一个颤振研究所是管德长期以来的心愿。在1982年离开601所之前，他已经将颤振组从研究室划出，在所里新成立了代号为31室的颤振室，他希望能在航空工业系统组建一个专门的飞机气动弹性研究所，带出一支具有国际水平的专业团队，向更高目标冲刺。遗憾的是，这个愿望始终没有能够实现，他能坚守的只是自己个人不脱离这个专业，不放松在专业领域的刻苦钻研并且尽可能多地培养人才，使气动弹性专业后继有人。

兼 职 教 授

1985年，管德来到北京工作以后，一个偶然的机会，他见到了与自己相识多年、曾经在气动弹性专业方面有过合作的北航教授陈桂彬。

陈桂彬，1935年出生于天津。1953年，考入北京航空学院。那时的北航，仅有两个系，一个是飞机系（一系），一个是发动机系（三系）。他在飞机系的飞机工艺专业。1958年毕业后留校任教。当时的飞机强度教研室设有动强度两个教研组，他在动强度组，由此，他有了以后与管德相识的机会。

回忆他与管德认识的情况，他说：

管德在歼教1搞颤振计算的时候到北航来过，但那个时候我跟他还真不太认识。我跟他认识是到了20世纪70年代之后，那时他是六院一所气动室颤振组的组长。

但那个时候我们互相之间还不是很熟悉，因为我到沈阳，是跟601所有合作。我找他，他多数是召集大家一块讨论问题，我印象中就是他非常认真，作风很民主。那时候陈瑞禧是他们主要的一个干将。

我的专业主要对着他们颤振组。

70年代，就是"文化大革命"的时候，我还专门到他们所讲过课，听课的人很多。那个时候管先生还在劳动还没解放。碰面的时候说几句话，他说的很少。

当时施荣明、何连珠，都是第一批听我讲课的学生。

——陈桂彬访谈（2012年4月）

多年的交往，陈桂彬对管德留下了很深的印象，所以，在得知管德调到北京工作后，陈桂彬产生了邀请管德到北航担任兼职教授的想法。陈桂彬的考虑，一方面是由于他所在的气动弹性教研室教师力量较弱，希望管德来校能加强教师队伍，但他更多地想到的是通过聘请具有丰富工程实践经验的专家来校任教，可以升华北航这所工科院校的特色。他认为，苏联的经验值得借鉴。莫斯科航空学院的学生毕业答辩，经常要把研究院所和企业的专家请到学校担任答辩委员会的成员，有的专家甚至被聘为学校的终身教授。他说："这一点，我们缺乏。"

基于这一理念，他对管德讲了自己的想法，其中包括在学校只称"老师"，不称呼行政职务。

我们这个气动弹性研究室，没几个人，力量很薄弱，我说你就到我这做兼职教授。他回答得很干脆，说好，自己对科研教学更有兴趣。这样经学校正式聘任，他就来了。

来了之后，我们请他担任了室的主任，指导工作。我们之间互相只称呼老师，相处十分融洽。

我们的想法是一致的。第一就是想在一起做点学问，指导研究生。

说句实话，我从心里觉得能跟他这样一个人合作，对我们有很大帮助。我们是工学院，应该走工学的道路。

——陈桂彬访谈（2012年4月）

虽然离开了飞机设计一线的技术工作，但管德仍然舍不得气动弹性专业。1985年12月，他受聘兼任北京航空航天大学教授。他的兼职教授是实打实的，每周他要安排一天时间到学校来，或给学生们讲课，或对研究生进行具体的指导。在教研室，管德与陈桂彬、邹丛青三位教授形成了一个小团队，在教学、科研尤其是带研究生方面，从选题到具体的教学、研究、实践，他们一起讨论确定。

陈桂彬对管德的突出印象，就是他确实是以教师的态度认真地工作着。在北航兼职期间，管德的职位从科技局的局长到民航局的副局长，但他没有丝毫的官架子；与教师们在一起，他平易近人；跟同学们在一起，师生关系融洽。

对于管德在北航任兼职教授的工作，陈桂彬总结了3个方面：

第一件事就是带研究生。我们几个人一起（管德、陈桂彬、邹丛青），方向、内容都集体讨论，具体说我们一般都先征求他的意见。我们特别尊重他，他最大的特点是工程观念特别强，我们缺乏这方面。学校里的教师往往都是一些从学校门出来就没离开过学校，没进过社会的，也可以说没出过学校门。学校大部分都是这种人。

第二项是指导工作并亲自为研究生讲课。我们特别看重的是他在工厂里，在真实情况里干过事、负过责任、指导过工作，特别看重他这一点。所以我们就希望他给学生讲非定常气动力，这是我们专业的重点课程，效果挺好。

第三项就是写书。他在我们一起合作期间写过3本书，一本是《气动弹性的实验》，是个小册子，但很有用，很有现实性。第二本是《非定常气动力计算》，他上课时，基本上就是以这本书为教材。第三本书是《气动弹性手册》，是集中了航空工业部门很多单位的经验后编写出来的。

这3本专著我觉得都很好，就是他也都花精力了，所以我们聘他做教授，我觉得还是非常对的，他把研究所的这些经验、把研究所这些宝贵的知识用到学校里，在我看来这也是一条非常重要的途径。

除此之外，我们也在一起做过一些大型的试验，主要是颤振主动抑制，这是新兴的科学技术，在国外都是处于很前沿的，我们完成了两三次大型试验。

——陈桂彬访谈（2012年4月）

陈桂彬非常强调管德在工程实践方面的观念、经验及在教学、科研和带研究生方面的作用，他认为，在北航这样的工科院校，这是至关重要的。

他在我们这里起的最重要的一个作用，就是给我们带来了工程观念和系统的学术观点，反应在对学生的培养中，就是让他们在整个学习过程中贯穿比较强烈的工程观念。因此学生做什么样的课题，怎么样研究，我们都是跟他一起讨论定的。

所以他最大的作用就是给我们建立一种工程观念比较强的工学观念，到现在为止，我还是觉得这一点的确是很不错的一种方式。

> 他讲课也有特色，除了系统的学术观点外，还能够联系很多工程设计，这方面我们没有很多实践经验，所以这是最宝贵的。
>
> 同学们很愿意向他提出一些问题，因为大家都比较关心工程上的问题，恰好这方面是他的强项。有时候请他给我们开讲座，来的人很多，都挺愿意听，比如怎么分析歼8飞机的气动弹性等这一类的问题，都带有很强的学术水平和工程概念。
>
> ——陈桂彬访谈（2012年4月）

陈桂彬在这里讲到的工程观念，是指在研究学术、技术问题过程中，始终牢牢把握将解决实际工程问题作为出发点。对管德的"工程观念"，在大学任教的陈桂彬教授有很深感受，长期在实践中摸爬滚打的工程技术人员也有切身体会。

曹奇凯，1960年出生于北京。1983年从北航毕业后来到了601所。1984年6月，按照歼8Ⅱ飞机研制进度安排，开始了全机共振试验的准备，在112厂总装车间，曹奇凯与另一位技术人员赵宗曙负责飞机平尾的传感器画线工作。

要准确感受全机共振试验中飞机各部位的振动信息，传感器的安装位置自然就非常关键，这显然不是一个理论问题，而是在实际工程中如何操作的具体方法。曹奇凯记着管德对他说过的"简单的几句话"：

> 我们拿的图样是依据理论图的坐标绘制的，在飞机上操作困难，此时管德副总经理来到现场，看到我们的工作方式，他提出在飞机上画线，要按铆钉线的标记为基础，理论图上的原点在飞机上是找不到的，简单的几句话使我们茅塞顿开，很快找到了定位点，完成了任务。从这点可以看出理论联系实际的重要性。他的这个指示一直贯穿于今后的工作中，直到今天，

我们的工作还是按照这个方针执行，已经传承了30年，使我们受益匪浅。

——曹奇凯访谈（2012年5月）

令曹奇凯"茅塞顿开、受益匪浅"的几句话，对管德的"工程概念"做了十分形象的诠释。

陈桂彬教授目前已经从一线的教学、科研岗位退了下来。他说自己现在比较轻松，只是在做一些力所能及的事情，但听他介绍了自己的工作以后，感到并不如他所说的那么轻松。

他对管德的一个感觉是"他的接受能力和理解能力特别强"。

我觉得他的接受能力和理解能力特别强，比如地面共振试验，他可以用最简单的方法做出来。

我觉得那时候做歼8飞机的颤振计算、试验是很艰苦的，跟现在大不一样，根本没有成套的多点数据采集设备，就这么两个点、一个点。但他能做出来，靠什么？靠比较深厚的理论基础。我觉得他在编写专著的过程中，也反映出他基础知识很强。

我觉得他理论水平、学术水平是很强的，他写的文章，他编过的书我都看过，我觉得他有很高的学术水平。我们这个专业最重要就是动力学、振动的理论和数学基础，我觉得他在这几个方面都是很强的。

——陈桂彬访谈（2012年4月）

陈桂彬讲到的基础知识并非大学课堂里讲授的基础课的知识。他用自己的实例对基础知识进行了诠释。

20世纪70年代初期，我们的导弹研制单位曾遇到了弹性体和控制系统耦合的问题。后来我们就研究把控制和气动弹性搁在一块，联合求解，就叫气动伺服弹性力学。

那我们这些人从70年代开始反回来又去学控制理论了，没有控制的知识不行啊，到了80年代，原来学的那点控制方面的理论知识不够了，就是因为它已经进入现代控制理论了，所以我们又跟着去学现代控制理论了，一直都在这样学习。就是说我们以前学的知识是有用，但是随着科学技术的发展，需要不断地汲取新知识。

我想管德也是在不断地学习、钻研中。

——陈桂彬访谈（2012年4月）

现代控制理论是在20世纪50年代中期迅速兴起的空间技术的推动下发展起来的，所包含的学科内容涉及线性系统理论、非线性系统理论、最优控制理论、随机控制理论和自适应控制理论等。

作为教师，陈桂彬的感受是，学科的发展已经远远超出了传统力学的范围，如果对别的学科不了解，就很难对自己从事的专业有更全面地理解。以前对气动弹性的理解是弹性力学、振动、气动力等学科的组合，现在还得加入控制理论，所以从三面体变成四面体了。教师也是在不断地跟着发展，在不断地补充自己。管德进入了教师的行列，他也是在不断扩充自己的知识，并在研究中不断创新。

对于管德，陈桂彬做出了一个同行和教授的评价：

管德很敬业。

他对气动弹性理论有深刻的理解，在工程实践中有丰富的经验。

在国内气动弹性领域，他有很大的贡献。

——陈桂彬访谈（2012年4月）

博 士 导 师

在北航任教至今，管德作为指导教师，培养了多名硕士、博士研究生。

国家对博士研究生指导教师的要求是：本学科学术造诣较深的教授或相当专业技术职务的教学、科研人员，其学术水平在国内本学科领域内处于前列，在某些方面接近或达到国际先进水平。

邱涛，1992年考取管德的研究生，现在他已经担任了601所强度部的党总支书记。他回忆：

> 我是1982年到所里的，那时在我们所气动弹性有静气动弹性、颤振，后来还有气动伺服弹性3个小分支。我来以后跟着老潘从事颤振。
>
> 我到的时候，管总已经不在室里。但我经常听到大家说起管总，说到他始终特别关注这个专业的发展。大家也议论道，说是特别怕他，一旦工作做不好，就批评你了，有时候能把人给批评哭了，就是说他对专业要求特别严格。
>
> 我的理解是这个人要是聪明，他的想法给你说了你跟不上，他就会跟你发火。
>
> 管总在学术专业上特别灵，想法变得也特别快，有时候布置给我的工作还没做完呢，他的想法又变了。他特别灵，对问题非常敏感，在专业上，思路特别清晰。
>
> 我是1992年到北航读研的。到学校得面试，一般就是导师有什么题目，然后你来回答。有很多老师是表示他做什么，

在哪里做好，学生在这方面跟着做。

管总要你谈的是对颤振研究的理解，然后就是问你有什么想法。

我觉得管老师因为"7210"任务有些经费，有一个条件，就是你有什么想法，他觉得这个想法你有优势，有发展前途，或者说这个问题是很关键的，他就支持。

管老师培养学生，是培养你自己独立思考的能力。

有很多学生就说我跟导师读书，导师有什么想法，叫我怎么干，我就跟着怎么干，把活干完，然后能写出论文就可以顺利毕业。

管老师要求的是你对工程问题的理解，你自己怎么思考的。

以前就听大家说，管老师特别严格，批评人有时候不考虑受批评人的感受。但到校以后，我的感觉是管老师对学生都特别和蔼。也可能因为我们是学生、晚辈，差一代人。我感到他对学生的指导非常有耐心，特别可爱。

还有就是我们觉得管老师对和专业相关的信息掌握得特别丰富。有时候你提到一个问题，他会告诉你，这个问题在哪一年、哪一本刊物的什么文章上，那里是怎么说的，他记得特别清楚。这给我留下了特别深刻的记忆。

唐长红是和我一起毕业的，1982年底我们到成都，学习气动弹性的课程，那时候教材有3部分，其中气动弹性试验这部分的教材就是管老师的专著。以后唐长红是1987年读研，是在北航读的硕士。

——邱涛访谈（2012年3月）

邱涛谈到的唐长红，是管德感到自豪的一位弟子。
唐长红，1982年毕业于西北工业大学空气动力学专业，毕业后被分配到603所工作。1989年，他考取了北京航空航天大学固体力学专业硕士研究生，是管德的第一个硕士研究生。

唐长红先后参加过"飞豹"飞机、运7-200A、MPC-75、AE-100等型号飞机的研制和重大预研课题研究。现在的唐长红是中国航空工业集团公司第一飞机设计研究院的总设计师、副院长，他担任着国家重点型号飞机的总设计师。

他是陕西省有突出贡献的专家，陕西省劳动模范。先后荣获国家科技进步奖二等奖1项，省部级科技进步奖一等奖2项、三等奖1项，荣立部级一等功1次、二等功1次。今天的唐长红已经是我国知名的结构强度专家，先后在国内外学术会议及刊物上发表有独到见解的论文20余篇。他是总装备部飞机总体技术专业组成员、北航兼职教授、博士生导师、陕西省航空学会常务理事、西工大气动弹性研究所学术委员会委员。

2011年12月8日，中国工程院公布了2011年当选院士名单，唐长红等5位航空科技领域专家名列其中。

在学生的心目中

1989年，曹奇凯在北航获得硕士学位，以后又在管德指导下读博，2012年获博士学位。在他读研究生的时候，社会上有一股风吹到了北航的莘莘学子中间——"读书、搞航空还不如下海经商！"面对这样的议论，不少学生产生了疑虑，研究生们也受到影响，有的人开始发起了牢骚。曹奇凯回忆：

一次管老师听到了我们的牢骚，他送给了我们一句话：

> "我不能保证你们一辈子干航空就有出息,但是你们每次干的工作都认真了,对你们的人生发展都会有用的。"
>
> ——曹奇凯访谈(2012年5月)

这句话给曹奇凯留下了深刻的记忆,也成为指导他一生的一个原则。已经担任了601所副总设计师并在2010年被中国航空工业集团公司聘任为结构强度首席技术专家的曹奇凯说:"有时我还将这个故事讲给更年轻的同志们。"

2003年,601所培养了一批不脱产的博士研究生,钱卫是其中之一,这次他的导师是管德。

> 他们3个人(指管德、陈桂彬、邹丛青)在一个教研室做研究生指导,就是联合指导。学生挂在不同老师的名下,一般的是博士生挂管老师名下,硕士生分别挂在陈老师和邹老师名下,大家形成一个教研室。我跟邱书记(邱涛)俩在一起重合了2年。
>
> ——钱卫访谈(2012年3月)

在培养学生方面,管德的性格特点和人生原则依然鲜明而具有个性。在钱卫考取管德博士研究生的那一年,有多位已经在航空系统的科研院所担任技术或行政领导职务的年轻人希望报考管德的研究生,都被他非常明确地拒之门外,钱卫成为了一个例外,而在他的入学考试中,更有一个令人难以置信的例外。

> 那时候,我们这个年龄段的有的已经担任了副所长什么的,找他的人不少,就是说想挂在他的名下,他基本上都给挡回去了,一意回绝。所以知道我想考管总的研究生时,有人就说,那么多人被拒绝,你再去找,够呛吧!我说我自己试试。

找到管老师后，他跟我说了三点。

他说："你能力可以，但咱们得约法三章，你能保证做到我就要你。怎么个约法三章呢？第一，你必须自己独立地完成学业。就是说完成学业你必须自己做，我说啥你就做啥，你独立干活。"我说这个没问题，我就是干活的。

"第二，你不能利用职务之便，把所里的科研工作转化为自己的论文。这是好多人在职读学位的一个办法，就是把工程上的工作转化为自己的东西。他说那是别人干的成果，不是你自己的成果。

"第三，你必须有独立的创新能力。"

弦外之音就是说，我要你没问题，但你得自己干出成果来才能叫你毕业。如果你把工作中做的大型试验，或者你要了国家多少钱干了什么事，而后转化成自己的研究，那肯定不行。我向他表态，认为我能干出成果来。

因为我们读博是不脱产的，所以这个约法三章说难不难，说容易也不容易。为什么说他这个要求很严呢？可能对于很多当领导的，他这个条件可能是满足不了的。

他还给我举例子，说有的单位有个人拿了一个博士的论文叫他看，他说一看行文的语气，就知道不是他自己写的。比如我们制定了专业规划……他说，你一个人的论文怎么还"我们"，肯定是下属写的汇报材料，你把手下写的汇报给我拿来看。

对此，他就很生气。他对我说："你要出这种事，就不要读我的博士了。"这点他卡得很严。

从这方面我有一个体会，就是他这个人的世界观，或者他这个人对技术工作的认知有自己的原则，这个原则还是很值得学习的。

——钱卫访谈（2012 年 3 月）

在钱卫与管德深入接触以后，他想到的是管德对社会的认知。他感到这也许就是构成一个人世界观的很重要的一部分，在他理解中，管德在对事物认知方面对他的启迪有这样两个方面：

一个是他怎么看待人，就是他怎么看他的同事，或者下属；一个是怎么看待技术工作。

他看待技术工作框框少，是从真正地探索知识的角度去看待技术工作的。

就本来是一个工作，技术工作，但我们多数人从小就被卡进了很多框框中。从小学开始，灌输的就是"对"或"错"的概念，要符合标准答案。再就是"谁"说的，某个人说的就是"对"，换个人说就是"错"。这很多的框框，造成我们从事技术工作的人，忙忙碌碌一辈子没有成就。管老师的认知能力比一般人强，强得很多。他看一个技术问题，没有那些框框，只说这是个什么问题。

他跟我讲："做博士要创新，创新要最基础的是理论创新，再就是技术手段创新，那么最差的是对象创新，仅仅是将现有的东西换一个新的对象。"

我体会他把技术工作真正作为一个科学问题去认知。在这个基础上他才能把气动弹性的分析体系建立起来。如果没有这样一个思想方法、认知方法，他可能走出一两步，突破一两步，然后就会被诸多的框框限制住。各种政治原因或者人事方面的原因，肯定就会让他放弃了。

国内气动弹性方面的研究受国外封锁，在一穷二白的情况下，他能不断地突破界线，形成有自身特点的技术体系，他一定是在认知上有特别之处。

这些年跟着管老师，我受益最大的就是这点，就是做技术工作真正看待技术问题要有一种科学的态度和精神，抛弃咱们从小受教育的框框。

——钱卫访谈（2012年3月）

钱卫在这里批评了中国的教育体制，他的感觉是，我们的教育体制对人性上的东西压制比较多。这是一个青年学子在经历了中国教育全过程，在取得最高学历的阶段，受管德影响得出的结论。

2005年，国务院总理温家宝在看望著名物理学家钱学森时，钱老曾发出这样的感慨："回过头来看，这么多年培养的学生，还没有哪一个的学术成就能跟民国时期培养的大师相比！"他认为："现在中国没有完全发展起来，一个重要原因是没有一所大学能够按照培养科学技术发明创造人才的模式去办学，没有自己独特的创新的东西，老是'冒'不出杰出人才。"

"为什么我们的学校总是培养不出杰出人才？"成为著名的"钱学森之问"，这是关于中国教育事业发展的一道艰深命题。管德也许是在自觉不自觉间为破解这一难题给出了自己的答案。

钱卫还讲到了管德的另一个特点：

再有一个就是他看人。

有人说他不讲人情，有人说他挺好。我有时也觉得很奇怪，就是他看人有等级观念，是根据人的能力进行评判得出的。确实是这样，对跟不上他思维的人他就不愿意理你。他确实有这个问题。

但反过来讲，他认为你有一点贡献的时候，一定要给你一个等价的回报。很多人得益于他这一点。比如我们有的老同志是他提拔的，也有的是他给了很好的机会去参加某项工作。我还听说，在他担任了领导以后，身边那些工作人员都得到了很好的安排。

但也有人对管老师有些意见，因为有些事情上他不讲情面。

这里面我觉得也是由于他的世界观决定的，他当了多年比较高的行政领导，但他的世界观并没有和官场常规的某些领导的做法完全匹配，他总有些特殊的东西。

这个不一样，可能是受一些传统的各种新文化运动思潮的影响。他对人是很尊重的，不管对什么样的人，他是比较尊重的。

他很尊重一个人的界限和自由。在学术工作中，有一个人提出来一个想法，他从头到尾都会坚持，这个观点是谁提出来的，那么就一定是属于谁的。他在学术过程中一直是坚持这样的观点，而不是说你提出这个想法，我拿来用了就变成自己的了。他对任何一个人，对属于哪个人的思想，属于哪个人的成果，都特别地尊重。

——钱卫访谈（2012年3月）

管德已经带出了5位气动弹性专业的博士。已是耄耋之年的管德，仍然在中国飞机气动弹性专业的园地中辛勤耕耘。

第十五章

在事业的峰峦上

院　　士

1994年2月25日，中华人民共和国国务院国发〔1994〕11号文批转了国家科委、中国科学院关于建立中国工程院的请示：

> 中国工程院将实行院士制度，是我国工程技术界的最高荣誉性、咨询性学术机构。中国工程院院士，是国家设立的工程技术方面的最高学术称号，必须从已做出重大成就和贡献的优秀工程技术专家中选举产生。第一批中国工程院的院士，根据统一的标准和条件，经过一定遴选程序，报请国务院批准，由中国工程院聘任。
>
> 同时决定，中国科学院院部委员改称为中国科学院院士。
>
> ——国务院批转国家科委、中国科学院《关于建立中国工程院请示的通知》

这是对1993年11月12日国家科委、中国科学院上报国务院的《关于建立中国工程院有关问题的请示》的批复。

1993年11月12日，国家科委、中国科学院联合向国务院并党中央请示，就建立中国工程院的必要性、组建中国工程院的一些原则，其中包括名称、性质和作用、成员的称谓、工程院与中国科学院（学部）的关系、院士的标准和条件、第一批院士的产生及以后的增选制度、领导体制及学部设置等以及筹建工作及进度安排提出建议。该请示就筹备领导小组做了说明："为便于对第一批院士人选的酝酿和遴选，领导小组成员中，除了几位最早提出倡议的专家,主要根据遴选工作的需要,从各产业部门挑选一些从事过工程技术工作、比较熟悉情况、有代表性的同志参加,共45人(名单附后)。"

在这个请示中有一个附件,即中国工程院筹备领导小组名单。45名成员中,有顾诵芬、管德的名字。

1994年2月8日,根据中国科学院国科发高字〔1944〕9号文通知,民航局提名管德为中国工程院院士。此后不久,国务院下发《关于中国工程院聘任首批院士问题的批复(国函〔1994〕36号)》,同意以中国工程院名义聘任96名人员为中国工程院首批院士。管德与顾诵芬、关桥等航空工业系统的工程技术专家名列其中。

1994年6月7日,召开了中国工程院首届院士大会,大会通过了《中国工程院章程》并明确:

> 中国工程院院士(简称院士),是国家设立的工程技术方面的最高学术称号,为终身荣誉。
>
> ——《中国工程院章程》

管德成为中国工程院的第一批院士,他在飞机设计和航空科学技术方面的成就和贡献得到了国家和全社会的肯定。

"解决此问题要找管德"

管德在自己的人生中,专精于气动弹性力学在飞机设计中的工程应用,从20世纪50年代至今,在半个多世纪的人生道路上,一直在用自己的知识、智慧和求真务实的精神为中国航空工业的发展解决着一个又一个实际问题。

2005年,在管德已经离开航空工业20年以后,中国航空工业第一集团公司所属空空导弹研究院(简称空导院)的某型产品出现了重大技术问题。该单位的技术负责人邀请集团科技委的老专家帮助进行分析研究。科技委副主任顾诵芬在现场听取了汇报后,明确指出,解决此问题要找管德。空导院的领导按照顾诵芬的意见,迅速安排专人到北京向管德介绍了情况。在管德主持下,一个专门小组开始了对问题的深入研究。钱卫是这个小组的参加人员之一,他回忆:

> 问题出在舵面颤振上。
>
> 当时管总是顾问,主要是我去做这个工作。我提前给他打了一个电话,那个时候当然自己比现在年轻,说话也比较冲,我就觉得自己解决问题的那套方法没问题呀,就去做,做完了以后,就对管总说我必须要这样做。
>
> 他每天实际上都在修正我。修正什么呢?他对我说:"这是非线性的问题,是说不清的。你试图说清楚这个问题,还是把这个实际问题解决了?"
>
> 这两个思路当然是不一样的。我总想说清这个问题,而且我认为用我的这个方法能实现这一目标。结果他总是说,你这个说不清,但要解决问题,你应该怎么去想。
>
> ——钱卫访谈(2012年3月)

一个对气动弹性力学进行过系统学习和研究并已经在实践中有所建树的年轻人,的确是有股子冲劲儿,在曾经做过导师的管德面前,他很自信而且敢坚持自己的想法。在管德一次次"修正"下,钱卫开始悟出了导师这样要求的核心思想是什么:

后来我才体会到，管总这个想法与自己的想法角度不一样，或者说是对于一个技术问题探索的高度是完全不一样的，而且差距还挺大。

就是颤振专业的难点所在，它属于交叉学科、小学科。要研究的是一个强非线性的复杂偏微分方程的问题，你要想把非线性方程都解出来是没有可能性的，至少目前为止国际上也没有可能性的。但工程上怎么去用它，这是两件事情。

我原来认识不到，每天我给他打电话，他每天在修正我的观点，就是你怎么去解决它。他不在现场，是通过电话遥控，所以他看不到数据，也看不到图样，看不到有些模型，也看不到实物，都是我电话里给他讲。他也就是在电话里给我讲，主要是讲思路。他说："你有能力把具体的刚度、质量、结构间隙什么的可以通通算明白，你说了我就信，但问题在于你怎么才能把它解决了。"

所以我理解了，当时不是要从理论上把它弄出个结论来，而是要把存在的故障避免了，或者把它解决掉才行。后来我们在他的这种思路下，找到一个办法把它解决了。我们一个主要的措施是用摩擦力来克服间隙，然后摩擦力等效成刚度。通过实际的发射以后认为没问题了。

但是最后在北京开评审会，他不同意这个措施，他认为这个东西不可靠。他说摩擦力等效成刚度，从理论上讲不得当。仅靠这样的措施将来还会有出事的时候。

直到最后，他还保留了一个意见，而且后来还真被他说中了。

——钱卫访谈（2012 年 3 月）

顾诵芬回忆，那次接受空导院邀请在现场听取了单位技术负责人介绍后，他觉得当时参与研究分析的专家对解决问题的思路和方法存在不足。根据他多年的经验，这一问题的解决，管德是有能力，也有经验的。虽然管德已经脱离航空系统多年，而且身体状况也不是很好，但顾诵芬坚信，找管德肯定能处理好这一技术故障。

问题得到了解决，该型号产品很快就完成了设计定型，但对于钱卫来说，收获并不止于此，他的感受是：

> 我觉得他在对这些问题的认知方法上对我帮助特别大。像我们这样在具体工作中表现出能力很强，或者处理一些技术问题很熟练的时候，如果在认知上没有一个提升，很难有对问题的再认识、再有一个深入或提高的认识。
>
> 在工程单位从事技术工作，最痛苦的就是这一点。就是对自己的工作很熟练的时候，不知道如何再向前走出一步，这是很痛苦的。我在这个问题上跟他学到了很多东西，就是怎么才能提升自己的认知方法。
>
> ——钱卫访谈（2012年3月）

"我是气动弹性专业的工程师"

> 管德院士常说："我不是科学家，我是气动弹性专业的工程师。我不敢谈什么科学理论成就，我的目标是尽力把工程实际中的飞机设计工作做好"。
>
> ——李敏、陈伟民《管德院士在压电驱动器气动弹性应用方面的工作与成就》

写下这一段话的是管德带出的一位博士生陈伟民和管德的学术助手李敏。

李敏，1968年出生于湖北省天门市，现任北京航空航天大学航空科学与工程学院教授、副院长，长期从事压电驱动器气动弹性应用方面的研究。

陈伟民（女），1967年出生于江苏省南京市，现任中国科学院力学研究所副研究员，在飞机气动弹性设计、主动控制设计、流固耦合等方面有很深的学术造诣。

他们两个人，事业上是气动弹性专业研究方面的合作伙伴，生活中是一对齐眉举案的恩爱夫妻。

在一篇回忆文章中，他们将管德在压电驱动气动弹性应用方面的工作划分为两个阶段：从1997年开始，管德带领他的研究生们致力于使用压电驱动器抑制飞行器翼面颤振的工作。

压电驱动器是一种利用逆压电效应，将电能转变为机械能或机械运动的器件。随着压电智能材料与结构的发展，压电驱动器在气动弹性控制领域得到应用并占据了越来越重要的地位。在当时，这个研究方向处于国际前沿，国内没有任何基础。管德不仅与他的团队查阅大量的资料，还亲自调查国内压电材料的生产厂家，与厂家的技术人员讨论材料参数与性能要求，为后续的研究奠定了良好的物质基础。作为一项涉及气动、结构、材料与控制的多学科交叉研究领域，他既重视理论推导的严密性，更对每个环节的试验验证给出具体要求。李敏与陈伟民回忆：

在近两年的模型地面试验过程中，我们测量了压电材料压电常数、压电性能的线性程度与失效范围、结构模型的固有特性，研究了压电驱动器的粘贴工艺参数影响，对比了开环地面传递函数的计算与试验数据，构建了主动控制硬件系统，实现了闭环振动主动控制，最终于2000年在北京航空航天大学的低速风洞中完成了国内第一次使用压电驱动器的单输入－单输出翼面颤振抑制试验，颤振速度的提高指标与国外同类试验相当。在此之后，管德院士又带领我们于 2001 年完成了多输入－多输出的翼面颤振抑制试验，填补了该研究领域的空白。

——李敏、陈伟民《管德院士在压电驱动器气动弹性应用方面的工作与成就》

从 2002 年开始，管德在总结前期经验的基础上，提出了利用而不是抵抗气动弹性效应的思路，由此全面转向采用压电驱动器利用气动弹性效应控制翼面气动载荷及分布的第二阶段研究工作。

按照这一思路，通过采用压电智能材料驱动器，可以控制升力、力矩以及它们的分布，在基本相同的智能结构翼面控制系统中，根据不同的控制目标需求，可以达到包括静态的形状控制与动态的颤振抑制、抖振控制与突风响应控制的多种目的。静态控制：例如，改变翼面形状获得附加空气动力以增加升力、提供横滚力矩、改变升力分布以减小诱导阻力或减小翼根弯矩等；动态控制：例如，利用改变翼面形状产生的附加空气动力作为控制载荷，改变气动弹性系统的耦合程度，根据控制效果要求可作为气动阻尼、气动刚度或气动质量。这种控制方法可以减轻结构重量，提高操纵效率，扩大飞行包线，提高材料利用率，已成为可变形飞行器的重要研究内容。

经过 5 年的艰苦工作，我们完成了增加升力、减小诱导阻力、减小翼根弯矩以及提高横滚效率的理论工作，并在 626 所的大力支持下完成了国内首次使用压电驱动器控制翼面气动力分布的高速风洞验证试验，试验结果与理论分析数据吻合性非常好，证实了该思想方法的正确性与可行性。之后的 5 年在此基础上，我们开始研究各向异性压电驱动器的性能与应用，其目的是提高使用压电驱动器控制气动力分布的效率，经过大量方案对比与理论分析，最终选择国际上最先进的压电纤维复合材料驱动器（MFC）作为出发点，在此基础上我们提出了压电驱动器力电比拟计算方法，大幅度降低了计算分析规模，最终在601所协助下完成了各向异性压电驱动器模型的验证试验，大大提高了控制效率。

——李敏、陈伟民《管德院士在压电驱动器气动弹性应用方面的工作与成就》

管德和他的研究团队没有停步，从2011年开始，针对国内频发飞机与导弹由于操纵系统非线性导致的事故，他把研究重点转向结构非线性气动弹性领域，目前正在分析摩擦与间隙参数对全动操纵面系统气动弹性性能的影响。

作为管德的学生和助手，李敏与陈伟民在长期的学习、工作和生活中对管德有深刻的理解。他们写道：

> 作为新中国航空工业飞机气动弹性设计专业的开创者与领导者，管德院士的工作与研究经历也是新中国飞机设计气动弹性专业发展的历史进程。我们曾整理过管德院士自己撰写的、平铺直叙的参加与领导我国飞机气动弹性设计经历，让我们了解了目前的飞机气动弹性设计工作的设计标准与过程的来历；而且前辈们面对全新的、空白的领域，通过深入研究物理机理并结合大量工程实际计算与试验，掌握问题的来龙去脉与变化发展规律，并直接应用于国家实际飞机型号工程中，他们"科学结合工程"的治学作风与方法是非常值得后来的气动弹性工作者们学习和借鉴的。事实上，由管德院士编写或主编的《非定常空气动力计算》《气动弹性试验》与《飞机气动弹性力学手册》，仍然是当前中国飞机设计单位气动弹性设计人员

的首选参考资料，同时也是近半个世纪以来中国飞机设计气动弹性专业的经验总结。

管德院士除了完成大量艰巨的国家指令性任务外，还一直致力于跟踪先进国家在飞行器气动弹性设计方面的研究工作，尤其在非定常气动力计算、结构非线性影响、复合材料气动弹性剪裁、智能结构压电驱动器气动弹性应用等方面均做出了开创性的工作，而且其研究对象均有明确的工程应用背景。

……在研究与设计工作中，"自以为非"是管德院士对自己工作经验的总结——从不同的思路不断诘难自己的结论，保证设计工作的正确性与准确性是管德院士工作作风的真实反映，同时也是他对设计人员与学生的基本要求。

作为体现国家基础工业水平的航空工业，我国与发达国家在飞机设计方面还有较大的差距是不争的事实，但差距大与条件差从来不是借口。正是成千上万普通科技工作者持续努力的工作，才有了中国当前航空工业的成就，管德院士是他们的杰出代表，他们是中国航空工业的脊梁。

——李敏、陈伟民《管德院士在压电驱动器气动弹性应用方面的工作与成就》

尾声

立德、立功、立言

2001年9月18日下午，南京航空航天大学的科学馆里，航空宇航学院、民航学院等师生代表近300人欢聚一堂，气氛热烈、隆重，这里正在举行聘任管德院士暨欢迎的大会。欢迎大会由校党委书记谭振亚主持，校长胡海岩致辞并向管德授证书和南航校徽。

南航网记者在报道中写道：

> 胡校长在致辞中说，今天，我们怀着敬仰和喜悦的心情，隆重召开"南京航空航天大学聘任管德院士暨欢迎大会"。首先，请允许我代表全校两万名师生员工，向管德院士表示热烈的欢迎和崇高的敬意！
>
> 管德院士是我国和世界著名的飞机气动弹性专家，是一位杰出的飞机设计师，同时也是一位杰出的系统工程管理专家。管院士1932年6月出生，北京市人，高级工程师，教授，博士生导师，中国工程院院士。管院士1952年9月毕业于清华大学航空学院，在我国航空领域已经辛勤耕耘了半个世纪，曾担任沈阳飞机设计研究所副所长，沈阳飞机制造公司总工程师兼副总经理，航空工业部总工程师、科学技术委员会主任，中国民航局副局长。管院士是我国气动弹性专业的奠基者和带头人，曾经主持建立了我国第一套可用于超声速飞机设计的气动弹性计算和试验方法。他主持的《高速歼击机的气动弹性分析》《航空结构分析系统》，分别荣获1978年全国科学大会奖和国家科技进步奖二等奖。他对歼8飞机的研制做出了重大贡献，荣获国家科技进步奖特等奖。管院士在担任我国航空和民航的重要领导职务后，仍未中断气动弹性领域的研究工作，编写出版了《非定常空气动力学计算》《飞机气动弹性力学手册》等重要专著；他心系航空科教事业，一直关心、支持我校的建设和发展。今天，管院士能够欣然受聘为我校教授、博士生导师，这是对我校莫大的支持，也是全校师生员工莫大的

荣耀!

胡校长说,管院士来到我们南航,加入了我们创建一流大学的行列,这是对我们南航的厚爱,是对南航两万名师生员工的厚爱。我们要学习管院士心系航空、献身于祖国航空事业的奉献精神,为我国科技和国防的现代化建功立业;学习管院士勇于创新、严谨求实的科学精神,下大力气推进我校的学科建设;学习管院士严格、科学的管理方法,加快我校创建一流大学的进程。

航空宇航学院党总支书记许存喜也在欢迎大会上发言。他对管院士的受聘表示热烈的欢迎,并表示为管院士的工作与生活做好服务工作。

受聘仪式结束后,管院士就我国民航事业的发展和民航市场的认识与评估作学术报告。

——筱琳　南航快讯《我校隆重举行聘任管德院士暨欢迎大会》

在胡海岩校长的致辞中,提到了管德"心系航空、献身于祖国航空事业的奉献精神"、"勇于创新、严谨求实的科学精神";提到了管德"是我国气动弹性专业的奠基者和带头人,曾经主持建立了我国第一套可用于超声速飞机设计的气动弹性计算和试验方法。""对歼8飞机的研制做出了重大贡献";也提到了管德"编写出版了《非定常空气动力学计算》《飞机气动弹性力学手册》等重要专著"。

对管德3个方面的赞誉见诸于组织的正式评价、媒体、书刊的介绍和熟悉他的人们口口相传,这令人想到了著名史书《左传·襄公二十四年》里的一段记载:

二十四年春,穆叔如晋。范宣子逆之,问焉,曰:"古人有言曰:'死而不朽',何谓也?"穆叔未对。宣子曰:"昔匄之祖，自虞以上为陶唐氏，在夏为御龙氏，在商为豕韦氏，在周为唐杜氏，晋主夏盟为范氏，其是之谓乎？"穆叔曰："以豹所闻，此之谓世禄，非不朽也。鲁有先大夫曰臧文仲，既没，其言立，其是之谓乎！豹闻之，'大上有立德，其次有立功，其次有立言'，虽久不废，此之谓三不朽。若夫保姓受氏，以守宗祊，世不绝祀，无国无之，禄之大者，不可谓不朽。"

自此以后，"立德、立功、立言"被称之为人生的至高境界——"三不朽"。北宋时期的政治家、文学家、史学家欧阳修在其《文忠集·送徐无党南归序》中曾述及"其所以为圣贤者，修之于身，施之于事，见之于言，是三者，所以能不朽而存也。"

古人对于人生价值的论述对今天的人们有着积极的意义。"立德、立功、立言"也许并非人人都可以做到，但管德的人生经历告诉人们，经过不懈地"修之于身、施之于事、见之于言"，每个人通过自己的努力，都应该能成为"不朽"的"圣贤者"。

管德的好友冯钟越的父亲冯友兰先生在他代表性著作《中国哲学史》中有过这样的论述：

> 我在《新原人》一书中曾说，人与其他动物的不同，在于人做某事时，他了解他在做什么，并且自觉地在做。正是这种觉解，使他正在做的对于他有了意义。他做各种事，有各种意义，各种意义合成一个整体，就构成他的人生境界。如此构成个人的人生境界，这是我的说法。不同的人可能做相同的事，但是各人的觉解程度不同，所做的事对于他们也就各有不同的意义。每个人各有自己的人生境界，与其他任何个人的都不完全相同。若是不管这些个人的差异，我们可以把各种不同的人生境界划分为四个概括的等级。从最低的说起，它们是：

自然境界，功利境界，道德境界，天地境界。

一个人做事，可能只是顺着他的本能或其社会的风俗习惯。就像小孩和原始人那样，他做他所做的事，而并无觉解，或不甚觉解。这样，他所做的事，对于他就没有意义，或很少意义。他的人生境界，就是我所说的自然境界。

一个人可能意识到他自己，为自己而做各种事。这并不意味着他必然是不道德的人。他可以做些事，其后果有利于他人，其动机则是利己的。所以他所做的各种事，对于他，有功利的意义。他的人生境界，就是我所说的功利境界。

还有的人，可能了解到社会的存在，他是社会的一员。这个社会是一个整体，他是这个整体的一部分。有这种觉解，他就为社会的利益做各种事，或如儒家所说，他做事是为了"正其义不谋其利"。他真正是有道德的人，他所做的都是符合严格的道德意义的道德行为。他所做的各种事都有道德的意义。所以他的人生境界，是我所说的道德境界。

最后，一个人可能了解到超乎社会整体之上，还有一个更大的整体，即宇宙。他不仅是社会的一员，同时还是宇宙的一员。他是社会组织的公民，同时还是孟子所说的"天民"。有这种觉解，他就为宇宙的利益而做各种事。他了解他所做的事的意义，自觉他正在做他所做的事。这种觉解为他构成了最高的人生境界，就是我所说的天地境界。

这四种人生境界之中，自然境界、功利境界的人，是人现在就是的人；道德境界、天地境界的人，是人应该成为的人。前两者是自然的产物，后两者是精神的创造。自然境界最低，其次是功利境界，然后是道德境界，最后是天地境界。它们之所以如此，是由于自然境界，几乎不需要觉解；功利境界、道德境界，需要较多的觉解；天地境界则需要最多的觉解。道德境界有道德价值，天地境界有超道德价值。

照中国哲学的传统，哲学的任务是帮助人达到道德境界和天地境界，特别是达到天地境界。天地境界又可以叫做哲学境界，因为只有通过哲学，获得对宇宙的某些了解，才能达到天地境界。但是道德境界，也是哲学的产物。道德行为，并不单纯是遵循道德、规律的行为；有道德的人也不单纯是养成某些道德习惯的人。他行动和生活，都必须觉解其中的道德原理，哲学的任务正是给予他这种觉解。

生活于道德境界的人是贤人，生活于天地境界的人是圣人。哲学教人以怎样成为圣人的方法。我在第一章中指出，成为圣人就是达到人作为人的最高成就。这是哲学的崇高任务。

在《理想国》中，柏拉图说，哲学家必须从感觉世界的"洞穴"上升到理智世界。哲学家到了理智世界，也就是到了天地境界。可是天地境界的人，其最高成就，是自己与宇宙同一，而在这个同一中，他也就超越了理智。

——冯友兰《中国哲学史》

冯友兰先生是哲学家，他在综述、剖析了中国传统哲学的学说、理念并与西方哲学进行比较以后，写下了这样的话，是对人生的解悟，也是对现实中的人的激励。在为冯钟越的早逝哀恸的时候，冯先生还应该为自己的儿子骄傲，因为就在儿子的同学、同事中有徐舜寿、黄志千、顾诵芬、管德等一批为中国的航空工业做出杰出贡献的人，他们与冯钟越一样优秀，都是达到了道德境界和天地境界的人。

管德还在继续努力，他说：

现在，我这个气动弹性还有新的题目，我在带研究生搞，以前没人搞过，有难度。

——管德访谈（2011年10月）

美国人富兰克林说过:"……写一些有价值的东西让后人去读,或者做一些有意义的事情让后人去写。"

管德已经写下了许多有价值的东西,今天和以后的人都会读。管德还在以顽强的生命力和昂扬的斗志做着一件又一件有意义的事,今天的人们在写,以后的人们也会去写!

编　后　语

　　管德院士是我国航空科技界最早进入气动弹性研究领域的专家。

　　从1956年我国成立第一个飞机设计室开始后不久，他就在徐舜寿主任的指引下开始气动弹性力学方面的研究，以后，由他主持建立了我国第一套用于超声速歼击机设计的气动弹性计算和试验方法，并应用于歼8及歼8Ⅱ飞机的设计。他不仅是一位气动弹性方面的专家，还是一位成功的飞机研制和航空科研的管理者，在担任歼8Ⅱ飞机研制现场总指挥期间，他采用系统工程方法，使歼8Ⅱ飞机的首飞时间大大提前。

　　2011年，是601所建所50周年，沈阳所邀请管德回所参加所庆，在参加所庆活动过程中，601所领导决定要为管德院士编写一本书。为此，601所与中航工业科技委取得了联系，共同组织了一个由中航工业科技委副主任顾诵芬院士为顾问、601所杨凤田院士和中航工业科技委副秘书长孙卫航牵头的编写组。对于所领导的提议，管德开始并没有认可，他觉得自己从事的专业只是航空科学技术领域的一个方面，虽然为之奉献一生精力，但也许并不值得为自己写一本书。顾诵芬院士向他说明了撰写回忆录的考虑，这也是顾院士自己同意编写回忆录的原因——主要是为了使后来者了解我国自行设计飞机事业的艰辛历程，从中吸取教训。而目前健在的老一辈飞机设计工作者已经不多，如果不留下一些当年参与创建我国飞机设计事业的一些史料，恐怕不会再有人能做这件事。为了使更多的人了解航空科学技术的特点和发展规律，讲一讲自己的经历、所从事的专业以及在工作中的体会，应该对国家高层的决策和国人对航空工业的理解、支持有所裨益。

2011年601所5位院士聚首在沈阳

（左起：李天、李明、顾诵芬、管德、杨凤田）

接受顾院士的意见，管德与参与编写的人员进行了两次谈话，经整理并由他亲自修改，形成回忆录初稿。这份回忆录一如管德院士的处世为人的风格，经他亲自大幅删改后，变得极为简约，仅剩2万余字，难以使人们了解他人生的全貌。经601所、中航工业科技委领导与编写组人员研究，决定以管德院士回忆录为基础，进一步广泛收集资料，撰写管德传记。

传记的编写得到了中国航空工业集团公司及成员单位、中国民航局、北京航空航天大学有关领导和与管德共事过的老同志的大力支持。2012年3月份，经中国民航局领导批准，编写组查阅了中国民航局保存的与管德相关的档案资料。中国民航局档案处不仅帮助仔细分类查找，还在遵守保密及档案管理规定的前提下，将其中可复制资料的大部分复印后提供编写组使用。从3月份开始，编写组与沈阳601所、沈阳112厂、中航工业老干部局、北京航空航天大学、中国民航局、中航工业科技委等单位与管德曾经共事的老同志进行了座谈、采访。通过他们的介绍与交谈，我们知道了管德丰富的人生阅历、坚毅明确的信念、对事业成功始终如一的追求和特立独行、执着果敢的意志品格。也感觉到由于管德所从事的气动弹性专业是一个跨空气动力学（流体力学）与固体力学、数学多学科的边缘科学，加之他为人低调，极少参加与自己专业相关度不高的社会活动，因此在航空业界之外，人们对他了解甚少。

随着编写工作的进展，我们越来越多地理解了在管德身上所昭示的中国优秀知识分子对历史、社会和民族固有的那一份使命感、责任感。"非淡泊无以明志，非宁静无以致远"，为了中华民族的复兴和强大，管德用自己对世俗名利的淡泊抒写着航空报国的远大志向，用自己积毕生精力钻研航空科学技术中一个不为世人关注而又至为关键的学科领域彰显出科学技术大家应有的人格魅力和道德风范，也越来越感觉到编写的过程就是我们学习管德等老一辈航空科技工作者和老一辈航空人的过程。记录管德的人生和事业就是在记录和传承中国航空工业的历史和事业，这是一件具有重要现实意义的工作。

读懂管德，读懂我们的前辈，可以使我们更深入地了解中国飞机设计事业发展的艰难历程，可以更多地了解当代航空科技的博大精深，而更为重要的是，可以使更多的人知道，在中国航空科学技术和制造业发展的过程中，有多少像管德这样杰出的、很少为人所知的优秀人才在默默地做出奉献。

在此，编写组谨向中国民航局档案处冯秀叶、李雅丹；沈阳601所刘春义、刘孟诏、贾鑫、黄德森、潘一心、冯家斌、王树棕、邱涛、钱卫、曹奇凯；沈阳112厂唐乾三、鹿道发、许德祥、赵忠、冯国富；原三机部科技局屠德章、蔡美生、侯印初；北京航空航天大学陈桂彬、李敏；中国民航局原副局长李钊；中航工业科技委顾问王启明以及为本书进行保密审查的李红、肖福璋等同志给予编写工作的支持和帮助表示诚挚的感谢。

  2013年中国工程院下发通知,要求首先为资深院士编写出版院士传记,于2014年6月中国工程院成立20年之际出版。中国工程院要求航空工业出版社将管德的传记也纳入到第一批院士传记系列丛书中,我们应出版社的要求,将书稿略加修改,交出版社出版。

著 者